汉语口语语法

赵元任 著

吕叔湘 译

创于1897 商务印书馆 The Commercial Press

Yuen Ren Chao

A GRAMMAR OF SPOKEN CHINESE

University of California Press

Berkeley and Los Angeles

1968

序

我的 A Grammar of Spoken Chinese 一书（中文名《中国话的文法》）本来是写了给外国人研究中国话用的。如果要翻译了给中国人用，一定应该有好多增减的地方。现在真巧商务印书馆要出这本书的时候碰到语言学专家吕叔湘先生对这事热心，把应该对中国人说的话都准确的译了，把不必对中国人说的话跟例子都删去了。这简直是“正中下怀，不敢请尔！”吕先生来信向我征求同意，我不但是乐意的同意，并且感谢的很。

赵 元 任　序

一九七九年四月二十四日

目　录

第一章　序论

1.1　语　法

1.1.1　本书范围。

（1）语法的广狭二义。 广义的语法是一种语言的全面叙述，包括语音。本书用语法的狭义，即比语音更高一层的语言结构的研究。可是因为讲语言结构的时候常常涉及语音，为了参考方便，在本章内用一节的篇幅对普通话的语音作简要说明。

（2）并时的研究和历时的研究。（略）

（3）描写的语法和规范的语法。 学校里的语法课本告诉学生哪是正确的，哪是不正确的，什么是合乎语法的，什么是不合语法的。描写的语法只叙述语言事实，不作价值判断。可是这种区别与其说是在内容上，毋宁说是在措辞的方式和着重点的不同上。例如，说"别那么说，要这么说"，这是规范性的措辞；如果说，"受过教育的人都这么说，不那么说"，这是描写性的措辞。两种说法没有实质性的差别。

（4）**分类的语法和结构的语法。**语法描写的很大一部分是语言形式的分类。显然，如果分类分得彻底，分得完全，将会对于这一语言的结构给予我们足够的报道，使我们说得出什么样的语句可能有，什么样的语句不可能有，也就是说，能给我们一种近来称之为生成语法的东西。可是实际上，语法书里常用的一些分类范畴既不能给予我们关于语言结构的所有必要的事实，也不能使我们能够造出所有合乎我们所分析的语言的语法的语句，同时也不会造出不合乎这个语言的语法的任何语句。

语法结构还可以这样来研究，那就是从某种形式产生别种形式，例如从谓语产生修饰语，从主动形式产生被动形式，从陈述句产生疑问句，从肯定句产生否定句，等等。这些转换过程，加上某些别的过程，将会使人造出所有合乎语法的句子，并且只造出合乎语法的句子。可是因为迄今为止还没有给任何一种语言研制成功一种转换或生成语法，我们写这本书的时候采取保守的态度，以直接成分分析法（见下）为研究结构的主要方法，但是在对我们有用的时候也利用转换或生成的规则。“这个，你可以说；那个，你不能说”这样的话在这本书里会常常出现，但是不打算建立一种汉语生成语法的系统。

1.1.2 语法和形式。

（1）**语言形式。**一个形式，从最广义来说，是语言的任何一个片段，无论多长还是多短。可是实际上，作为语法分析的对象的形式，不包括很小的，例如音素、音素属性（如不带声），也不包括很大的，如一个剧本的全部对话。一般只把最小的有意义的单位即语素，两个停顿之间的最大的单位即句子，以及这二者之间的大大小小的单位,包括在语法分析之内。语法上值得考虑的单位具有一定的统一性,会在类似的环境中以类似的形式出现。这样的形式叫做成分,以区别于从较大的形式中任意切割下来的部分,后者构成一个片段,但不一定构成一个成分。例如"说中国话"里边的每一个音节都是一个语素,都是一个成分。"说"、"中国话"、"中国"、"话"都是成分,但是"说中"和"国话"不是成分。在别处,"说中国"能成为一个成分,但在"说中国话"里不是一个成分。

(2) **直接成分。**当一个复杂的形式分割成若干成分的时候,第一次分割的结果是它的直接成分(immediate constituent,简写为 IC)。在上面所引的例子里,直接成分是"说"和"中国话";后者又是由直接成分"中国"和"话"组成;"中国"的直接成分是"中"和"国"。整个的直接成分层次可以图解如下:

以大多数情况而论,一个复杂形式分为两个直接成分,如主语和谓语,动词和宾语,修饰语和被修饰语,词根和后缀,短语和助词。有少数情况有两个以上的直接成分。最常见的是并列结构,如"他不抽烟,不喝酒,不打牌"。

(3) **形式作为类(type)而不作为例(token)。**(略)

(4) **语法作为位于槽中的形式类之研究。**语法是研究一类一类的形式出现或不出现在由别的类构成的框架或槽之中的。所有在这一点上行动一致的形式是同一个形式类的成员。例如,“吃了饭”、“打过球”、“骑着马”都属于动词语这个类,这里边的“吃”、“打”、“骑”都属于及物动词这个类,“了”、“过”、“着”都属于动词后缀这个类,“饭”、“球”、“马”都属于名词这个类,名词的功能之一就是可以填进动词之后的宾语这个框架或槽之中。

(5) **形式类的循环:选择性。**既然形式类是用框架来规定,而框架本身又是由形式类组成的,这岂不是循环论证吗?我们在什么时候什么地方开始第一个形式类和第一个框架呢?为了回答这个问题,我们就得求助于 Bloomfield 所说的“选择性”。“选择性”这个语法概念的涵义相当复杂,但主要的意思是这样一个事实:某些形式以某种方式活动,另一些形式以另一种方式活动。可是,要想使“选择性”在语法书上见于实用,就得编成某一语言的全部词汇,在每一个形式之后注明它所属的类。事实上,多数语法学家都承认有这个必要,因为这是选择性这个问题的最终答案。

(6) **类意义,即语法意义。**可是在实际工作上,我们抄近路,求助于意义,看哪些意义相似的形式在活动方式上也相似。大体说来,名词是人和物的名称,动词是表示事件和动作的词,如此等等。这种松散的定义当然经不起严格的形式上的检查,很容易发现例外。但是通过一般的意义倾向,能找到某些形式特点,做严格定义之用。例如,因为大多数人和物的名称都有一个形式特点,就是能用 D-M 复合词来修饰,即一个区别词加一个量词,如“一种”、“十对”,我们就倒过来用能够受 D-M 复合词修饰来做名词的定义,于是名词类就不但包括多数人和物的名称,而且包括任何合乎这个定义的词,例如用“一种习惯”来决定“习惯”是名词,尽管它既不指一个人或物，也不指一个事件或动作。某一语法类的大多数例子的意义称为类意义或语法意义。一旦一个形式类已经获得形式定义之后，类意义（曾经导致形式定义）就只有方便提示的作用，不再用做实在的标准。

（7）开放的类和名单。 大多数形式类，即使不把短语计算在内，它的成员也是为数无穷的，除非把一种语言的全部词汇彻底点查一遍。在另一极端，一个形式类可能只有一个成员，例如表示主从关系的助词“的”。在这两个极端之间有一些比较短的名单，例如简单数字、人称代词、助动词、动态后缀，这些是可以列举无遗的，甚至是可以背诵的。上面讲到用受D-M复合词修饰做名词的定义，就是用（关闭的）名单，即区别词（D）和量词（M），来定义一个开放的类。这样，从可以列举的进而达到不能列举的，我们就能用已知者来定义未知者，从而打破了上文提到的困扰我们的循环论证。这样办事，并不取消意义的用处，只是把形式的研究从对意义的研究的倚赖中解放出来。可是语法的意义跟实际的意义是积极相关的，因为说到底，语言形式是通过生活中的使用而产生的。

1.1.3 方法论上的其他考虑。

（1）配置要素。 Bloomfield（*Language*，163－165）说，语言形式的配置有四个要素，合起来构成语法：（a）次序，（b）节律，（c）语音改变，（d）选择。这四个要素在汉语语法里的作用有大有小。在近代汉语里，节律和语音改变的作用不太重要，次序和选择在语法安排上起主要作用。选择，我们前面已经谈了；次序，例如“狗咬人，人咬狗”，尽人皆知，不用多说，我们只谈谈另外那两个要素。节律指轻重、停顿、语调等方面的差别。例如“鸡，肉”，中间稍顿，是两个名词的并列结构,而“鸡肉”,中间没有停顿,是主从结构,“鸡”修饰“肉”。“ˌ煎ˈ饼”,重音在“饼”,是动宾结构,而“ˈ煎·饼”,重音在“煎”,“饼”轻声,是主从复合词。

语音改变作为一种语法手段,已经不积极应用了。例如“长 cháng”和“长 zhǎng”,“刷 shuā”和“涮 shuàn”。字调(“四声”)是字音的一部分,因此配合语法分别的字调改变是语音改变,不是节律。例如“卷 juǎn”和“卷 juàn”,“好 hǎo”和“好 hào”。

仅仅语音不同,不是语音改变,例如“包 bāo”和“跑 pǎo”,“仓 cāng”和“枪 qiāng”。但是,即令是真正的语音改变,在实用上也是当作语音不同的词汇事实来处理较为方便。因为归纳不出几条简单的规律。例如我们不能说去声使名词变为动词。你也许从“种 zhǒng”(名)、“种 zhòng”(动)之类的例子获得这样一个印象,可是立刻会想到相反的情况,如“处 chǔ”(动),“处 chù”(名)。这种情况不仅现代汉语如此,古代也是如此。

(2) 有标记的范畴和无标记的范畴。 有形态变化的语言,形式类以及它们在句子里的关系常常可以从一些标记看出来,例如名词的复数、动词的时态等。汉语也有少数这种标记,如名词的“子”、动词的“了”,但大多数情况是形式类的语法性质只有在一定的框架中才显示出来,别无标记,只是隐藏着。下面引两个例子,一个是英语的例子,一个是汉语的例子,用它们表明极其相似的隐藏的范畴。在英语的名词之中,国家和城市的名字构成一个隐藏的类,在 in,at,to,from 等介词之后不能用 her 或 it 来替代。比较:

That is a large house. He lives in it.(√)

That is San Francisco. He lives in it.(×)

He lives there.(√)

下面是汉语的类似的例子：

这是上海，我喜欢上海，我到上海去。(√)

那是王家，我喜欢王家，我到王家去。(√)

这是摇椅，我喜欢摇椅，我到摇椅去。(×)

我到摇椅那儿去。(√)

那是你，我喜欢你，我到你去。(×)

我到你那儿去。(√)

“上海”、“王家”、“摇椅”、“你”都是体词，都可以放在“喜欢”后头，似乎一样，然而有分别。“上海”、“王家”是处所词，名词的一个特殊的类，可以搁在“到”后头；“摇椅”是一般名词，“你”是人称代词，都不是处所词，必须在后边加上“那儿”才能搁在“到”后头。可是这个分别没有明白的标记。汉语里大多数语法范畴都是隐藏的，不是有明白的标记的。

(3) **整齐，不整齐，扭曲关系** (Parallelism, Asymmetry, and Skewed Relations)。在语言现象中寻找系统性和对称性，在方法学上是可取的，只要不走得太远。有一个常被引用的例子：“庖有肥肉，厩有肥马，民有饥色，野有饿莩。”从语法上看最好都分析为“主—动—宾”。可是如果翻成现代口语，这四个主语必得都是处所词：“厨房里”，“马号里”，“百姓的脸上”，“野地里”，这里面第三个不合拍，因为不能翻成“百姓上”。我们发现，虽然这四个小句都属于“主—动—宾”句型，第三小句的“有”跟其余三句的“有”属于不同的小类，虽然是隐藏的类。

在寻找对称性的时候，我们必须留意我称之为扭曲关系的那种现象。所谓扭曲关系，指的是那种有时候是规则的、对称的，有时候是不规则的、不对称的。例如在“吃ˈ饭”、“看ˈ报”等动名组合中，重音在第二音节，名词是动词的宾语，而在“煎·饼”、“劈·柴”等组合中，重音在第一音节，动词修饰名词。可是进一步考察就会发现，虽然在真正的动宾结构中，重音总是在宾语上，可是重音在第二音节，不一定都是动宾结构。“烙ˈ饼”、“炒ˈ饭”在语法上都是两可的；动词可以拿名词做宾语，也可以修饰它。这种关系又进一步扭曲，因为如果是动词修饰名词，也可以说成“烙·饼”、“炒·饭”，而作为动宾结构则不能说成这样。

1.2 汉语口语

1.2.1 本书研究的方言和风格。

(1) 什么是汉语口语？ 本书书名中的“汉语口语”指的是20世纪中叶的北京方言，用非正式发言的那种风格说出来的。这对于本书描写的那种语言提供一个一般的概念，但如作为一种定义，它失之过于宽又失之过于窄。失之过于宽，因为(1)北京很大，在这个城市的这一头和那一头之间有可以觉察的差别，至少是在语音上；(2)在上述的时期内同一个人的说话已经有可以觉察的差别；(3)即令我们划定了说话的风格，其中由于年龄的差别以及社会的和教育的背景之不同，仍然有相当大的变异。另一方面，上述定义又失之过于窄，因为适用于北京方言的叙述，特别是在语法方面，一般也适用于所有北方方言，常常也适用于所有方言。这就是为什么我们敢于用北京话来代表汉语口语的整体，给本书起这么个辉煌的名字。

（2）**北京方言的全国性和地方性。**关于北京方言的各个方面所说的话，用在别的方言上，适用的程度不同。北京话的大多数语音特点是大多数北方官话方言的共同特点，例如入声转入非入声，-in 和 -ing，-en 和 -eng 分得清，两个中元音无分别，如“阁”和“格”都是 ge，不像南方和西南官话方言分别为 go 和 ge。

在词汇方面，人称代词和指示代词官话方言相当一致，包括南方官话和西南官话在内。但是在词汇的地区广狭问题上，有两个极端。在科学和政治方面，因为都是“新名词”，大多数词都是全国性的，仅仅发音有差别。在另一极端，在称谓名词特别是对面称呼上，在许多小植物小动物的名称上，尤其是昆虫的名字，不但是北京的形式是地方性的，可以说没有任何方言里的名称够得上全国性。当然，有文言的和科学的名称跟这些地方性的词相当，可是这些名称不在日常语言的范围之内，而我们研究的对象是日常语言。

第三，在所有汉语方言之间最大程度的一致性是在语法方面。我们可以说，除了某些小差别，例如在吴语方言和广州方言中把间接宾语放在直接宾语后边（官话方言里次序相反），某些南方方言中否定式可能补语的词序稍微不同，等等之外，汉语语法实际上是一致的。甚至连文言和白话之间惟一重要的差别也只是文言里有较多的单音节词，较少的复合词，以及表示所在和所从来的介词短语可以放在动词之后而不是一概放在动词之前。此外，文言的语法结构基本上和现代汉语相同。因此，比之于把北京方言称为汉语口语，有更充分理由把北京方言的语法称为汉语口语语法。可是为了明确哪些形式是地道的北京方言所有，在引用文言或别的方言形式的时候都一一注明。引用这些形式是为了比较或说明问题。

（3）**所研究的风格。**主要的研究对象是日常说话，间或为了比较的目的引用文言、正式发言、儿童语言等。

1.2.2 引例的来源。在研究某一种著作（例如《孟子》）的语法，或者某时某地的方言（如唐代长安方言）的语法，或者任何种一定量的资料的时候，我们要处理的是一个封闭的（即有一定界限的）材料，我们的任务是把那里边的语法结构找出来，加以简明而完全的叙述。如果与此相反，研究的对象是一种活语言，我们就不仅要说明那些碰巧被我们观察到的东西，我们还得有意识地寻找例子，要确定哪些话能说，哪些话不能说。

本书引用例句的来源有下面几种：

（1）**自己拟的例子。**这些例子都是短的。因为我具有语言学家和活材料这双重身份，所以我有资格自己拟出一些例子。可是因为我住在北京只是在一岁，十七岁，三十二岁到三十九岁，四十一岁，住在河北省别的地方在零到九岁，而我读经书是按照吴语发音，我作为活材料不敢说具有地道北京人那样的权威性，所以遇到缺少把握的例子我就请教别人。

（2）**“汉语语法实例”。**这是多少年来积累下来的。每逢别人说话，我觉得在语法上值得注意，就当场记下来。这里边有相当一部分是北京以外甚至官话以外的例子。如果一个这类例子可以说明与官话相同的某一点，我一般就不把它翻成官话而只注明是方言。

（3）**官话会话的录音。**这些录音有早有晚。有些较早的录音是多年以前为了别的目的录下来的。较近的录音是有了写这本书的计划以后为了这个目的录下来的。所有会话都是没有经过排练的。这种自由谈话的录音有一个重要的特点，就是包含节律成分，这在文字材料里边是不加表示或只作简略表示的。本书不对节律成分作详细论述，但是遇到节律与语法有关的情况是提起注意的。

(4) **有意代表现代口语的文字材料。**这些是现代戏剧和小说里的对话，如曹禺和老舍的作品。我也引用了我的翻译作品(《阿丽丝漫游奇境记》、《最后五分钟》等)。

(5) **代表较早时期的文字材料。**有些作者，如王力，随意从《红楼梦》、《儿女英雄传》等书引用例子，这些书的语言跟现代官话有可以觉察的差别，但是提供很好的说明语法点的例子，那些语法点今天还是站得住的。但本书不怎么引用这些书，除了转引别位语言学者的著作的时候。

(6) **通行的白话文。**现代白话文里边有不少欧化词句以及其他新玩意儿。本书引用这类材料不多。有时候听见有人嘴里也说这种话，那我也就指点出来。如果人们一直这样说下去，那就变成汉语口语的一部分，不管我们这些保守派喜欢不喜欢。

1.2.3 说话的类型。说话是行为的一部分，人们说话是夹在动作之间或者与动作同时进行的，零碎的时候为多，滔滔不绝的话是例外。下面按说话的类型排次序，人为性较多的排在头里，最后是日常生活中的零零碎碎的话。

(1) 照稿子念的独白，如一位教授在广播中所作的学术报告。

(2) 剧本里的对话，作者是模拟实际的，但是被无经验的学生生硬地读出来。

(3) 有简单提纲或没有提纲的即席发言。

(4) 连贯的会话,像丁西林的早期剧本里的对话(仿王尔德),或者两位家庭妇女半上午时的电话谈心。

(5) 夹杂着动作的独白,有事件影响着或决定着接下去说什么,例如带表演的讲话。

(6) 条件同上的对话。

(7) 在动作或事件中偶发的话语,例如在打牌的时候、看打球的时候、宴会的时候。

(8) 在对某一情况起反应的时候,以及忽然想起什么事情的时候,情不自禁说出来的"对了!"之类。

不同类型的说话的差别主要在句子结构上。例如看见一个孩子盘弄一个他不该盘弄的东西的时候,说:"你尽弄尽弄,回头弄坏了!!"声音越来越高,因为就在你说这句话的过程中他盘弄得更加利害了。又如我太太有一次看见窗户玻璃被打,说:"他(指猫)把玻璃……",话没说完看见玻璃没事儿,马上改说"没打破"。因为当中没停顿,这句话就成了"他把玻璃没打破"。(参看 2.14 有计划的句子和无计划的句子)

1.3 语 音

1.3.1 音节结构。传统的中国音韵学将音节分成声母和韵母。声母是音节的开头,一般是一个辅音。例如,"苏 sū"中的 s,"兰 lán"中的 l,"走 zǒu"中的 z,"仓 cāng"中的 c。有少数音节开头没有辅音,像"安 ān","啊 a"等。我们说它们的声母是零(或零声母,用 ø 表示)。

音节除去声母就是韵母。例如，“他 tā”，“七 qī”，“今 jīn”，“窗 chuāng”的韵母分别是 -a，-i，-in，-uang。最长的韵母包含三部分：介母或半元音，主元音，韵尾；在儿化韵中，有时有两个韵尾，如明儿 míngr〔参看 1.3.8(3)节第五表〕。例如在韵母 -iao 中，-i- 是介母，-a- 是主元音，-o 是韵尾。音节可以没有介母或韵尾，但一定要有主元音。

除声母和韵母之外，每一个音节都有一个声调，声调是音节的必要组成部分，它主要表示音节的浊音部分的音高模式，因此，要是声母是浊音，那么声调就贯串整个音节，要是声母是清音，那么声调只贯串在韵母之中。

1.3.2 声母和辅音。上面已经讲了，声母中除零声母外都是辅音。零声母在多数发音中，都有一个轻微的辅音式的成阻（[ɣ]或[ʁ]），这就是为什么棉袄 mián'ǎo 中的 n 不跟 ao 连读的原因。只有叹词如“啊 a!”和助词“啊 a”及“呕 ou”是例外，它们是真正用元音开头，不排斥连读。少数人发有零声母的音节时，用喉塞音或纯粹的元音开头，更少数的人则用 ng- 开头（叹词和助词例外）。官话里只有 -n，-ng 和 -r 这几个辅音韵尾。还有似乎带韵尾 -m 的边际情况，参看 1.3.9(2)节。

在第一表声母表中，术语“软腭音”包括软腭音 g，k (ng)，和靠更后的 h 和零声母 ø（小舌音[ʁ]、喉塞音或元音）。还要说明的是汉语拼音方案中，字母 b，d，g 等代表不送气清音（跟[b̥，d̥，g̊]相同，由于其松弛性质，夹在元音中间时变为真正的浊音[b，d，g]），而 p，t，k 等代表相应的送气音。从第二表中可以看出，官话中有一个很显著的分配特点是，硬腭音跟带擦齿音、卷舌音、软腭音的分配是互相补充的，即硬腭音只在 i 和 ü（齐齿和撮唇）两行出现，而带擦齿音、卷舌音和软腭音只在 a 和 u（开口和合口）两行出现。

第一表 声母

1(a) 汉语拼音方案

发音方法 \ 发音部位	不送气塞音	送气塞音	鼻音	摩擦音	浊持续音
唇音	b	p	m	f	
齿音	d	t	n		l
带擦齿音	z	c		s	
卷舌音	zh	ch		sh	r
硬腭音	j	q		x	
软腭音	g	k	(ng)	h	ø

1(b) 国际音标

发音方法 \ 发音部位	不送气塞音	送气塞音	鼻音	摩擦音	浊持续音
唇音	b̥	pʰ	m	f	
齿音	d̥	t	n		l
带擦齿音	ts	tsʰ		s	
卷舌音	tʂ	tʂʰ		ʂ	ɹ
硬腭音	tɕ	tɕʰ		ɕ	
软腭音	g̊	kʰ	(ŋ)	x	ʁ～ø

1.3.3 韵母和元音。一个韵母包含（1）四个介母中的一个：ø，i，

u 或 ü,(2)三个元音中的一个:a,e 或 o,(3)六个韵尾中的一个:ø -i, -u, -n, -ng, -r [韵尾 u 在元音 a 后写作 o]。这样,4×2×6 = 48,可以得出 48 个可能的韵母(e 和 o 算一个,下面要讲),但实际上只有 37 个(如果第五表中儿化韵母不算在内)。这表明所有的变项(variable)都有极高的语音负荷。换句话说,任何小的差异都会造成很大的差异,一个词发音错了就好像说了另外一个词。

在第二表中,介母相同的韵母在相同的横行中;在相同的纵列方块里的韵母带相同的韵尾;主元音相同的韵母在相同的纵列中。在第二表(b)纵列 3 中,在前高介母 i 和 ü 后的元音用[ɛ]表示,在零介母和 u 后的元音用[ɤ]表示,实际上,这是一个比所表示的更一致的中后元音。

1.3.4 声调。

(1) 声调的性质。官话有四个声调,叫做第一声、第二声、第三声、第四声。这四个声调跟古四声平、上、去、入不能相混。在多数现代方言中,平声根据古声母的清或浊分成两个不同的声调,在官话中分成第一声和第二声。古上声大体上相应地成为官话中的第三声,古去声成为第四声。在大多数北方方言中,以 -p, -t, -k 为韵尾的古入声失去它的辅音韵尾,分配到现代四个声调中。例如,七 ts‘iet>qi^1,十 ź̦ịəp>shi^2,百 pɒk>bai^3,六 lịuk>liu^4。

每一个重读音节都有一个声调,正如我们已经说过的,声调贯串在音节的浊音部分,例如,在 nian 中,声调从 n 开始,但在 tian 中,声调却从 i 开始。如果用五点把说话人的音域分成四个相等的间隔,即 1 低,2 半低,3 中,4 半高,5 高,那么实际上,任何方言中的任何声调的起讫点都会毫不含糊地表示出来,遇到曲折

第二表 韵母

2(a) 汉语拼音方案

介母 \ 韵尾 / 纵列	开韵尾 1	2	3	-i 4	5	-o/-u 6	7	-n 8	9	-ng 10	11	12	-r 13
(开口)-ø	i	a	e	ai	ei	ao	ou	an	en	ang	eng	ong	er
(齐齿)-i	i	ia	ie	iai		iao	iou	ian	in	iang	ing	iong	
(合口)-u	u	ua	uo	uai	uei			uan	uen	uang	ueng		
(撮唇)-ü	ü		üe					üan	ün				

2(b) 国际音标

介母 \ 韵尾 / 纵列	1	2	3	-i 4	5	-u 6	7	-n 8	9	-ŋ 10	11	12	-ɹ 13
(开口)-ø	z̩,ɹ̩ *	A̳	ɤ	ai	ei	ɑu	ou	an	ən	ɑŋ	ʌŋ	ɷŋ	ɚ
(齐齿)-i	i	iA̳	iɛ	iai		iɑu	iou	iɛn	in	iɑŋ	iŋ	iɷŋ	
(合口)-u	u	uA̳	uɤ	uai	uei			uan	uən	uɑŋ	uʌŋ		
(撮唇)-ü	y		yɛ					yan	yn				

* 高本汉用 ɿ 和 ʅ 表示这些舌尖元音，见他的《音韵学》pp.295—297，中文译本 pp.197—199。

调，也能把它的转折点表示出来。据我观察，假如用五度制标出起讫点和转折点（如果有），那么调高曲线的具体准确形状从来不是一个有区别作用的特点。平均起来，这五个参考点可以用首调唱法体系中的1，2，3，♯4，♯5粗略地表示出来，或者扩而大之，用减七和弦中的1，♭3，♯4，6，i̇粗略地表示出来。

为了用图形表示，可由一点延伸到五点画一条竖线（代替常用的横坐标线），这样就得出以下简单的声调模式：

声调	汉语名称	调性	起讫点	调形
第一声	阴平	高平	55：	˥
第二声	阳平	高升	35：	˧˥
第三声	上声	低降升	214：	˨˩˦
第四声	去声	高降	51：	˥˩

声调的实际的升降幅度和绝对高度跟说话人的声音和说话时的情绪有关。

（2）变调。当声调连在一起时，就出现某些音位的和音位变体的变化，这就是变调。在官话以及其他方言中，一个音节的声调主要受后一个音节声调的影响，而不是受前一个音节声调的影响。在所有的汉语方言中，官话中的变调在最为简单之列。

(a) 最常见的变调是，在第三声之外的任何其他声调前的第三声变成半三声。半三声的调高是21：˨˩，即全三声减去上升部分。

(b) 两个第三声相连，第一个第三声变成第二声。例如，“找火”，˨˩˦+˨˩˦变成˧˥˨˩˦，跟“着火”同音。同样，“许”和“徐”单独念，分别是第三声和第二声，但在“许宝”中，˨˩˦+˨˩˦变成˧˥˨˩˦，跟“徐宝”同音。既然第二声是一个单独的声调音位，它就不能构成第三声的音位变体（半三声则可以构成），因而这种变调就具有形态音位的性质。

（c）在三音节组中第二声变成第一声。如在三音节词或词组ABC中，A是第一声或第二声，B是第二声，C是轻声之外的任何声调，那么在一般会话速度的语流中，B就会变成第一声，但在慢速说话中不会改变。如梅兰芳，慢速是 ˧˥˧˥˥，会话速度是 ˧˥˥˥。以下三音节词组都有可能发生同样的变化：

121	˥˧˥˥→˥˥˥	西洋参
122	˥˧˥˧˥→˥˥˧˥	三年级
123	˥˧˥˨˩˦→˥˥˨˩˦	葱油饼
124	˥˧˥˥˩→˥˥˥˩	东河沿儿
133	˥˨˩˦˨˩˦→˥˥˨˩˦	分水岭
221	˧˥˧˥˥→˧˥˥˥	谁能飞？
222	˧˥˧˥˧˥→˧˥˥˧˥	还没完
223	˧˥˧˥˨˩˦→˧˥˥˨˩˦	油炸鬼
224	˧˥˧˥˥˩→˧˥˥˥˩	隆福寺
233	˧˥˨˩˦˨˩˦→˧˥˥˨˩˦	寒暑表
333	˨˩˦˨˩˦˨˩˦→˧˥˥˨˩˦	好几种

（d）两个第四声相连，第一个第四声不下降到底，即˥˩˥˩→˥˧˥˩（51：+51：⟶53：+51：）。例如，“大树”就是如此。

（3）声调拼写。 在本书使用的国语罗马字中，声调拼写在音节里。（译本不用国语罗马字，拼写规则和第三表从略）

1.3.5 音节类型。 不是每一个声母都能跟每一个韵母结合，它们的结合是有条件的，其条件在于声母的发音部位和韵母的介母。我们已经注意到，在横行 -i 和 -ü 中的硬腭音的分配跟横行 -a 和 -u 中的齿音、卷舌音和软腭音形成互补。第四表是声韵配合总表。每一个音节都代表一系列发音部位有相同之处的声母(即在第一表中都在同一横行)，例如“官”guan 代表带任何声调的 guan，kuan，huan，uan。例子尽可能从带第一声的不送气塞音中选择，不然就标明其声母或声调。例如，没有 * din，就选择“林”，在右上方写上 l′(声母和声调)。有些表音的词，没有汉字，写作“□”。

1.3.6 重音。汉语重音首先是扩大音域和持续时间，其次才是增加强度。因此，第三声重读时会降得更低些，第四声重读时起点更高些，降得更低些。从物理学的观点看，有许多程度不同的可以感觉得到的重音，但从音位学的观点看，最好分为三种重音：正常重音、对比重音和弱重音。

(1) **正常重音。**所有音节，既没有弱重音，又没有对比重音，那就有正常重音。实际上，在没有中间停顿的一连串的带正常重音的音节中，不论是一个短语还是复合词，其实际轻重程度不是完全相同的，其中最末一个音节最重，其次是第一个音节，中间的音节最轻。例如，“好人”haǒˈrén，“注意”zhùˈyì，“山海关”ˌShān‖HǎiˈGuān，“我没懂”ˌWǒ‖méiˈdǒng，“东南西北”ˌDōng—‖Nán—‖Xī—ˈBěi，“人人都想去”ˌRén‖rén‖dōu‖xiǎngˈqù(若按两个短语说，“都”应念ˌdōu)。既然这些重音的程度可根据其位置而预言，那么它们都是同一音位重音的变体。

(2) **对比重音。**对比重音不同于正常重音，在于它的音高幅度更宽，持续时间更长，音强通常也增加。例如，人名“黄种强”的正常

第四表　音节类型

介母	声母	韵母												
零		i	a	e	ai	ei	ao	ou	an	en	ang	eng	ong	er
	b p m f		巴	·么^{m}	掰	碑	包	谋$^{m'}$	班	奔	帮	崩		□!
	d t n l		搭	·的	呆	得ˇ	刀	兜	单	嫩^{nˋ}	当	登	东	
	z c s	兹	咂	则ˊ	灾	贼ˊ	糟	邹	簪	怎ˇ	脏	增	宗	
	zh ch sh r	知	扎	遮	斋	这ˋ	招	周	沾	真	张	争	中	
	g k h ○		嘎	哥	该	给ˇ	高	钩	干	根	刚	庚	工	儿$^{o'}$
-i		i	ia	ie			iao	iu	ian	in	iang	ing	iong	
	b p m -	逼	□!	憋			标	谬^{mˋ}	边	宾		冰		
	d t n l	低		爹			刁	丢	颠	林$^{l'}$	娘$^{n'}$	丁		
	j q x ○	鸡	家	接	崖$^{o'}$		交	揪	尖	今	将	经	扃	

第四表　音节类型(续)

介母	声母	韵母								
		u	ua	uo	uai	uei	uan	uen	uang	ueng
-u	b p m f	不		波*						
	d t n l	都		多		堆	端	敦		
	z c s	租		嘬		堆	钻	尊		
	zh ch sh r	朱	抓	桌	摔sh	追	专	谆	庄	
	g k h	姑	瓜	锅	乖	归	官	滚ˇ	光	翁o
		ü		üe			üan	ün		
-ü	- - n l	女n		略l、			孪l′	淋l′		
	j q x	居		噘			捐	均		

* uo 在唇音声母后写作 o:“波”bo,“坡”po,“摸”mo,“佛”fo。

重音是ˌHuáng ‖ Zhǒngˈqiáng。但如果有人把“黄”听错成“王”，为了改正其错误，要说“不是王种强，是黄种强”，Bùshi ‖ Wáng Zhǒngqiáng，shi ‖ Huáng Zhǒngqiáng。其重音移到对比的音节上，而且比正常重音更重。

（3）**弱重音：轻声。**在弱重音中，声调幅度差不多压缩到零，其持续时间也相对地缩短。在大多数情况下，弱重音出现于后附音节（enclitic），也就是说，它紧跟在一个重音音节之后，这个重音音节的声调决定这个弱重音音节的声调的高度。有少数情况，一个弱重音紧挨在一个重音音节的前面，通常是一个代词或是少数如“或者”之类的连词。在这种情况下，它就是一个前附音节（proclitic），其调高是平均数，即在五度制的线上是 3：。因为声调已压缩到零，我称它为轻声。几乎任何带四个正规声调之一的字在一定的条件下都能变为轻声字，只有少数几个字，如后缀和助词，总是轻声，不属于四个声调中的任何一个。轻声的调高是：

·˨	半低	在第一声后：	他的	tā·de
·˧	中	在第二声后：	黄的	huáng·de
·˦	半高	在第三声后：	你的	nǐ·de
·˩	低	在第四声后：	大的	dà·de

为了实际运用，只要记住轻声在半三声后高，在其他声调后（相对地）低就够了。

轻声从以下几个方面影响音节中的辅音和元音。不送气清塞音（第一表第一纵行）在轻声中变为浊音，如“篱笆” lí·ba，其中 b 变为浊音[b]，跟“第八” dìbā 中的清音[b̥]形成对照。同样，“知道” zhī·dao，“西瓜” xī·gua，“看见” kàn·jian 中的 d，g，j 是真正的浊音，虽然它们在重音位置上是清音。

轻声中的元音趋向于中元音，因此，“棉花” mián·hua，“窗户” chuāng·hu，“快活” kuài·huo 中的第二个音节听起来都像 -huo，主元音都是不高不低的中元音。在第四声后，声母为 f，c，s，ch，sh 的轻声音节里的高元音趋向于清音化。如“丈夫” zhàng·fu [-fu̥]，“意思” yì·si [-sz̥]，“阔气” kuò·qi [-tɕ'i̥]，“送去” sòng·qu [-tɕ'y̥]。

在快速谈话中，弱化声母趋向于浊持续音，卷舌音 zh，ch，sh 都成为 r，硬腭音 j，q，x 都成为 i，如：“王先生”Wáng·xian·sheng→Wáng·ian·reng，“报上” bào·shang→bào·rang→bào-[$\tilde{a}_r$]。

(4) 中重音？(medium stress?)（略）

(5) 轻声出现在哪些地方。 从地理上讲，北京方言里的轻声的语音负荷比在其他方言里重得多。在有些方言里，如广东方言，没有完全弱化的轻声。从语法上讲，北京方言里的轻声出现在后缀、做宾语的代词（有对比重音时除外）和动词的重叠部分上。感叹词没有一定的声调，但不总是非重音的，并且可以有语调，有的语调听起来像四个声调中的某一个。动词的宾语（代词除外）从来不是轻声，除非其整个词语是“动—宾”以外的东西。例如，“发面” fāmiàn，是指一种过程，而 fā·mian 却是一种东西。多数文言词语、反映现代生活的新名词、科学术语，这些都不含轻声。剩下的，也就是老资格的口语词语，如果都有轻声，那倒不错，可是实际上有的有轻声，有的没有，因而有无轻声纯粹是词汇问题，只能一个一个地编入词典。

有些例子（包括半新名词和正在同化为日常用语的翻译词语）

存在有轻声和没有轻声两种形式。这种形式叫做“可轻声”，在该音节前用小圆圈表示。例如，“希望” xī。wàng（动词或名词），“不知道” bùzhī。dào（但“知道”是 zhī·dao），“江苏” Jiāng。sū（以及其他老资格的省名），“好像” hǎo。xiàng，“管保” guǎn。bǎo（连词，但“保管”是 bǎoguǎn，动词）。在“动—不—动”形式的问句中，“不”总是轻声，第二个动词是可轻声，例如“来不来” lái·bu。lai。

1.3.7　语调。常有人提出问题：汉语既有字调，句子如何能有语调？回答是可将音节的声调和句子的语调比作小波浪跨在大波浪上面。实际结果是两种波浪的代数和。正加正则数值增大，正加负则减少。如“你姓王，我姓陆”，前一小句升调，“王”字的第二声升得比平常更高；第二小句降调，“陆”字的第四声降得比平常更低。但在“我姓陆，你姓王”中，“陆”字的语调整个提高，但仍保持第四声的降调；“王”字的语调整个降低，但仍保持第二声的升调。外国人有时就用语调代替了字调，说成“我姓卢，你姓望”了。

以下为汉语语调的简单描写，不仅适用于官话，也适用于差不多所有的方言。

（1）**正常语调。**通常的陈述用正常语调。三、四个音节的短句没有特殊的语调变化。较长的句子有句末略微降低的趋势。

那个人我叫了他半天他也不来。

他会中文、日文、英文、法文四国的语言文字。

最后几个音节略低，但差别很细微而且可能部分是由于跟“半天”、“四国”对比的关系。因此总的说来，正常语调只是一个个字调的简单连续。

（2）**先扬后抑语调。**句首的短语或小句的语调略高于结尾的短语或小句：

↑说起浮水来啊，↓我忘了带浮水衣来了。

↑天这么冷，↓咱们得笼点儿炉子。

↑你还不快齐行李，↓回头就赶不上火车了。

这种语调的差别不同于英语：第一，汉语两部分之间的差别不大；其次，汉语只是基调的差别，而不是像英语那种上升或下降的曲线。

（3）最后几个音节加快：简单问句；简单命令句。

问话的时候儿，是不是这么样子问的？

世界上什么东西最便宜？

你把那边儿那双筷子递给我！

由于短语中的主要重音在最末一个非轻声音节，而重音又表现在时间加长和音高幅度加大，因此问句或命令句句末速度加快往往抵销了时间的加长。这种句末加速的印象来自与预期的延长比较，而不是来自与句子的其他部分的比较。

（4）特宽的幅度：轻松的话语；抱怨，发牢骚。

↕ 还早呢，请坐会儿再走啊！

↕ 嗐！这么重的礼，我简直不好意思收！

↕ 我到处找也找不到你！

二者的区别在于：轻松的话语的基调较高而音色较柔和，而抱怨、发牢骚则基调在平均高度，音色有点吱吱嘎嘎的味道（用↕里的波纹表示）。两种情况的幅度加大都不产生重音感，因未增加音长和音强。

（5）高调，平静：对事情采取轻松态度；第二次提问。

↑也不一定啊，爱怎么办就怎么办。

↑他姓什么来着？

（6） **假嗓子(falsetto)：不耐烦；强烈不满。**常伴随口吃的现象：

这这这这干嘛！

你你你安安顿顿的坐得那儿煞！

（7） **低调：严肃，赞扬，强烈的感情。**

↓诸君，咱们到现在还不努力啊，那就没有希望了。

↓唉，真可怜！（比较助词28第六种功能“假感情”的形式，见8.5.5.）

低调的自然结果是幅度缩小。

（8） **低，常常是粗糙的：要求证实的问话。**常和助词“啊”在一起。［见8.5.5. P8.助词“啊”的第二项用法］

（9） **低而快：插入语。**

他那位亲戚啊——我这只是对你说咁——恐怕有点儿靠不住。

“谈起国货来啊，”他说，“咱们应该先提倡国医。”他说。

插入语的详细讨论见2.14.2。

（10） **负停顿：想用词语赶上思想。**词语总是比思想慢，因此说话人在一句尚未说完时下一句早已想好。此时说话人不但会取消通常的停顿，并且赶紧把底下的话说出来，因此本来应该是停顿，却变为负停顿，用“←—”表示（常伴随着字调幅度缩减，趋向轻声）。

那么索性就等他来了再定吧←—要是他来的话。

计数时，词语的进度常常跟算数的进度脱节：

八块，八块十六块，十六的十六三十二块←——ê 我这么样算对吧？

有时一句尚未说完即放弃，好像是怕下一句忘了似的。以上第一例即可在"再"字的地方停住（"定吧"二字不说），紧接下句。

更多的例子见 2.14 关于有计划的和无计划的句子。

（11—12）**句末的升调和降调。**句末有升调↗和降调↘两种音高变化，我以前把它作为语调形式处理。但它们只影响句子的最末一音节，与句子的其他任何部分都无关；而且是加在末一个音节的字调之后。现在我处理为助词 27 和助词 28，详见 8.5.5。

（13）**任意的强音：愤怒或不耐烦。**重音主要是音高幅度加大，音长加长，跟音强的关系是次要的。但是有一种猛烈的强音可加在一个句子的大部分音节、甚至轻声音节之上，用来表示愤怒或不耐烦：

瞎说！

这简直要命！

你好不好别弄那个怪声音↘！（"音"字本为轻声，现在音强也加大，并带上一个句尾降调）

以上各例音高幅度和音长都没有加大，不同于对比重音。

1.3.8 形态音位学。

（1）**形态音位变调。**关于变调形式上面已提到，半三声作为第三声的音位变体处理（1.3.4（2）节）。但当一个声调的变体同另一个声调相同时，形态音位问题就会产生。两个第三声相连，第一个第三声既然跟第二声相同，那么它就不是一个简单的音位变体。

“买马” mǎimǎ 和“埋马” máimǎ 同音异义。同样,当一个第二声前面是第一或第二声,后面是除轻声以外的任何声调(包括两个第三声相连第一个派生出来的第二声)时,它就变为第一声。这就是一种形态音位变化的情形。所有可能结合的例子见 1.3.4(2)。应该再一次说明的是,这种变化只在一般会话速度中才出现。慢速说话或第二个音节有特殊重音,会使第二个音节恢复第二声。

有四个字由声调环境决定其声调交替:“一”,“不”,“七”,“八”。它们在停顿前是第一声,但“不”在这个位置更经常说成第四声。它们在第四声前是第二声,在其他声调前是第四声。相当多的人将处于任何位置上的“七”和“八”都说成第一声。因此,外国学生说这两个数字的时候可以到处用一个声调。但是“一”和“不”的声调是非变不可的。

(2) 啊 a 和呀 ia 的交替。我们已经看到(1.3.2 节),助词“啊”a,“□”ê,“呕”ou 以真正的元音开头(不像别的字是好像用一个元音开头,但实际带有一个弱化的辅音[ɤ],因而排斥跟前面韵尾连读),是可以跟前面韵尾连读的。例如,“这儿没人啊?”……rén‿a?“那不行□!”……xíng‿ê!“太晚了呕!”……l’ou!“啊 a”在一个开元音后,中间会插入一个介母 i 借以消除两个元音中间的隔断,如“他啊” tā a→“他呀” tā ia。前边的字的韵尾是 i 的时候,后面的“啊”自然而然地连读成 ia,如“来啊”lái‿a。有些写文章的人在这种情况下写成“呀”。

(3) 卷舌韵尾的形态音位。卷舌韵尾“儿”-r,或更确切地说从“里”、“日”和“儿”派生出来的三个同音后缀,是官话中仅有的非音节语素。它在词根语素的韵母中引起一套很复杂的形态音位变化，这套变化最好用一个带卷舌韵尾的韵母表来表示。这种变化所遵循的总原则，我叫它“可共存发音的同时性”，即，如果词根语素的韵母跟卷舌韵尾不是不能共存，那么其发音倾向是凑在一起。例如 ar 发音像美国中西部的 art 这个字里的 ar，这里的元音跟卷舌音大部分时间是同时的。ur 也是如此，因为，发元音 u 时舌根抬起，圆唇，但没有规定舌尖的位置，它可以同时处于卷舌状态。发 i 和 ü 这两个高元音，舌头是平的，跟卷舌音不能共存，因此必须加进一个卷舌的中元音：“鸡儿”jī + r→jiēr，韵母 in 也不能同时卷舌，因此干脆就把-n 丢掉：“今儿”jīn + r→jiēr，跟“鸡儿”同音了。遇到后鼻音韵尾-ng，就采取一个妥协的办法，把前面的元音既鼻化，又卷舌：“声儿”shēng + r→[ʂ ɚ̃]。如果词根本身就以卷舌音结尾，则无需再加卷舌音。属这种情况的词根最常用的有“儿”、“耳”、“二”等，而这几个词根是都不带后缀的。

有一种复杂情况，涉及今天不同年辈的人对中元音的不同处置。以“果”和“鬼”、“滚”为例，儿化的时候，后者的韵尾-i 和-n 丢掉，成为“果儿”guǒr 和“鬼儿”、“滚儿”guěr。老一代区分前一个和后两个，但后两个之间无分别。而年轻一代将“果儿”也说成 guěr，使三个字的发音相同。没有介母 u 牵涉在内的时候，也会发现相应的不同处置。如“歌儿”gē’r（带较长和靠后的元音），跟“根儿”（gēn + r→gēr，带较短和靠中央的元音）不同，年轻一代都说成 gēr。

还有一种复杂情况是韵母 ie 和 üe 的字的第三、四声跟第一、二声形成不同的结果。一般说来，在这两组声调中，元音在发音上有差别：在第一、二声中，元音较高，在第三、四声中，元音稍低。当

第五表 儿化韵母

5(a) 拼 音

介母 \ 声调 \ 纵列 \ 韵尾		-ø			-i		-o/-u		-n		-ng		
		1	2	3	4	5	6	7	8	9	10	11	12
-ø-	1,2, 3,4.	er	ar	e'r	ar	er	aor	our	ar	er	[ɑ̃^{r}]	[ə̃^{r}]	[õ^{r}]
-i-	1,2,	ier	iar	ie'r			iaor	iour	iar	ier	[iɑ̃^{r}]	[iə̃^{r}]	[iõ^{r}]
	3,4.	”		ier			”	”	”	”	”	”	”
-u-	1,2, 3,4.	ur	uar	uor	uar	uer			uar	uer	[uɑ̃^{r}]	[uə̃^{r}]	
-ü-	1,2,	ür		üe'r					üar	üer			
	3,4.	”		üer					”	”			

5(b) 汉字例

介母 \ 声调 \ 纵列 \ 韵尾		-ø			-i		-u		-n		-ng		
		1	2	3	4	5	6	7	8	9	10	11	12
-ø-	1,2,3,4.	丝	疤	歌	呆	杯	刀	兜	班	根	当	声	盅
-i-	1,2,	鸡	家	街			腰	鬏	尖	今	腔	星	兄
	3,4.	几	卡	姐			鸟	绺	点	敏	讲	景	迥
-u-	1,2,3,4.	箍	花	果	拐	鬼			官	滚	光	翁	
-ü-	1,2,	须		靴					圈	勋			
	3,4.	玉		月					院	韵			

注:为简单起见,"丝"、"疤"……后边省写"儿"字。

韵母 i,ü,in,ün 儿化后变成 ier 和 üer 的时候,它们跟从 ie 和 üe 派生出来的卷舌形式比较,第一、二声的字不同,第三、四声的字无区别。例如:"小鸡儿" xiǎo jiēr,"小街儿" xiǎo jiē'r,但"几儿" jiěr 跟"姐儿" jiěr 同音。顺便提一下,"根儿"跟"歌儿"的区别,"鸡儿"跟"街儿"的区别,正在很快地消失之中。

1.3.9 边际音位。在多数语言中,有少数音位,其负担很轻,或者说其语音学上的负荷很小。一个人人皆知的例子就是英语中/θ/跟/ð/的对立。由于这种对立起作用的只有很少几对字,所以如果拼写成一样,很少有机会弄混。事实上也正是这样,/θ/和/ð/都拼写成 th,如 thigh [θai](大腿),thy [ðai](你的)。分析英语音位的人都把这两个音作为不同的音位处理,其理由有二:一是出现这两个音的字为数甚多,这些字又都是常见的。二是区别这两个音的特点是清音跟浊音的对比,这个特点也把其他许多辅音配成一对一对的音位,如/s/:/z/,/p/:/b/,换句话说,这个分别系统地适合英语语音模式。反之,如果一种语言里有一个音位只有很小的语音负荷,并且不能很好适合这个语言的总的语音模式,那它就形成所谓边际音位。官话里有下面这些边际音位。

(1) **中元音。**在长江流域直到并且包括下游的南京的方言里,有两个中元音音位/o/和/e/。例如"阁、合、蛾、莫"等属于/o/类型,"格、核、额、墨"等属于/e/类型。但在北方官话中,发音都是 ge,he,e,m(u)o,没有两样;e 跟 o 的不同只是音位变体的不同,其不同决定于介母,见第二表(a 和 b)第三纵列。可是有三个边际情况,其中似乎有多于一个的中元音音位。

(a) 有一个长的中元音和一个短的中元音的对立,如"歌儿"

gē'r 跟"根儿"gēr 或"街儿"jiē'r 跟"今儿"jiēr，我们前边已经说了。

(b)"这是水" zhè·shì shuěi 的第一个 e 可以有两种音质，其间似乎存在一种边际音位差别。这两种不同音质是：一种是[ɤ]，如第二表中所示，另一种是较前较短的[ə]跟韵母 en 中的 e 一样。换言之，后者是把后头的声母 sh 当作一个韵尾，使它跟 e 组成一个音节，于是就成了一个带辅音韵尾的闭元音，而不是一个要求像[ɤ]那样靠后的开元音。跟这相似，"这么"也有 zhè·me[ɤ]和 zhemme (zemme 更常见)[ə]两种发音。至于"那"，甚至不存在开元音形式"那么"* nà·me，总是说 nemme。疑问副词"怎么" zěme 只有一个音质为[ə]的闭音节形式，但疑问代词"什么"shéme 有两种形式：一种是闭音节里的元音[ə]，此时 m 属于前后两个音节如英语中的 summer，这是"什么"的一般说法；让"什么"带开元音[ɤ]的时候就有一种讽刺的意味。这样说的时候"这是什么" zhè shì shé-me? 跟"这是蛇吗？"差不多同音。这是一个接近于噪音修饰和表达方式的问题，以音位系统而论，应当看做是边际音位。

(c) 在介母 i 或 ü 后的 ê[ɛ]和在介母 u 后的 o[o^]，是音位变体。但是助词和叹词经常出现超出音位系统的音，其中就有[ɛ]和[o^]。例子是助词 9，"□"ê(8.5.5 节)，叹词 2—7，"□"ê(带各种声调)和叹词 14—17"哦"o(带各种声调)(8.6.4 节)。叹词在任何语言中都含有边际音位。

(d) 大多数人，虽不是所有的人，分别"油井" yóujǐng [iu˧˥tɕiŋ˨˩˦]和"有井" yǒu—jǐng[iou˧˥tɕiŋ˨˩˦]，"有"虽然变调为第二声，但没有跟"油"吻合，它仍保留原来第三声的一般较低的(也就是较开的)元音。对此有几种处理办法,但没有一种令人满意。一种办法是说原来的第二声的主要元音较紧,而从第三声派生出来的第二声的主要元音较开,即"油井"/ieu/-jǐng 跟"有井"/iou/-jǐng 不同。这样就需要建立两个中元音,而上面已说过,除叹词 ê 和 o 外,我们避免这样做。另一种办法是将原来的第二声处理为介母加元音/iu/,或者作为一个元音组合,或者作为一个下降的二合元音 i^u,或者作为一个上升的二合元音 ^iu。这也不令人满意,因为"油"you 跟"楼"lou 押韵,但不跟"卢"lu 押韵,不像英语里 you 跟 true 押韵,可是汉语韵谱(民间的和古典的)允许"金"jin 和"针"zhen,"京"jing 和"争"zheng 押韵,那么以此类推,"流"liou/li^u/跟楼 lou/lo^u 似乎也可以押韵了。最后,可以把"有井"中的"有"yǒu 看成是第五声。下面将要说明,这也不是个满意的处理方法。类似的情况还有"谁长了?"shuéi zhǎng le? "水涨了"shuěi zhǎng le。

(2) **低元音。**低元音音位 a 在开音节中是一个不前不后的音,在前韵尾(-i,-n)前,发音靠前,在后韵尾(-u,-ng)前,发音靠后。但是在"您('他'的尊敬式)不来"Tān bu lái 和"他们不来"Tāmen bu lái 这对例子中,如用会话速度来说,tān 的-n 由于受其后 b 的影响而同化为-m,而-men bu 减音为-m bu,因此,两个例子听起来都像是 Tām bu lái。但从 tan 变来的 tām 中的 a 是前 a,而从 tā·men 变来的 tām 中的 a 较开,因而靠近中间或靠后。为了避免建立两个 a 音位(如在法语中 moi 和 mois 的对立),我们可以像处理中元音问题一样,认为音节划分是元音音色变异的条件。"您"tām (←tān)只有一个音节,其中的 a 是闭元音,而"他们"tām

(←tā·men)有两个音节,ta-m(其中的a的韵尾是零),因此表现为另外一个音位变体。这样分析的代价是必须建立一个成音节的m。跟这个m做伴的还有一个第三声的成音节的mm,是“我们”的最口语化的形式,如“我们不要”Mm bu yào。

(3) **第五声。**如果有一个第三声的字在原调为第三声的轻声字前边,它可能变为半三声像在其他轻声前一样,也可能升高为第二声,像在任何重读的第三声前边一样。大体上如果两个字在一个词之内,结果就是第一种模式,即˩˨ ꜌˦,如“痒·痒”、“姐·姐”、“宝·宝”、“椅·子”以及其他词根为第三声而词尾为“子”的名词。如果两个字组成一个短语或重叠式动词,如“咬·你”、“买·点儿”、“养·养(儿)”、“想·想(儿)”,那么第一个音节就像在第三声前的第三声变化一样,要升高为第二声。但在这种重音模式中,第一个音节的变调跟第二声不完全相同,因为它保留了一点儿第三声的下降部分的声门收缩,其调值是325:˧˨˥,不同于一个单纯的第二声35:˧˥,它可以视为第三声的音位变体。这样处理有两种困难,一是:轻声就是轻声,它对前面的音节不应起第三声的作用,除非它带轻微的重音,这样就得承认在一般重音和弱重音之间有一个中间程度的重音,这是我们一直避免建立的。二是:采用这种变调的不但有短语,也有复合词,如“打·扫”、“火·把”。为了对付这种情况,Hockett建立了第五声(见《北平语音》,257)。Martin承认Hockett的第五声,但他说得对,这是一个边际形态音位(见《官话语音中的层次和不定性问题》,215—216)。

第二章　句子

---

* 本章重要术语(原文译文对照)：

full sentence 整句　　minor sentence 零句　　clause 小句

composite sentence 复句　　compound sentence 复合句

complex sentence 复杂句

pause 停顿　　pause particle 停顿助词

nominal expression 名词性词语(＝体词性词语)

verbal expression 动词性词语(＝谓词性词语)

pretransitive 前及物动词

2.1 概 论

2.1.1 句子作为单位。句子是最大的语法分析上重要的语言单位。一个句子是两头被停顿限定的一截话语。这种停顿应理解为说话的人有意作出的。

一个句子是一个自由形式。如果一个可能成为句子的形式跟另外一个形式连结起来,中间没有停顿,那么它不再是一个句子,而那个更大的形式可能成为一个句子。

“我不知道”是一个句子,但是在“我不知道了”里边,它只是句子的一部分。

“他不来。我不去。”是两个句子,可是如果中间不停,连起来说,就只是一个句子,意思是如果他不来,我就不去。

2.1.2 句子的同和不同。在处理书面语的时候,应该记住,同一串字可能不代表同一个句子。“他走(,)不好”是一个句子。“他走·不-好”是另一个句子。

间或有两个或几个句子的语音形式完全相同,如“我要切糕”。

2.1.3 句子价值。(略)

2.1.4 句子和句子的使用。(略)

2.2 零 句

句子可以从结构上分为整句和零句。[“零”是畸零、零碎的意思]整句有主语、谓语两部分，是连续话语中最常见的句型。零句没有主语—谓语形式。它最常见于对话以及说话和行动掺杂的场合。大多数零句是动词性词语或名词性词语。叹词是最地道的零句。

2.2.1　动词性词语作为陈述句。例如：

对！　行。　有。　摔！（小心摔着！）　烫！

有人。　讨厌！　气人！　要坏！　着火了！

从来没听见过这种事。想起来了。可以查查电话簿子。

这种动词性词语应该认为是"自足"的，因为(1)可以补出不止一种形式的主语，(2)有时候补不出主语。比如"对"，有时候可以说是"你说的对"的简略形式。但是也可能是"你说的话对"、"你说的那个对"。还可能是老师教学生做个什么，学生依着做，老师说："对"。

2.2.2　动词性词语作为命令句。例如：

来！　走吧！　请坐！　干杯！　别打岔！　请有事！

命令也可以采取陈述句的形式：

不准抽烟！　招贴即撕！

2.2.3　动词性词语作为问话和答话。答话比问话更多。

怎么了？　为什么呐？　出了什么事了？　行不行？

有人没有？

是谁啊？　是我。　来不来？　来。

问话用整句的形式，答话可以或者用整句，或者用零句。

你认得那个人吗？认得。　你干吗不出去？因为太冷。

注意：答话用零句的时候，多采取谓语的形式。如果问话中用疑问词做主语，答话也往往连动词一块儿说。

谁在屋里？ 老王在屋里。 （或者）是老王。

哪儿的气候最好？ 昆明的气候最好。

如果问话的谓语中有疑问词而不是主要动词，答话也往往连动词一块儿说。

他要吃什么？ 要吃肉。 （或者）吃肉。

你叫什么呐？ 我叫茶房。 他几时来？ 初三来。

你最喜欢跟谁下棋？ 最喜欢跟你下。

只有在特殊场合，例如回答谜语，或者有意带点儿"冲"或者带点儿俏皮，才不用全谓语而只用与疑问词相当的词语。

什么最便宜？水。 你什么时候回家？三点钟。

你猜我们猫爱吃什么？香瓜儿。

2.2.4 名词性词语作为谓语。例如孩子看见天上一个东西滑翔，说："飞机"。意思是"那是飞机"，但是没有说"那是"。后来看见翅膀扇动，又说：

不是，是个鸟儿。

这才用上完全的动词谓语。

在介绍客人的时候，可以说：

这是李先生。

也可以只说：

李先生。

介绍自己的时候总是光说姓名：

张天才。

或者说"姓张"。不说"张"，因为"张"是单音节，是黏着形式。

另一种名词性零句的作用是唤起人们注意一样东西的存在。

例如挑水的人警告行人:“水!”又如:“火车!”

不限于感叹句,也用于提示,如:

问:…… 答:…… 第一条:……

2.2.5 名词性谓语句带修饰语。(略)

2.2.6 标题。

(1) 书名、篇名等:红楼梦

(2) 街名:××大街 单行路

(3) 车站、商店等:苏州 文庙 酱 当

2.2.7 用物名作命令句。用于买东西或类似的场合。

豆腐脑儿 (卖的人,买的人都说)

茶! 车子! 两张大人,一张小孩儿。(买车票)

2.2.8 呼语。

妈! 大哥! 老王啊! 卖豆腐脑儿的! 修洋伞的!

2.2.9 叹词。

2.3 整句的结构

2.3.1 整句的形式特征。整句有主语、谓语两部分,中间用停顿、可能的停顿或四个停顿助词之一(啊、呐、嘿、吧)隔开。

他跑的快。(“他”后、“的”后都可有停顿,“他跑的”是主语。)

他跑得快。(只“他”后可停顿。)

2.3.2. 倒装句。

进来吧,你! 要睡了,我。 可笑极了,这个人!

这种句子可以把主语复原到前头去,然后在后头重复一下:

黑猫吃，黑猫！

2.4　主语、谓语的语法意义

2.4.1　主语、谓语作为话题和说明。

主语和谓语的关系可以是动作者和动作的关系。但在汉语里，这种句子（即使把被动的动作也算进去，把“是”也算进去）的比例是不大的，也许比50%大不了多少。因此，在汉语里，把主语、谓语当做话题和说明来看待，较比合适。主语不一定是动作的作为者；在“是”字句里不一定等于“是”字后边的东西；在形容词谓语前头不一定具有那个形容词所表示的性质。它可以是这种种，但不是必得是这种种。

这件事早发表了。　　这瓜吃着很甜。

有时候，词语的省略使主语和谓语关系松散到了如果放在别的语言里将成为不合语法的程度。

他是个日本女人。（意思是：他的用人是个日本女人。）

他是一个美国丈夫。

你（的鞋）也破了。　　我（的铅笔）比你（的）尖。

你（的小松树）要死了找我。

有时候，说不出省略了的是哪几个确定的字。

人家是丰年。

2.4.2　谓语中动作的方向。不一定必得从主语到宾语。

酒喝不喝？（答）酒不喝，烟抽。

我老闹病。

十个人吃两磅肉：两磅肉吃十个人。

四个人坐一条板凳：一条板凳坐四个人。

这地方使人发腻：这地方能住。

他死了心了：他死了父亲。

彬彬应该告送他。（意思是：应该告诉彬彬。）

主语可以是处所意义（所在、所向、所为的事物，等）。

这地方儿可以溜冰。　中国常常去信。

这花儿得浇水了。　这树能压枝，可是得先上肥。

上面的例子还有动作方向可言。有些动词所表示的动作说不清一定是什么方向。

他掉泪了。（眼泪自己掉下还是被人掉下，说不清。黎锦熙称之为"半被性"）

你叫谁？（答）我叫王二呐。

你叫什么？（答）我叫王二。

有需要的时候，说话的人有办法把方向交代清楚，用前及物动词"把"表示向外的动作，"被"表示向内的动作。

鱼吃了。（两种意思）　鱼把食吃了。　把鱼吃了。

鱼被猫吃了。

可是"把"和"被"并不是以表明动作方向为惟一作用。它们在句子里还有表示有定无定的作用，表示受损受益的作用。（还有一个前及物动词"给"，在方向性上是中性的，也有类似的作用）事实上，连"把"也不保证动作是向外的。

怎么！他把个父亲死了！

2.4.3　有定和无定。

有一种强烈的趋势，主语所指的事物是有定的，宾语所指的事物是无定的。

水开了：发水了。 火着了：着火了。

我要请客：客来了。 哪儿有书？：书在哪儿？

我看完了书了：书看完了吗？

当然，可以用“这个、那个”表有定，“一个”表无定。

你写完了那封信了没有？ 一个卖刷子的在门口儿呐。

但是更常见的形式是：

那封信写完了没有？ 门口儿有一个卖刷子的。

然而跟有定无定相联系的，与其说是主语或谓语的功能，毋宁说是在句子里的较前或较后的位置。用上一个前及物动词“把”，宾语就挪到前边，更适合表示有定的事物。

你把那封信写完了没有？

另一方面，人们不太愿意在句子起头用“一个”、“一件”，宁可说“有一个”、“有个”，甚至光说“有”，例如：

有人来了。

同样，“有时候”、“有地方”。

还有一个“些”字，没有一个句子用“些”字起头，总是说“有一些”、“有些”，简直可以说“些”是附着于“有”。“有些”实际上已经变成一个复合词，意思是 some。例如：

有些人不吃蒜。

周遍性的事物如“个个儿人”、“件件事”被认为是有定性的，必得搁在前头。例如：

双双鞋都穿破了。

或者用前及物动词：

他管人人都叫老朋友。

同样，表示任指性的事物的疑问词（带重音），后边跟着“都”或“也”，也出现在前头的位置上。例如：

他们什么都吃。　　他哪儿也不去。

“这个人谁都不信”有两个意思：(1)他不相信任何人，(2)没有人相信他。后者可以换成“谁都不信这个人”，解决了歧义，以把表示有定事物的词语挪到后头为代价。但是第一种意思只有这一个说法，除非改成书面语味道很重的“这个人不相信任何人”。注意：尽管“这个”、“那个”等可以放在最后头，“一个”等可以放在最前头，可是(1)用重复表周遍的形式和(2)带重音的疑问词加“都”（“也”）永远不能搁在最后头。没有“他懂件件事”的说法。“他们都吃什么？”是另外一种意思。

2.5 逻辑的谓语

2.5.1 逻辑的谓语和语法的谓语。在正常情况下，句子的主要信息总是搁在谓语里。例如“我穷”，“穷”是主要信息，既是语法的谓语，也是逻辑的谓语。

可是，为了修辞的理由，或者仅仅由于不善于措词，逻辑的谓语能搁在句子的任何部分，不但是整个谓语里，也可以是主语里或者谓语的一部分里。

我有个虫牙。

这儿的逻辑谓语不是“有”，也还不是整个“有虫牙”，而是“虫牙”。

一般地说,如果在一个S-V-O形式的句子里逻辑谓语是O,就常常把句子改换成“S-V的是O”这样的形式,这就使O成为谓语的中心了。

在修饰语位置上的形容词或副词常常起逻辑谓语的作用。英语里 There are too many people here.这种句子是很正常的,但是这句话在汉语里的说法是:

这儿的人太多。

受西方影响,现在书面上也常有这种句子:

愈来愈多的人要研究科学了。

但是更普通的说法是:

要研究科学的人愈来愈多了。

当然,有时候说话的人不愿意突出他的主要信息,故意把它塞在一个不显眼的地方,例如:

我从前在爱因斯坦家吃饭的时候儿啊……

2.5.2 重音作为逻辑谓语的标志。在一般情况下,

我的名字是约翰。

的主要信息是“约翰”(不是詹姆士)。而

约翰是我的名字。

的主要信息是“名字”(不是外号什么的)。但是只要把重音挪到主语位置上,逻辑谓语也就挪到语法主语上,两句话的含意就倒了个个儿了。

一般说来,一个句子里差不多任何一个字,只要给它一个对比重音,就能使它成为逻辑谓语。

要区别对比重音(contrasting stress)[按即所谓“逻辑重音”]

和感情重音。前者表现为音长加长，音高的域加大，而音强增加不多，或者无增加。后者表现为音强增加，常常是突然增加(sforzando 式)，有时候伴以音高的升高，但是音长和音高的域没有什么扩大。感情重音在一句话里可以出现多次，可以每个字都带上这种重音。

2.6 主语、谓语作为一问一答

2.6.1 停顿助词和疑问助词。 a，ne，me，ba 这四个助词都有表疑问和表停顿这两种作用。

这个人啊，一定是个好人。 他是哪儿的人啊？

他自己的小孩呐，也不大听他的话。 小孩儿都上哪儿去了呐？

他辞职的意思嚜[mə]，已经打消了。 你知道他要辞职了吗[ma]？

丈夫吧，找不着事儿；孩子们吧，又不肯念书。 我们问问她的丈夫吧？

2.6.2 主语作为问，谓语作为答。 上面说的现象不是偶然的，是来源于主语作为问话、谓语作为答话的性质。设想一下：男人走进饭厅，发现饭菜还没有上桌子，就问："饭呐？"他的妻子，也许没听清楚，也许为了拖延时间，说："饭啊？"她男人哼了一声："嗯。"她说："还没得呐。"或者他吃完一碗要添饭，问"饭呐？"他妻子说："都吃完了。"

问和答的融合的三阶段：(1)两人对话。(2)自问自答。(3)把问和答合成一个整句，中间没有停顿。

(1) 饭啊？ 还没得呐。 饭呐？ 都吃完了。

(2) 饭啊， 还没得呐。 饭呐， 都吃完了。

(3) 饭 还没得呐。 饭 都吃完了。

2.7 整句由零句组成

2.7.1 主语和谓语作为零句。上面讲到整句的主语作为话题，作为问话，谓语作为说明，作为答话。也讲到零句之中有的是指出事物的存在或唤起对它的注意，有的是有较多的话说，更近于一种说明。把这两种零句放在一起，恰好构成一个整句。这样，我们得出一个令人惊异然而明明白白的结论：一个整句是一个由两个零句组成的复杂句。

2.7.2 零句是根本。整句只是在连续的有意经营的话语中才是主要的句型。在日常生活中，零句占优势。由这种零句组成整句，这就使得整句中的主语和谓语的结构形式多种多样这一现象成为完全可以理解了。

2.8 主语的类型

2.8.1 名词性词语。（略）

2.8.2 动词性词语。

走行，不走也行。 走了就好了。

光说没用。 说比做容易。

打是疼，骂是爱。　站着不动很难。

说出来(了)也不要紧。

老做事不休息可以把人累死。

有时候动词性主语可以是表时间、处所、条件的词语。

吃饭得使筷子。　　买票请排队。

这里也许可以补上"……的时候"、"……的地方"、"……的人"等等，但是既然说不好该补充的是哪几个字，那么"吃饭"等就应该分析为动词性主语。

形容词是动词的一种，也可以当主语。

高好；低了太热。(指天花板)

慢不碍事；太快会弄错了的。

2.8.3　表时间、处所、条件的词语。

今儿冷。	今儿不去了。
这儿是哪儿？	这儿不能说话。
他死了的话简直不堪设想了。	他死了的话，就不容易解决了。

左边三句，"今儿"等是主语，右边三句翻成英语都得补充主语，"今儿"等等都成了副词。但汉语句子的主语的作用只是引进话题，动作者无须出现，除非防止产生歧义。就语法形式而论，这两组句子是没有分别的。

2.8.4　介词引进动作者主语。我们说主语只是一个零句。作为零句，它可以采取各种形式，包括介词加宾语的形式。例如用"由"、"归"、"连"等引进动作者。

由主席召集会议。　　归各人自己料理。

连我都不知道。

连被动动作的标志"被"也可以把主语—动作者作为它的宾语引进句子：

被这几文钱把这小人瞒过。

2.8.5 别的介词短语。 一般认为副词性短语的，也是广义的主语。

为了这事情我真发愁。　　在一年里我只病了一次。

这两句里的双主语可以颠倒过来，结构和重点都发生了变化。如果介词保留，那就成为连动式，其中第一个词语从属于第二个。

2.8.6 主谓主语。

猫比狗凶是会的。　　他不来也成。

他信了你这话才怪呐！　　东西扔得地下不好。

2.9 谓语的类型

2.9.1 动词性谓语。 中国语法学家分句子为叙述句、描写句、判断句，大体上分别与动词谓语句、形容词谓语句、名词谓语句相当，但是不完全相当，有些参差。

另一种分类在形式上更有依据，是按谓语的作用[原文是 the nature of predication]来分：(1)对比，(2)肯定，(3)叙述。

(1) 我现在说话。——"说话"跟"睡觉"、"吃东西"、"玩儿"对比。这种句子里的动词前边如果有"是"字，这个"是"字总是说得比动词轻，甚至是个轻声。

我现在是(。sh)说话(不是打架)。

（2）肯定性的谓语不是跟别的谓语对比，而是跟它自己的反面对比，例如：

我现在‖说话。

我现在'是说话（不是不说话）。

（3）当一个动词叙述故事的某一进程时，句末常用表示事情开始的助词“了”，例如：

我现在说话了。（刚才不说）

2.9.2 形容词作谓语。汉语的形容词也是一种动词，可以用做谓语，无须有“系词”。例如：

今儿天凉。　　菜很咸。

我热。　　你那儿舒服点儿。

形容词作谓语也有上面说的三种作用。

（1）对比。可以加“是”，形容词后面加语尾“的”。

这瓜甜。　　这瓜是甜的（不是酸的，苦的）。

（2）肯定。

这瓜甜。　　这瓜是甜（不是不甜）。

（3）叙述。

这瓜甜了（先前没熟）。

形容词加“了”，或者动词加形容词补语加“了”，常含有“变得如何如何”的意思。因而又常常用来表示程度过了头，例如：

这屋子黑了（漆的太黑了）。

鞋（买，做）小了。　　这话差远了。

2.9.3 名词性谓语。

这个人好人。

在“这个人是好人”里，谓语是“是好人”，是动词性谓语。“是”字有许多特殊性质，自成一类，见 8.1.8 节。

名词性谓语跟动词性谓语一样，也有三种作用：

(1) 对比。

今儿礼拜（不是礼拜一，等等）。

(2) 肯定。

今儿'礼拜（不是非礼拜）（重音移位）。今儿'是礼拜。

(3) 叙述。

今儿礼拜了。

名词性谓语又可以从另一角度分成三种：(a)归类，(b)唤起对一事物的存在或范围大小的注意，(c)表示一个事件。

(a) 归类。名词性谓语属于这种性质的最多。

孔子鲁人。　　我（，）傻子？

四川好地方 ê！　　今儿初一。

这一类里的一个小类是在短语的末了有“的”。

他从英国来的。　　我八点到的。

名词性谓语可以受副词的修饰，例如：

那个人简直骗子嘿！　　一定好消息。

这个人真君子。

在这一点上，动词“是”有点像上面引的那些副词。它常常在语音上附属于前边的副词，成为副词的后缀，例如“倒是”、“真是”、“原是”、“正是”、“都是”。

我们讲过，有一种零句采取名词前边加形容词的形式，如“青山绿水”。这种结构也能用做谓语。例如：

那个姑娘大眼睛小嘴儿。 那个人怪样子。

这个孩子坏脾气。 这个人大舌头。

名词谓语的否定式用“不是”。

我不是三十九岁。 我不是这儿生的。

(b) 唤起对事物的存在或范围的注意的名词性谓语差不多总是带有数量词语。

我们两个男孩儿一个女孩儿。

这句话如果是小孩儿之中的一个说的，就属于上面的(a)类；如果他们的父母说的，就属于这里的(b)类。别的例子：

屋里(有)许多蚊子。 房顶儿上(有)一个老鸹。

注意：“有”字还有一个用处，表示数量有这么多。比较：

这小孩儿(是)四岁。(意思：不是三岁或五岁)

这小孩儿有四岁。(意思：不小于四岁)

第二句的否定式是“他没有四岁”。

根据我们的尽量少说省了字的原则，我们认为下面的句子也是名词性谓语：

这本书两块钱。 一个人一块钱。

(c)宣告一个事件：

昨儿夜里大风暴。(如果加个“有”字就软了。反正不是同一个句子了。)

今儿下午体操。(说不清是省了“有”啊，“上”啊，“教”啊。)

这个人一定猩红热。 去年大选。

聪明法子好法子。(两个意思：(1)主谓，(2)并列。)

由以上可见，尽管名词性主语和动词性谓语是最常见的主谓组合,可是一个整句的两个成分的可能形式实际上是没有限制的。那么,有没有动词性主语加名词性谓语的句子呢?如果只考虑单个儿的动词和单个儿的名词,我只找到一个例子:

逃孱头。

可是"孱头"不光是可以受"真"、"实在"的修饰,还可以受"很"、"太"的修饰,似乎该认为是个形容词。要是也考虑到较长的词语,那就有这样一些例子:

(他)不死一百岁了。　　不下雨已经三个月了。

2.10 整句(S-P)做谓语

2.10.1 S-P 谓语作为一般化了的整句。[*](略)

2.10.2 大句主语和小句主语的关系。

大句主语和小句主语的关系可紧可松。二者之间关系紧密,如领属,全体与部分,类与成员。二者之间关系松弛,如大句的主语表示时间、处所、条件或其他不关重要的情节。关系紧密的例子:

这个人耳朵软。　　十个梨五个烂了。

朋友旧的好,衣裳新的好。

这些句子可改成简单的主谓句,只要在大小主语之间加个"的"或"里(头)的",虽然这样一改,风格变了,甚至句子的"价值"也变了。例如"他耳朵软"是轻信的意思,"他的耳朵软"可能是轻信,也可能

* 第一个人谈到 S-P 谓语的是陈承泽,他在《学艺》第二期(1921)里说"得以句为说明语"。

是说这个人的耳朵(物质的)软。作为关系松弛的例子,下面两句是从实际谈话中记下来的:

电影儿我看报了,没什么好的。

我结婚的总送这个。(对于结婚的人,我总送这个。)

2.10.3 S-P 表示大主语的状态,特征,或有关事件。表示状态或特征的最常见,表示时间的较少。往往是大主语指人,S-P 里的主语指身体的部分,谓语表示某种生理或心理状态。例如 S 为"头、脚、腿、腰、肚子、牙、嗓子"等,P 为"疼、痒、酸、麻"等。

我头疼。　　我腿麻了。

你今儿还腰酸不腰酸啦?

表示大主语的(性格)特征的例子:

我性子急。　　脾气好(坏,燥,慢)。

心好(坏,软)。　　心眼儿直(毒)。

胆儿大(小)。　　记性好(坏)。

手巧。　　脸嫩。　　脸皮厚。

表示特征的句子,主语不是指人的比指人的略为少些。

这棵树叶子大,花儿少。

中国地大物博。　　百事头难。

墙上芦苇,头重脚轻根底浅;山间竹笋,嘴尖皮厚腹中空。

表事件的:

我心跳。　　她肚子又大了。

他手拿着一把佛盘剑(vorpal sword)。

你怎么眼睛看着他摔了也不管?

2.10.4 S 的 S′作为简单主语。在大小主语之间加"的"字,句子的结构就变了。这种改变总是可以的,但结果可能改变了句子的意思。有"的"的句子多半会照字面讲,而 S-P 谓语(即不加"的")则多半有专门意义或比喻意义。例如(1)她肚子大了,(2)她的肚子大了,这两句都可以有两个意思(a)她怀孕了,(b)她肚子变大了(各种原因)。但(1)的形式联系(a)的意思,(2)的形式联系(b)的意思的可能性比另外一种可能性大。

从结构上看,S 的 S′除了"的"字不能插入别的字,而大主语和 S-P谓语之间可以插入修饰谓语的副词。如"我的胆儿小","我的胆儿"是不能扩展的,而"我胆儿小"则可以。

我还胆儿小。　　　　　　　　我不胆儿小了。

你怎么这么胆儿小?

下面两句是从小孩儿的话里记下来的。虽然稍微有点特别,可是反映他们学着用 S-P 谓语的过程。

我们也门铃儿不响了。　　　　我老鞋带儿散了。

2.10.5 用形-名谓语表特征。我们可以说:

这个人脾气犟。

也可以说:

这个人犟脾气。

以及: 这个人太死心眼儿。

此外如:沙嗓子,小心眼儿,大舌头,急性子,等等。

2.10.6 黏着的 S-P 谓语。

一个 S-P 谓语可能是有一个部分或两个部分都是黏着的;可能其中谓语是轻声,可能整个 S-P 用做及物动词或助动词。

他眼睛看着你呐。　(S 和 P 都是自由的)

你怎么眼看着不管。（“眼”黏着）

他心满意足了。

“情。愿”的两个部分都是黏着的，用做助动词：“情愿放弃了”。

“头疼”是普通的 S-P，但“头。疼”常用做及物动词：“我实在头疼这件事”。同样，“心。疼”是及物动词。

“性子急”是普通的 S-P，中间可以插入“不”或“太”；“性急”里“性”是黏着的，“性急”不能分开，只能说“不性急”、“太性急”。又如：

这个人年纪很轻：这个人很年轻。

我见了他就头大。

他看见了那么些钱也不眼儿热。

你打算路过哪些城？（只能“你路过不路过庐山？”不能“你路过不过庐山？”）

2.10.7 时间、处所、条件在大主语。

这种句子的大主语和小主语的关系松弛，S 的 S′的变换不一定可能。

今儿天好。（可以“今儿的天好”）

今儿王先生来。（不能“今儿的王先生来”）

胡附、文炼说，把“今儿他来”分析成“今儿”是主语，荒唐可笑。如果把主语理解为主动者，那么上述分析确是荒唐。但如把主语理解为话题，是给说话布置场地的，那么，正是这种词序的不同表示说话的人的注意之点不同。“今儿他来”，是说今天的日程，“他今儿来”是说到他和他来的日期。

汉语里多少有点把时间词放在处所词前头的倾向，但是对于主动者的位置不表现任何倾向。

其他时间、处所词语做大主语的例子：

清明时节雨纷纷。　　八月十五家家吃月饼。

那回大火，幸亏消防队到的早。

美国芒果贵，因为美国芒果都不是美国芒果。

下面的例子里，两个主语之间的关系很笼统，很松弛。

留学的事情政府早规定了办法了。

中国话"cigarette"怎么说？

"cigarette"中国话怎么说？

你浮水学会了没有？

2.10.8 主语还是宾语倒装？

我酒现在不喝了。　　晚报老三拿去了。

你小题大做嘿。　　我头也不回，汗也不擦。

大洞大猫钻，小洞小猫钻。　　大猫大碗喂，小猫小碗喂。

也许有人说，如果把"头"和"汗"作为主语，"回"和"擦"就没有宾语，悬空了。回答是：首先，有些动词所表示的动作的方向就不清楚。究竟是我的头自己回呀还是我把它回过去？即使是方向清楚的动词，汉语里及物动词也常常不带宾语，只要它在上文已经提到。

这是我的报，你看吗？

如果在"看"字后面加个"它"，意思完全不同，等于说"你要看这种东西吗？"

2.11 复合句

2.11.1 单句和复句。复句两种：复合句、复杂句。前者由并列的句子组成,后者由主要的和从属的句子组成。一般所谓单句,实际是复杂句(主语谓语各为零句),是起码的复杂句。

多数中国语法学家分别“主从复句”和“包孕复句”。

2.11.2 复合的零句。两个零句相连,不一定构成一个整句。如果每句都有整句语调,那就是两个句子,例如:

这个人! 也不跟朋友打招呼!

两个平行结构的零句可能构成一个复合的零句,而不构成一主一谓的整句。

下雨了,冒泡儿了;王八带了草帽儿了。(儿歌)

2.11.3 复合句还是几个句子?

三个因素:(1)语调和停顿,(2)副词或连词作为标记,(3)结构平行。

天气很好。但是我不能出去。

“好”字全上声,后边有全停顿,这是两个句子。“好”字全上或半上带拖腔,那就只是一个复合句。

重复同一副词或使用两个互关的副词,把小句合成复合句。例如:

你也不认得我,我也不认得你。

风又冷,雨又大,我又没有车。

他一头儿跑,我一头儿追。

不但朋友们来找他,而且(～并且)生人也来找他。

“但是”、“可是”、“况且”等连词也可以组合小句成复合句。但是这些连词也常在一个句子已结束、第二个句子起头的地方,因此这种连词不能作为复合句的无疑问的标记。还得考虑别的因素。

平行的结构常常是复合句的标记。

一个人付钱，一个人收钱。

上船的上船，上岸的上岸。

一放一收的语调（见 1.3.7.）把两个并列的小句组合成一个复合句。

三个因素之中，语调和停顿这个因素最重要，常常单凭这个就能辨别复合句。一般文字，不论用汉字写还是用某种拼音写，都不把语音特征全写出来，因此在书面上可以有难于辨别的情形，但是在实际说话里是没有疑问的。

2.11.4 并列的主语，并列的谓语。

吃饭睡觉都在一间小屋子里。　　你我他一块儿去吧。

维持生活，得有的吃，有的穿，有的住。

四书五经没全念完。

这些例句不能把并列的主语拆开，改成复合句，改了就不成话，或者另外意思。“我一块儿去”不成话，“四书没全念完”意思变了。

有的能拆成两小句合成一个复合句，如：

人人都得做工，（人人）都得休息。

但是没有必要而添补词语是没有道理的，所以还是分析成复合主语或复合谓语的好。

2.12 复杂句

2.12.1 “包孕句”和复杂句。

三点不同：(1)前者在母句与子句之间通常没有停顿。后者在主句与从句之间可以有类似主语与谓语之间的停顿或停顿词。比较：

我没想到你忘了。(无停顿可能)

我(要是)没想到啊(～嚜,呐,〇),你就忘了。

(2) 从句常常由连词引进,子句不然。

(3) 子句是句子的一个成分,没有它母句就不完全。

然而有许多中间情况使这三种测验不可靠。一个复杂句属于这个或那个类型只是名称问题,只要它的各部分的功能能分析就行。下面就是这么办。

2.12.2 S-P 主语和 S-P 谓语。SP-P 的例子：

狗拿耗子,多管闲事。 你光说那个没用。

妈妈的宝贝把菠菜吃完了乖。

S-SP 的例子：

这个人命苦。

SP-SP 的例子：

他死了我真难受。

2.12.3 小句做宾语。

我说钱的事儿不要紧。

"说"后无停顿。如果加上助词 ia 和停顿,意思变了,"我说呀"等于"你听我说",这样,第二个小句就像一个跟前边并列的句子,不像"说"的宾语了。

我知道我不知道的人也许知道我。

你说那个没用。(比较上节例)

可是如果宾语小句很长,动词之后会出现停顿和/或停顿助词。

小句做宾语，最常见的是在表示思维和感觉的动词之后：

想；知道；以为；当是（误以为）；怕，恐怕；

说；听说；听见；听见说；看，看见；告送；盼望，希望；

指望（着）；答应；记着，记得；记住；忘了，忘记。

如果句子的主语是 S-P 或谓语是 S-P，当然有可能在这个小句的动词之后再来一个小句做宾语。

你不知道水银会凝固真奇怪。[S(SP(VO(SP)))P——译注]

那回大火，人人都以为电线走了电。

[SP(SP(VO(SP)))——译注]

2.12.4 形容词性小句。

小句修饰名词，加“的”字。他说的话。 我信的教。

加“所”强调。他所说的话。 所有的人。

耳朵聋的人最苦。 这是他睡觉的地方儿。

我遇见过很多烟卷儿不离手的人。

我喝水的杯子。 我（从那儿）来的地方儿。

我对他说了多谢的那个人。（有点别扭，然而有时听到）

形容词性小句的一个常见而重要的用处是修饰一个表时间、处所、条件的字眼儿，构成一个表时间、处所、条件的主语。如：

我昨儿晚上上床的时候儿，客人还没全走。

大家用功的地方儿，你不能大声儿说话。

他一定要去的话，我也没法儿拦阻他。

被修饰的名词常常是轻声，因之“的”字加上这个轻声词实际上构成了一个复合的助词，作为从属小句的标志：“……的·时·候儿”，“……的地·方儿”、“……的·话”的作用跟一个连词相当。可是话又说回来，从一个句子加“的时候儿”变成一个句子加后附“的·时·候儿”，也只是从一个带修饰小句的名词主语变成一个由助词引进的小句做主语罢了。虽然可以翻译成外语的副词小句，在我们的分析里还是一个大主语。

2.12.5 副词性小句做主语。

上面讲过，包孕句里的从属小句可以做主语、宾语、名词修饰语。这三种小句并不完全同等，因为主语之后总是可以停顿的，而动宾之间、形名之间是不能停顿的。那么，副动之间、副词性小句与主要小句之间又如何呢？事实上，这两种结构很不一样。副词加动词，如“很好”、“快跑”，中间没有停顿。但语法学家一致认为用“虽然”、“要是”等等连接的小句之后、主要小句之前，是可以并且事实上经常有停顿，并且认为这是真正复杂句和包孕句的区别标准。从属小句是修饰主要小句的，不是仅仅修饰其中的动词，因此可以拿开而不至于使主要小句不完全。

一般认为副词性小句的主要类型：(1)表让步，(2)表原因或理由、时间、处所，(3)表条件。由于(a)这些小句通常跟着一个与主语之后的相同的停顿或停顿助词，(b)它们出现在句子的头上，除非是作为追补的话，(c)所谓从属连词总是能够搁在主语之后，修饰动词，(d)复杂句逐渐混同于复合句或有复杂谓语的单句——由于这种种理由，我们主张把从属小句当做主语，把主要小句当做谓语。

2.12.6 从属连词还是副词？

“虽然、因为、假如”等所谓从属连词的一个显著的特点是全都能够搁在从属小句的主语的后头。

虽然我想发财…… 我虽然想发财……

搁在主语之前或之后通常看这两个小句的主语相同还是不同。

(1) 虽然我想发财,可是你不让我。

(2) 我虽然想发财,可是不敢冒险。

(3) 虽然我想发财,可是不敢冒险。

(4) 我虽然想发财,可是你不让我。

这四种形式都有可能,但(1)(2)比(3)(4)普通得多。

复杂句里有些副词永远不出现在主语之前,“就”、“还”以及下面 2.12.8.节里的关联副词的多数都属于这一类。例外情形如:

要是两个包,就一个是你们的,一个是他们的;要是一个包,就全是你们的。

第一个“就”是在主语之前,但是它修饰的是 S-P 谓语“一个是你们的,一个是他们的”。

2.12.7 从属小句的种类。

(1) 让步:“虽然……可是(～但是)”,“固然……但是(～可是)”。

(2) 原因、理由:“因为……所以”,“既然……就”。

“因为”之后可以是一个动词性词语,或者一个 S-P 小句,此外有两个显然动词性的字眼“为了”、“为着”能在后边带名词性词语:“他为了(～为着)钱去做坏事”,这里不能用“因为”。要用“因为”,后边必得是个动词性词语:“他因为要钱,所以……”。

表示理由或原因的小句不能搁在后半句,除非(a)加上“的缘故”变成名词性谓语。例如:

他因为下雨,所以不来了。

他(所以)不来,是(因为)下雨的缘故。

(b) 作为追补语。这种情形，表结果的小句用终句的语调说，而追补的部分头几个字加快说(*piu mosso*，用←—表示)，否则就是另外一个句子了。

他不来了/•/←—因为下雨了。

上面的讨论不影响否定的范围，如：

他不是因为下雨了不来，是因为……

这里的问题是直接成分的问题，至于表示理由或原因的格式那还是一样的。

(3) 条件或假设由下面这些字眼来表示：

要是，假如，若是，倘若，假若，假使，倘使，设若。

这些词的排列大体按照(a)出现的多寡，(b)假设程度的深浅，越是后面的越多用于与事实相反的假设。

条件小句里可以没有“要是”等字眼，光在结果小句里用“就”字，或者在两个小句或其中之一里用上否定词。

你打电话给他，我就不用写信了。

你不来(，)我不去。

必要条件用：

非，得ᵛ，非得ᵛ，除非，除了。

你非去不行。　　　　你非去才行。

除非西天出了太阳，{我不会改主意的。
我才会改主意呐。}

早先说话里用“除非”，只用在追补语：

他不会答应的——除非你劝得动他。

现在广州话里还只有这一个格式，除非受了官话的影响。

“不是……就是”用来代替用于逻辑选言命题的“或者……或者”或“或是……或是”，比后者更常用。

不是我来，就是你去。

条件小句可以当成主语，只要在后边加上“的话”。

要是不肯的话，那就算了。

主语、问话、条件小句这三种句式互相接近，可以从它们的后边可以有相同的停顿或停顿助词这一点得到证明。英语里老式的条件句用倒装词序也是一个旁证：

Should it rain tomorrow(/,/～/? /)*that would be too bad*.

这里的语调究竟是/,/还是/? /，实际语音上辨别不出。

(4) 时间小句用“……的时候”、“……以前”、“……以后”做标记。

我们前边已经讲过“……的时候”是一个普通的体词性主语。这同样适用于“……以前”、“……以后”。

在“……的时候”之前可以用“当”、“在”，在“……以前”、“……以后”之前可以用“在”。

在用“以前”的句子里常常用个多余的“没有”，在用“以后”的句子里常常用个多余的“已经”。

他还没到家以前就累的走不动了。

他已经到了家以后才知道有多累。

表示时间关系也可以在从属小句里用语尾“了”以及与此相当的否定词“没(有)”。

我吃完了你吃。　　　　票还没买你不能上船。

在这里如果有个全停顿和终句语调，那就成为复合句或两个句子。

(5) 处所小句，通常带“……的地方”，更像一个带修饰语的名词做主语。现代的报章体里还有：

言论自由不自由的方面，他们还没有什么表示。

前边可以加“在”或“关于”。

总之，所有表示让步、原因、条件、时间、处所的小句，说来说去不外乎是主语，无论是S-P主语，或是S-P主语修饰一个名词，或者一个由“在、当”加S-P主语组成的动词性词语。当那个被修饰的名词弱化为一个后附（enclitic）的时候，它就像一个复合的助词。当前边的动词或介词“在、当”等弱化为一个前附（proclitic）的时候，它就像一个连词。到了这种情况，那S-P修饰语或S-P宾语就取得了作为全句的主语的身份。（后附：指一个形式，语音上附属于前边一个词，但语法上附属于一个更长的结构。前附准此。）

2.12.8 互相关联的小句。［连锁式］

你越大声儿说话，我越听不懂。

这种句子和“我不来；你不去”等等不同，两部分互相依靠，关联副词“越……越”使它们不可能变成两个句子。

如果有两个并列的“越……”跟第三个“越……”相关联，这种2+1的结构用悬挂语调和/或停顿助词和/或“要是……就”、“也”、“又”等来表示，因为前两个“越……”之间不能用“和”之类的字眼。

嗓子越大，话说的（又）越长，人就越不听。

“越”一定要用在动词前头，这个动词一定得有程度可言。

你越说他越不信。 风越刮越大。

如果第一个“越”找不到一个动词（没有什么具体的行动），那就用一个填空的动词“来”或“过”或“变”，借以补足这个公式。

你越来越傻了。 你越过越糊涂了。

很常见的一种关联类型是重复疑问—无定代词。

谁先来谁先吃。 哪儿舒服哪儿睡。

关联词不一定是同一个词的重复，事实上常常不是。

事情多难你也得做完了它。

有的(～与其)费工夫儿写信，不如打个电报去。

2.12.9 从属小句的真实性(truth value)。 (略)

2.12.10 紧缩句。

我说做就做。 我问他也不答应。

饭催了才坐下来吃。

紧缩句的特点：(1)句中无停顿可能；(2)第二个谓语没有主语，并且即使补出主语也不一定跟第一个谓语的主语相同。

紧缩句是可以用上一个或两个关联副词，但不是必需。

我一气就头疼。 咱们再大声儿一点儿叫他也听不见。

你派了我(我)也不能去。 下午最高(高)到九十度。

那种第一个小句可以当做主语的句子，当然不必假设在紧缩中丢掉什么字。

你赔不是也没用。

在下面这样的句子里

票还没买/X/你不能上船。

如果在X的位置上是一个全停顿，这是两个句子。如果“买”字是上声加拖腔或半上加拖腔，或者“买”字说成阳平，直接“你”字，一点停顿也没有，那么，这是一个紧缩句，但是不一定是条件句，也可能是实说。如果要使条件的意思明白无疑，总是可以加用“要是”和/或“就”的。

2.13 兼语式

2.13.1 兼语式和宾语小句。

我们派他做代表。　　　　他请你帮忙。

兼语式中的兼语地位不分明，表现在语音上。如果它是个人称代词，它可以用轻声说，也可以不用轻声说，而宾语总归是轻声，主语总归是非轻声。

兼语式跟宾语小句不同，后者可以挪到前头去，兼语式不能。

你想我怎么办呐？ ⟶我怎么办呐，你想？

你叫我怎么办呐？ ⟶ * 我怎么办呐，你叫？

兼语是个宾语，可以从下面的句式得到证明：

你得走，我请你。　　　　我怎么办呢，你叫我？

兼语式区别于紧缩句。

我请他(，他)不来。　　(可以扩充成复合句)

我请他别来。　　　　　(不能扩充成复合句)

2.13.2 兼语式动词。

叫～教	催	派	约
使	逼	帮(着)	找
让	引	陪(着)	怪
准，许，准许	鼓动	带(着)	怕
要	怂恿	领(着)	喜欢
请	认	扶(着)	埋怨
劝	选、举、选举	送	禁止

一般所谓被动式的记号"被,给,叫,让",以及"归,由,有",我们把它们当做引进主动者的介词,其实也是兼语前动词。

带小句宾语的动词和带兼语的动词的区别不是绝对的,有交叉。

我看见他在那儿写信。(两解)我听见他唱的很好。(两解)

我愿意你别那样儿聋。(两解)

我告送你我不抽烟:我告送你别抽烟。

语音有时能帮助解决:"他"不念轻声,是小句作宾语;"他"念轻声,是兼语标志。

2.13.3 兼语后动词的动作方向。

我找不着先生教。 (学生说。是先生教我。)

我找不着学生教。 (先生说。是我教学生。)

如果是双兼语式,即有一个直接宾语和一个间接宾语,那第二个动词的方向对两个兼语当然不同。

我给他饭吃。(他吃;吃饭)

注意:在简单句内总是间接宾语在前,但在兼语式句子里就两种语序都行。

我给他饭吃。 我给饭他吃。

2.13.4 连串兼语。

我请你叫他找人寄这封信。

2.13.5 兼语后谓语带"的"。

(1) 我看见过许多人用左手写字。(兼语式)

(2) 我看见过许多人用左手写字的。(普通单句,"……的"是"人"的同位成分)

(3) 我看见过许多用左手写字的人。(普通单句,“……的”修饰“人”)

2.13.6 兼语后别种谓语。

买了个桌子三条腿。

原谅他小。

祝你们生意兴隆。

2.14 有计划的句子和无计划的句子

人们说话的时候,有时候把一个句子(至少是其中主要部分)想好了才说出去,有时候边说边想,有时候想说成这样结果说成那样。书面上的句子总是经过考虑,形式完整,除了有意反映说话。

2.14.1 全停顿和半停顿。

一个全停顿/;/或/。/或/?/或/!/是句子和句子之间或者复合句的并列的小句之间的停顿,表现为较长的静默和/或最后几个音节加快速度和/或在陈述句里稍微降低调门,在疑问句里稍微提高调门,或者几种感叹语调里的一种(见 1.3.7.)。

一个半停顿是一个较短的停顿/,/和/或末一个音节带拖腔/—/和/或一个停顿助词(a,ne,me,ba)和/或无停顿/ø/作为特例。有一个全停顿还是半停顿常常区别是两个句子还是一个复句。如果我们用{,}代表任何一种半停顿,{。}代表任何一种全停顿,那么下面的句子将由于停顿不同而有不同的价值。

(1) 不是二妹说的/X/一定是三妹说的。

(a) /X/={。},并列复句。(b) /X/={,},条件复句。

(2) 你不认得路/X/我教你怎么走。

(a)(b) 同上。

(3) 人家要赔钱/X/你怎么办?

(a)(b) 同上。

(4) 房子着火了/X/你得快去叫消防队啊!

(a) /X/={。},两个句子。(b)/X/={,},条件复句。

(5) 你上哪儿/X/他上哪儿

(a) /X/={。},两个句子(各为疑问句)。

(b) /X/={,},关联复句。这儿的{,}通常为/ø/。

"疑问词+'都'"的句子,中间永远不用{。},总是用{,}(其形式一般为/ø/),例如:

他变成了什么样子我都认得。

2.14.2 离题的话和插进去的话。

说话的人在一句的中间临时想到什么要说,就把句子打断,把插进去的话说完又接着原来的句子说下去。这种插入语放在一个短语之后,至少是一个句法词之后[不在一个短语中间,更不会在一个词中间]。

一个偏见太深的人啊——我这不是说你,啊!——没法子跟他说理的。

一百年以后的世界——要是还有个世界的话——一定有许多更新奇的发明。

这么大的光圈——别动!——我得把远近对准了。

插入语可以在一个停顿之后,但更可能在负的停顿之后,即不但没有停顿,而且在插入语之前的几个字说得更快。这是因为想到要插进去一句什么话的想法往往是在话的中间，还不到可以打住的地方，因此抢着把剩下的几个字快快说了，以便把要插进去的话插进去。这种语调用倒箭头表示。

他跟他太太←——你可别告送人啊！——昨儿吵了一架。

2.14.3　追补语。

如果临时想起的话加在一个已经完结的句子之后，那就是追补语。追补语也有可能加快前头的话的速度，跟插入语一样，为了同样的理由。但是前边的话不要这个追补语还是一个完整的句子。

你简直没规矩，越来越。

我今儿不去看戏了——因为天儿太热。

我实在没法儿帮他的忙——虽然他是个老朋友。

在欧化体文章里，后置的从属小句不限于追补语，可能是预定放在后边的。因为这种句式只见于书面，没法儿记录其中的停顿和语调。读的时候大概没有快慢的变化，因而听起来是洋腔或学生腔。但是用“……的话”的句子又当别论。

钱甭存了←——要是就要用的话。

这是口语里常说的，读的时候会加快速度。

表理由—原因的小句放在后头，不一定是追补，也可能作为有计划的句子里的谓语。

我不去看戏，是因为天儿热（的缘故）。

2.14.4　有计划的插入语。

有计划的插入语的前后没有停顿。

他看得出是个学生。

他不晓得哪儿去了。

比较下面的三个句子：

（1）　不知道他玩儿的是什么把戏？
（2）　他不知道玩儿的是什么把戏？｝（包含有计划的插入语）

（3）　他玩儿的什么把戏，不知道？（追补语，其前可能有正的或负的停顿）

2.14.5　前附和后附小句（proclitic and enclitic clauses）。

（1）　我包（～担保）你这买卖不赔钱。

我怕……。

（2）　屋子里这么冷！管保是炉子灭了。

……，恐怕……。

（1）里边的主要动词在（2）里边变成类似连词或副词的东西，并且意义的弱化引起了语音的弱化，“。管。保”、“。恐。怕”都是可轻声。

引进直接引语的词语，如“他说”，语音上弱化到不仅是轻声而且更进一步削减；ta shuo＞·ta·shuo＞·t·ruo＞·t^{r}uo，变成说故事的时候的话搭头。孩子们说故事最爱用 ·t^{r}uo 了。

以上是说，一个在头上的主要小句可以削减成为前附。跟这个现象相对称的是一个小句主语的谓语削减成为后附。

咱们今天歇歇也罢。——→咱们今天歇歇吧。

你要找青年会，看见那个有三角招牌的就是了。（jiòu·shi·le）

——→没有什么讲究的图案，就画一个三角形就是了。（·jiou-shile）

你去罢了。（·bale ～·bele＜bà liǎo～bàle）

有时候有前附又有后附。

。难。道我非赔你钱•不•成？

第三章　词和语素

3.1 总　论

未必每种语言都有一种单位，它的作用大致（更不用说完全了）跟英语里的 word 相同。在汉语里我们将会遇到各种类似 word 的单位，都有资格叫做词，它的范围有交叉，但都跟 word 不完全一致。我是照我的老办法，宁可用一个熟悉的名字，附以警告：不要作出不适当的推论；而不用一些陌生的名字，这些名字虽然保险不会被误解，可也常常保险不能被理解。

3.1.1　社会学的词和语言学的词。我说的社会学的词就是“字”。不光是写出来的字，也是嘴里说的字，如“你敢说一个‘不’字！”

"词",也就是语言学的词,我管它叫**句法词**,这对一般中国人说来是个不熟悉的名字。比如"现在",是个词,但是如果有人要问这个词的意思,他总是说:"'现在'这两个字是什么意思?"

3.1.2 汉语里的语素:单音节现象。

跟"字"最相近的语言学单位是语素。语素的通常定义是语言中最小的有意义的单位。人家说汉语是单音节语,意思是说汉语里每个音节都有意义。基本上是这样。用两个或更多的音节来代表一个最小的意义单位,在汉语里是比较少的。

玫瑰　　仿佛　　哈什玛

单音节现象的压倒优势使得人们把没有意义的音节也看成有意义。例如把"葡萄"写做"蒲桃"。上海人管末班电车叫"赖四卡"(last car),因而把倒数第二班车叫"赖三卡"。又如"拖拉机"。

比一个音节小的语素,比多音节的语素更少。惟一重要的例子是"儿"。其次是"们"和"么",但这些都有一个成音节的变体。

3.1.3 语素的识别。

这是个更困难的问题。"树林子",无论识字的不识字的,都会认为这里有三个语素(三个有意义的音节)。同样,"玫瑰"只是一个语素。可是介乎二者之间的例子可多了。像下面这些词,对有些人来说只是一个语素,对另一些人来说则是两个语素:

如果　　麻烦　　组织　　警察　　广播

比较可取的办法是采用读书识字的人的最大限度的分析,而不采用文化程度较差的人的分析,因为程度之差是渐变的,不容易得出一致的结果。

3.1.4 组合方面和聚合方面(Syntagmatic and Paradigmatic

Aspects)。

语素为一为二的问题,有组合和聚合两个方面。前者是大小的问题,后者是异同的问题。

3.2 自由形式和黏着形式

能单独说的是自由形式(F)。如:“梨”。总是跟另一个语素一块儿说,并且中间无停顿的,是黏着形式(B)。如:凤梨、梨园。

差不多所有自由语素都能这样跟别的语素结合,所以,一个自由语素只是有时候自由,而一个黏着语素是永远黏着。

3.2.1 前自由,前黏着,后自由,后黏着。

根据这个,把语素和语素组合分成五类。

(1) B-:前黏着,后自由。

第(一) 初(三) 国际(法)(饭店) 中华(书局)

最,更,就,还,多么,一,简直

有时候通过简称,一个黏着形式能变成一个自由形式。

国际(=国际饭店)的菜好。

这书是中华(=中华书局)出版的。

(2) -B:后黏着,前自由。

的,了,着,子,儿,巴,头,么,们,呐,喔,吗,啊

(机械、科学)化 (可能、弹)性

(3) (-)B(-)前自由或后自由,但不同时自由。

大多数语素(字典里大多数字)属于这一类。所有数词属于这一类。多数量词属于这一类。再例如:

东，南，西，北　　春，夏，秋，冬　　张，王，赵，李

3.2.2 根词。

第(3)类语素都是黏着语素，但是可以分成两种。一种是只要加上一个后缀就可以成词的。如：

椅(子)，味(儿)，石(头)，托(着)

这一类我们管它叫"根词"。一种是只出现在复合词里的。如：

男，女，力，略，谣，结

(4) -B-：两头黏着。

这种语素不多。

里(糊～糊涂，小～小气)　　不(直～笼统的，酸～溜溜的)

得(看～见)　　不(看～见)

(5)F：两头自由。

3.3 节律方面

3.3.1 词作为语音单位。

把"词"定义为最小的自由形式(两头自由)失之于太严，人们常常提出较宽的条件。

有的语言有清楚的、有规律的语音标记，可以相当容易找出词的界限而不必试图找出一个词单独说的例子。如拉丁语。

吴语方言里复合词内部的变调跟词与词之间的变调不同。

普通话里重音和字调变化有时候可以用来划分词，但是拿可能的停顿作为标准更普遍有用。

3.3.2 重音和字调作为词的标记。

一个音节或者是带重音，也就有字调，或者不带重音，也就读轻声。双音节，三音节，四音节，如果其中没有一个是轻声，那么，末了一个音节最重，其次是第一个音节，中间的音节最轻。如果其中有轻声，那么最末一个带重音的音节最重。因为这些非轻声的音节的不同程度的重音是可以预测的，所以这种差别没有标记作用。

多音节形式之中一般认为是词的，大多数是双音节。它们或者是前轻（非轻声）后重，或者是前重后轻（轻声）。

前轻后重		前重后轻	
天下	起初	知·道	本·事
同事	拒绝	待·会儿	琢·磨
袖口	代笔	乡·下	明·白

这些例子显然都是句法词，但是仅仅具有这种前轻后重或前重后轻的音律并不足以构成一个句法词的充足条件。例如：

先嫁　你输　红痣　去学　就走　带笔

都是前轻后重式，四声分别与上面的六个例子相同，然而显然是短语或句子。

至于字调的变化，普通话里惟一的事例是上声在上声之前变阳平。

词			短语或句子		
许久	粉笔	火酒	举手	很挤	我有
酒鬼	理想	保守	有水	你讲	老走

可见上声变调不足以区别词和非词。

前重后轻式，大多数例子是词。那个轻声音节可以分成四类：(1)后缀，(2)宾语位置上的人称代词，(3)句末助词，(4)开放的、不能列举的一类音节。

(1) 后缀。详见第四章。

(2) 宾语代词。如:问·他　　叫我·们

(3) 助词。语音上附属于前一音节,结构上附属于一个短语或句子。

(4) 又分两类:

(a) 不成为语素:疙·瘩　蚂·螂

(b) 成语素:扁·担　拾·掇　反·正　托·盘

干·净　意·见　通·条　棉·花

3.3.3 对比重音落在词上。

一般说,对比重音可以落在一个词上,但是不能落在一个小于词的语素上。例如:

他没到‖山·东去,他到‖山·西去了。

你以为他‖看·不见啊?他其实‖看·得见。

重音落在"山东"、"山西"、"看不见"、"看得见"上,不是落在"东"、"西"、"不"、"得"(对比的部分)上。很小的小孩儿会说:

爸爸抱‖得动,妈妈抱‖不动。

逻辑上对了,语法上错了。

但是当一个语素甚至一个音素当做引文或类似引文来说的时候,它仿佛取得了词的身份,因而可以接受对比重音。如:

我说的是山‖东,不是山‖西。

3.3.4 停顿和可能停顿作为词的标记。

在词和词之间有各种可能的停顿、停顿助词以及迟疑的声音。例如:

今天 a，我 ia，要——上——，·那·个·那·个——理发——，

理发铺——，去理——理——理发。

如果说到一个多音节词的中间迟疑(吞吞吐吐)起来，那么，重新说下去的时候一定从一个词的起头重说，务必使整个词无停顿地说出来，如上例中的“理发铺”和“理发”。(“理”和“发”都是 B)

可能的停顿可以用来区别两个自由语素的组合是一个词还是一个短语。如果是个短语，第一个音节可以拉长，接着说第二个音节。如果是个词，中间一拉长就得打头上重说。比较：

没——山

煤——煤山

3.4 替换和隔断

3.4.1 结合面的宽和窄。

结合面的宽和窄跟自由还是黏着是两回事。一个结合面窄的形式指的是只有当另一个形式或极少的几个形式之一在很近的上下文里出现的时候它才出现。结合面宽的形式指不受这种限制的形式。当然结合面的宽窄跟自由不自由有一定程度的关系，但不是完全平行的。

(1) 自由而结合面宽。

人　　有　　大　　喂！

(2) 自由而结合面窄。

(蚕)眠　　嗑(瓜子儿)

(3) 黏着而结合面宽。这是很大的一类。例如前缀、后缀是

典型的黏着语素,而结合面非常宽。许多根语素是黏着的,但是出现在很多词里。如:杏,桌,外,数。

(4) 黏着而结合面窄。如:傲,蚀,族。

3.4.2 同型替换。陆志韦:《北京话单音词汇》。

说话　说话
听话　说梦
谈话　说书

陆氏用这个标准决定"话"和"说"是词。什么是"同型",可以由本地人决定。例如"费话"的"费"跟"说话"的"说"不同型,"说笑"的"笑"跟"说话"的"话"不同型。要说话的人作出判断,这在方法学上是有缺点的,但在这里问题不大,因为意见比较容易一致。这个方法的问题另有所在。要按这个方法来测验英语。

warmly　warmly
warmish　coldly
warmest　badly

不但 warm 是词,-ly 也是词。陆氏本人在 1956 年重印本的序里也承认这个测验只能划分语素,不能划分词。

3.4.3 自由说和自由用(单说和独用)。

旗(子)　一面旗
市(场)　上市

"旗"和"市"有一定程度的自由,但是不能填在"这是……,那是……"的框架里,所以不是句法词。

3.4.4 离子化的形式。

在"上市"这个例子里,"市"不自由,但是可以跟"上"分开,比如在"上"后边加后缀"过"。这可以分析为"上市"加"过",也可以分析为"上过"加"市",也许后者较好。可能性动补组合,如"看得见"、"看不见",最好分析为"看见"加"得"或"不"。这两种结构有几点不同。第一,

上过市没上过市? 上过市没有? 上没上过市?	看得见看不见?(只此一式)

另一点不同:任何动补组合都可以插入"得/不",但只有一部分动宾组合可以离子化。

平常老黏在一块儿的语素的分开,有不同类型和不同程度。但是有一个共同的条件:这两个部分必须在同一个句子里,或者至少在相近的上下文里。因此可以用化学上的离子来比喻。我们根据中间有无可能的停顿决定"理发"是一个词。但是不但是可以有"理发呐"、"在那儿理过发",还可以有"理完了一次发"。

黏着语素离子化以后,可以改变次序。

升旗　　旗还没升

3.5 词放在功能的框架里

3.5.1 回答问话和句法框架。

我们不要求词是一个最小的可以单独说的单位,我们只要求它是最小的能够填进某些功能框架里的空位的单位。从这个角度来看,单说的词如"好!"就是一种极限情况,即框架为零。介乎零框架和一般的功能框架之间的是回答问话以及对话之中出现的各

种零句。

3.5.2 体词的框架。

用“这(～那)是什么?”提问。或者填补“这(～那)是……”。回答问话可以用“这(～那)是”起头,也可以光说一个词,作为一个独词(零)句。

引用语也可以做体词用,是自由形式。[指“‘儆’不是词”中的“儆”以及(问)“这是什么字?”(答)“儆。”之类]

人名、地名单音的是B,多音的是F。

欧阳　司徒　保定　　　老张　王先生　定县

但回答“您贵姓?”可以只说“张”。

类似引用语的例子:

论“斤”卖。　巴黎也是论“区”的。

一,二,三,四(行军时数步子;骰子上刻的)。

甲,乙,丙,丁。

3.5.3 动词的框架。

一个自由的动词可以放在问话式“V不V”里(否定词“不”或“没”)。

你知道不知道?　　你打算不打算去?

双音节的动宾结构,尽管其中有一个是B,还是可以应用这个格式。

你们放假不放?(“假”B)[当然也可以:“你们放假不放假?”]

3.5.4 形容词的框架。跟动词相同。

新鲜不新鲜?　　糟糕不糟糕?

形容词还可以带程度副词“很”、“最”等,还可以用在比较的格式“比 N……”里。

比我精明。　　比水泥结实。

不能用“形—名”框架来测验自由的形容词、自由的名词，这好像很奇怪。能说“大狗”、“好菜”，但是不能说 * “多人”、* “糟糕事”，后者得插进一个表从属关系的 de，这是因为汉语里的形容词是动词，人们对于“动—名”框架觉得不可靠，例如“流水”是修饰关系，但“泼水”是动宾关系，要表示修饰关系得说“泼的水”或“泼了的水”。

3.5.5 别的框架。

别的词类，除叹词外，是可以自由地用，自由地继以停顿，但是不能自由地进入零框架，即不能像 Bloomfield 所说的那样自由单独说。例如副词“就”、“还”、“也”、“非常”，连词“假如”、“虽然”、“可是”，总是出现在被包含的位置上，也不能用做答话，虽然连词后边可以有停顿或停顿助词。

叹词是最最地道的自由词。

介词是老是出现在连动式的起头的位置上的及物动词，因而总是处于被包含的位置。我们可以用“抽”来回答“你抽烟不抽？”但是回答“你望东不望东走？”不能光说 * “望”。得说“望东走”，或是“望东”。

要区别时间副词如“就”、“快”、“已经”和时间词如“今天”、“现在”。后者是名词，因而是自由的，而单音节时间副词不自由。比较：

我现在就走。——现在啊？——对了，现在。

我现在就走。——* 就啊？——* 对了，就。

“现在”的名词性还表现在可做宾语：“到现在”。

3.5.6 形式类的框架和词类的框架。

以上所说测验框架用来区别词类，有一个条件：被测的形式必得是最小的形式。否则也适用于功能相同的短语。比如“这是……”不但适用于“人”，也适用于“昨儿来吃晚饭的那个人”。没有这个条件，这种测验只构成某类词的必要条件，不构成某类词的充足条件。事实上能进入这些框架的东西只有下限——词，可没有上限。这种测验结果所得不是名词、代名词，而是名词性词语，不是动词而是动词性词语，不是形容词而是形容性词语，不是副词而是副词性词语。

3.5.7 变换相通的若干框架。

有人建议用变换相通的几个框架结合起来做测验。比如形容词（即性状动词）能进入（a）NV，（b）V 的 N，以及“最……”、“很……”、“比 N……”等框架。如果一个类似词的单位能够进入（a）必然也能进入（b），因为这两个框架是变换相通的。例如“春”，就不是变换的结合面宽，因为它虽然出现于“春天”、“春分”，但是没有 *“天春了”或 *“分春了”。因此“春”不是个词。相反，“天”、“眠”、“磕”、“赃”等都是句法词，因为每个都能进入几个变换相通的框架。

3.6 词作为意义单位

3.6.1 词作为概念。

如黎锦熙在《国语文法》中就定义词“表示思想中一个观念”。应用这个定义的难处自然在于怎样决定什么是一个观念（概念）。不错，在大多数例子，人们对一个一个音节的、两个音节的或三个音节的词语是否表示一个概念能有一致的意见，如“人”，“马”，“红”，“来”，“鹦鹉”，“老头子”，“便宜”，“分付”（皆黎氏例）。但在很多例子，即使在全部例子中还是居于少数，一个“概念”的概念还是一个不太简单的概念。就说“鹦鹉”吧，这诚然是一个双音节的单一语素，可是“鹦哥儿”怎么样？一个语素还是两个？这是一个边缘上的例子，且不去说它，一般地说，什么样儿的一个语素组合代表一个概念，这个问题不是一个可以用语言学上的考虑得出答案的问题。“河马”是一个概念还是两个概念？“海象”？“绑票”？“例如”？“寒暑表”？“羊肉”？为什么“老头子”是一个概念而不是两个、三个概念的组合？惟一可以把握的方法是通过结构的单一性来认识词的单一性。概念至多只能提供一点有用的线索。

3.6.2 词汇单位。

常常提出这样的问题：这一串语素的意义是不是等于其中各个语素意义的总和？还是整体的意义不能从部分的意义里获得？例如“黑纸”只是黑的纸，而“黑板”不仅仅是黑的板；“肥肉”只是肥的肉，而“肥料”不是任何肥的料。对于要不要收在词典里作为一条来说，这是一个很好的测验。词典里是常常收些比词大以及比词小的条目的。例如：

死胡同儿　　冰糖葫芦儿　　碰钉子　　半斤八两

3.6.3 词典里的不成词的条目和词典里不收的临时词。

词典里不但收一些短语，还收一些比词小的东西，黏着的语素以及黏着的语素组合（后者较少）。例如区别词“这，那，三，几”，量词“个，双，寸”，语缀“第，着”，助词“吗”以及根词，即加上词缀才成词的黏着语素，如“桌”。虽然除根词外都是可以列举的，可是它们的广泛的组合物的数目是很大的，而这些组合物的意义多数是可以从组成的成分推知的。词典里没有理由收“两天”、“十七块”、“看着”这样的条目，虽然它们是句法词。从语法上讲，它们是词；从词汇上讲，它们没什么重要性。这叫做临时词，它们的数目是差不多无穷无尽。间或，一个临时词有特殊的意义，有资格收进词典，如“半天”，除 1/2 天的意思之外，还有“好长时间”的意思；“半夜”，除 1/2 夜的意思外还指零时前后的时间。

3.6.4 语义单位和词的形式特征之间的关系。

上面强调了语义单位（词典收条）和句法词（有一定的形式特征的单位）之间的区别。可是，以大多数情况而论，一个句法词总是有一定意义，尽管有时候难说定某一概念是**一个**概念。总的说来，意义的专门化和形式特征之间有一定程度的关联。

短语		词	
打手	扶手	打·手（名）	扶·手（名）
小心	甜瓜	小·心（动）	甜·瓜（名）

但是“开水”（拧开水龙头）和“开水”（名）的重音类型都是ˌ□ˈ□，这儿的形式和意义（以及功能）的关系就是非对称的了。

3.7 词的同一性和语素的同一性

3.7.1 大小和种类。

以上讨论的是多长的一截话可以划定为一个词。这是大小的问题。另外一个问题是种类的问题：什么时候一个词是同一个词或者另一个词？语素也有同样的问题。识字的人容易从汉字的写法找答案,结果就是前边说过的"社会学的词",无论是讲大小或者讲种类,一个字就是一个词。

3.7.2 汉字的同一性。

撇开篆书隶书草书不论,有异体字的问题。近来又有简体字。

3.7.3 不整齐的分化。

有时候,有意义的变异和无意义的变异在文字上的字(汉字)和语言中的字之间是不平行的。例如我们讲的"词"这个字在某些场合有两种写法:(1)"辞",(2)"词"。但是"辞"又有"辞去"的意思,"词"又有一种韵文体裁的意思,这些场合就不能随便写(1)或(2)。

3.7.4 同形字。

有单纯异读字如:

森 sēn～shēn　　期 qī～qí

意义和语法功能没什么不同。

文白异读。多为古代韵尾为-k 的字。

白 bó～bái　北 bò～běi　鹤 hè～háo　熟 shú～shóu

无论是自由变读或文白异读,都是意义不变,功能不变,都不是真正的同形字。

有些情形接近于代表不同的语素(但意义上的联系还看得出)。

得:(1)得到,　(2)吃得,跑得快,　(3)děi 必得。

为数最多的例子是"破读"。

长:(1)cháng,(2)zhǎng　降:(1)jiàng,(2)xiáng

曲:(1)qū,(2)qǔ　　恶:(1)è,(2)wù

有些字在方言里有两读,在普通话里由于语音演变的结果,两读合一了。例如:"易"。

3.7.5 同音字。

汉语里同音字之多是有名的。

语言学上所说同音字指同一个音代表几个词,不论写出来一样不一样。汉语里的同音字多数是写成不同的汉字的。但是也有同音字同时又是同形字的例子,如"别"(另外)和"别"(不要)。

3.7.6 字源和字族。The Etymon and the Word Family

这是历史语言学上的问题。有些字,在现代是不同的词或语素,但是历史上有关系。如:

见:现　长 cháng:长 zháng

再扩大一步就是字族:一组字,字音接近,字义也接近。例如有许多字古代都具有 k-ng 这样一个语音轮廓,都跟光亮的意思有关:

景　镜　光　煌　晃　旺　萤　赫　旭　熙　晓

3.7.7 描写的并时的字源学。

对于一般的说汉语写汉字的人来说,社会学的词,即"字",在语音上是一个单音节,在文字上是一个汉字(大致说来如此)。可是如果我们不去追究历史演变,不去辨别汉字形体,从纯粹并时的观点提出什么是同一个词或语素的问题,就不那么容易解决了。显然,词义的引申和比喻用法不影响词的同一性。"看"有好多意义,但不失为一个词。"苦味儿"的"苦"和"苦笑"的"苦"、"吃苦"的"苦"应该说是同一个"苦"。"结果子"里的"果"和"结果"里的"果"是不是同一个"果"就不那么清楚了。

一般说,如果意义引申的中间阶段已经不通用,只剩下表面上无关系的两头,那就成了同音字,即使历史上有关系,并且/或者写成同一个汉字。如同一字源 yuan 有四个意义:(1)高原、平原,写做“原”,(2)水源,写做“源”,(3)起源,写做“原”或“元”,(4)根本,写做“元”。这里边,(2)(3)(4)的关系相当明显,但是它们和(1)的关系不明显,所以最好是分成两个语素。

纯粹根据现代的用法来辨别语素的异同,可以称为描写的字源学,以区别于通常的字源学,即字义演变的研究。

3.7.7.1 描写的字源。

例如:“头”(名) 语素一,功能甲 如:一个头

“-头”(量) 语素一,功能乙 如:一头牛

“-头”(后缀) 语素二,名词后缀 如:石头

都属于一个字源。一个描写的字源常常写成同一个汉字。

3.7.7.2 边缘语素。

1948 年 Charles Hockett 发出一个调查表,里边有 60 个双音词,要求被调查者说明是一个语素还是两个语素。大多数例子是“重轻”式,可分为三个类型:(1)可分析为两个语素:似乎,舒服,(2)一个根词带一个后缀:尾巴,下巴,(3)不可分:玻璃,蛤蟆。哪一个词属于哪个类型,答案大有分歧。

词汇里见得最多的一个类型是 Hockett 的调查表里没有放进去的。就是一个多音节的词(多数为双音节),其组成部分是在文言里自由兼/或结合面宽,在口语里黏着兼结合面窄。例如:

履历 侮辱 规矩 纤维 范畴

这些词的组成部分的语素身份是不大分明的,是跟着说话人的背景变的。前边说过,我们觉得采用语文修养较高的人最大限度的分析比较容易取得一致的结果。

3.7.8 方言对于语素分合和混淆的影响。

虽然从描写的观点讲应该是以一定时期的一个方言为依据，别的方言如何，别的时期如何不该在词[语素？]的异同上成为决定性的因素，虽然如此，可是事实上它们常常对使用这种语言的人的感觉有影响。说是有一个内部一致语言集体使用一种北京话，这只是一个科学的虚构，而有一个内部不一致而能互相交际的语言集体使用汉语则是一个民族的现实。试看这几个例子：

(1)“决”(不决，决不)和“绝”(不绝，绝不)这两个语素是同音并且差不多同义。有些说普通话的人写“决不”和“绝不”几乎是随便写。然而这两个字不是在所有大方言里都同音，在那些方言里就有可能把这两个字连起来用，如广州话 khütdzüt，冀中话 juezue，而北京人就不可能。

(2)“定”和“订”在吴语和粤语方言里不同音，因此可以说“订定”，而北京人看见南方朋友这样写也会跟着这样写，虽然在北京这两个字同音并且差不多同义。

(3)“连”和“联”。《说文》联，连也。可是北京话“连”又有阴平一读，常见于“连着”，因而成为一个新的语素。而广州话则“连”音 lin，“联”音 lün，使这两个字在音和义两方面都更加分开了。

(4)有四个同音的语素造成两个同音的词：“意义”和“异议”。光拿普通话做基础不会形成这两个复合词，即使造成了，在口语里也难于维持，如果不是得到上海话或广州话的不断支持。在那些方言里语音上有区别。

(5)“各”和“个”普通话同音。如果没有吴语和粤语方言的支持，“各人”和“个人”，“各个”和“个个”同时并用，要维持长久是困难的。

(6) 旧金山一家中文报上有一个标题里有“经技合作”的字样,显然是“经济技术合作”的缩短。这位编辑大概是说广州话的。如果是说普通话的,他不可能不想到“经技”和“经济”同音。

下边两个例子是古代和/或方言的区别维持不住,语源上不同的近义字正在走向混合成一个语素的路上。

(7) “垫”和“簟”渐渐被人们认为是同一个语素的意义发展,连在广州话里也是如此,原来“簟”可能音 dhimx,现在跟“垫”同样音 dimm,除了在某些商业用语。

(8) “併”和“並”。普通话同音,意思原来不同,虽然有些相近。现在同用“并”字,大概会被认为是同一个语素。这是虽然方言里有区别但是普通话里已经取消区别的另一个例子。

3.7.9 通字。(略)

3.7.10 语素在一定功能中:义项。

在同一个字源之下分列不同义项,尤其是那些语法功能不同的义项,结果是作为学习对象的单位将为一个语素在一定功能中。例如:

分 F,及物动词。 分B,量词,(几)分(之一),十分之一,分(秒)。

包F,及物动词。 包F,名词,量词。

套F,及物动词。 套 B,量词。

理F,名词,道理。 理 B,(物)理,(生)理,(心)理。

理 B,理发。 理F,及物动词,理会,理睬。

老F,形容词。 老 B,副词,老是。

要F,及物动词,助动词。要B,重要。

出B,不及物动词。出F,及物动词,使……出,出产。

出(齣)B,量词。

Meillet的常为人们所引用的定义也包括语法功能在内:“一个词是一定的意义和一定的语音组合和一定的语法功能结合在一起的结果”。

3.8 句法词的定义和测验

3.8.1 组合方面的定义。

我们觉得Bloomfied把词定义为最小的自由形式——自由指能单独作一句话来说——失之太严,我们把停顿和可能停顿,以及结合面广泛或自由运用作为补充性的测验。我们把句法词定义为最小的停顿群,得说明一个情况:a,ne,ma等助词,虽然语音上紧跟着前边的一个音节,可是结构上是黏着于整个短语或句子的[因而不能看做前边的词的一个部分]。Bloch在讲日本话的句法的时候曾经说过:“如果一个形式的直接成分是以一个短语或几个词为一方,以一个不能单独作为一个停顿群的成分为另一方,那么后者是一个词。”这样就可以解决一个困难,不至于仅仅因为有一个助词就非得把一个短语或句子认为一个复合词不可。

3.8.2 聚合方面的定义:黏着词。

怎样考虑一个黏着形式的词的身份(=是词不是词)?这里,结合面宽是一个重要标准。我们的初步定义是:一个(自由或黏着的)词是能够跟某一个或几个形式类结合、不受任何限制的最小形式。(顺便交代一句,结合面宽这个因素对于自由但是结合面窄的词如“磕”、“眠”等不是必要的条件,因为它们是自由的,也就是可以单独说的。)例如:

天——做天空讲,是F,是名词,后边可以跟任何动词,前边可以加任何形容词或及物动词。做时间的量度讲,是量词,是B,但是可以放在任何区别词(指示词或数词)之后,如“那天”、“三百六十五天”。因此,无论就前一或后一意义和功能讲,“天”都是一个词。

反之,如:

春——B,见于“春天”、“春分”、“春风”、“立春”、“开春”等等,它的结合面是宽的,但不是无限制地宽,它的出现是在词汇中规定的。[因而“春”不是一个词]

又比较:

完——F,可以用在任何一个名词后面作为谓语动词,如“他还没完呐”。

毕——B,只出现于“毕业”、“毕竟”、“完毕”等少数复合词里边。

结合面宽这个标准适用于助词,助词可以无限制地跟某些类型的短语和句子结合。

3.8.3 别的标准。

除上面讲过的两个重要标准——停顿和结合面宽——之外,还有一些标准,虽然从严格的语法观点看不是普遍适用的,可是常常被人们应用,也可能有些用处或有些启发。

(1) **翻译上相等。**(可以用别的语言里的一个词来译)如:

猪肉 pork　　睡觉 sleep　　种田 farm

图书馆 library　　无恶不作 unscrupulous

无家可归 homeless　　耳朵软 gullible

两个问题：(1)把汉语译成哪种语言？语言不同，情况不同。(2)同一语言也可以有不同译法，如“好看”译为 beautiful 或 pretty，一个词；译为 good-looking，一个复合词；译为 good to look at，一个短语。用译语来辨别是词不是词，没有用处。

(2) 单独能懂。

从词是一个自由形式即可以单独说的形式这个观点来看，听得懂当然是一个必要条件。一句话总是要让人听懂的。可是听得懂听不懂涉及好些个因素，不完全跟自由不自由或者结合面宽还是窄一致。(a)常出现还是不常出现，(b)有没有同音形式，(c)同音形式出现频率比较，(d)上下文和说话时环境——所有这些因素都对听得懂听不懂有影响。比如：(a)人，马，大，有，这些都是既自由又常见的，因此一听说懂。(b)《国音常用字汇》里 1277 个音节，有 261 个音节没有同音字，因此大概是可以听懂的，不管是自由的还是黏着的。例如：

水F，谁F，车F，抽F，跑F，通F，体 B，绳 B，森 B，仍 B。

但是自由的常常比黏着的更容易懂。(c)有同音字的音节，听的人总是首先想到其中最常用的。例如听到 qióng，首先想到的是“穷”F，不会是“琼”B。可是听到 sì 的时候首先想到的是“四”B，不会是“寺”F。如果同音出现的频率差不多，那么单独说的时候就不好懂，如 qī“七”，“漆”，“沏”，“妻”，dì“地”，“弟”，“第”，“递”，“帝”。(d)在大多数情况下，听到 tā 总是理解为“他”，但是在谈到台风中的房屋的时候，一定理解为“塌”。在大多数情况下，单说 yào 准是想到“要”，可是医院里护士手里拿着瓶子对病人说 yào，病人知道是“药”。所以单独能懂至多是一种补充的测验，跟词这个单位有一定相关，但是不能作为词的定义的一个重要部分。

(3) 拼法。

使用拼音文字的语言，一般人会把拼在一起的算一个词，拼成两段的算两个词，尽管实际上拼法不一定可靠，例如 fingerprint 和 finger mark，doorkeeper 和 door opener。汉语现在用的是汉字，不是拼音文字，因此汉语里词的问题不是用拼法来判断是词不是词，而是要用是词不是词来决定如何拼写。这方面意见很多。我在这本书里作了一个实用性的规定[指原书中的国语罗马字写法]：

(1)自由而结合面宽的语素，分开写。

自由而结合面窄的语素，分开写。

(2)黏着而结合面宽的语素组合，连写，如果是：

a.派生词(根加语缀)，

b.结合面宽，但不是无限制地宽，如“独立”。

分开，中间加短横，如果是：

c.结合面无限制地宽，如“几回”、“整年”。

(3)黏着而结合面窄的语素组合，连写，如“自由”、“贡献”。

3.9 类似 word 的各种单位综合表

第六表和第七表(见后)总结了各种类型的类似 word 的单位。为了节省篇幅，有些罕见的形式没有列入表内：

a.不成音节的语素，只列了一个“儿”。

第六表 语素

语缀，助词	根词	根语素				
		宽	窄	宽	窄	宽
黏着				自由：句法词		
单音节						多音节
(1)	(2)	(3)	(4)	(5)	(6)	(7)
d b	c c	c a	a a	b a	d d	d d
初- 第- -子 -·头	金(子) 银(子) 桃(儿) 杏(儿)	五- 哪- 每- 半-	(-)责(-) (-)威(-) (-)盟(-) (-)协(-)	鱼 门 灰 谁	(蚕)眠 嗑(瓜子儿) (雨)潲 治 chí(鱼)	萝卜 葡萄 蜈蚣 踌躇
-·巴 -·着 -化 -·的	石(头) 后(头) 尾(巴) 托(着)	-个 -条 -张 -千	(-)力(-) (-)劳(-) (-)往(-) (-)武(-)	绿 好 快 分	闭(眼睛)	柠檬 逻辑 苤蓝 菩萨
·啊 ·吗	向(着)	就 刚 还 望	(-)社(-)	飞 行 能 不		

可是单音节的语素组合（一个成音节的成分加一个不成音节的成分）都列入了表内，即第七表的(8)(9)(10)三行。

b.多音节的后缀如“酸不济济”的“不济”。

c.如“波楞（～勒）盖儿”的“波楞（～勒）”。

估计的出现频率分四级：a，b，c，d。

上边的一个指词汇中频率，下边的一个指文本中频率（“文本”指说的不指写的）。

第七表 语素组合

黏着		自由：句法词	黏着	自由：句法词		
宽	窄			临时词	复合词	不加分析复合词
单音节			多音节			
(8)	(9)	(10)	(11)	(12)	(13)	(14)
c c	d d	c b	d d	o b	a a	a b
半儿 会儿 这么 zèm 多么 duóm	(三眼)井儿 (糊弄)局儿	天儿 口儿 味儿 玩儿	无政府(主义) 中华(书局)	五片 三万 每本 他们	本来 难受 好看 后悔	知道 苗条 巴结 斟酌
			国际(法) 这么 zème 多么 duóme	拿出来	已经 片儿汤 扳不倒儿 参观	琢磨 豆腐 目的 规范
					考虑 图书馆	

a 级指 50%以上；b 级指 10%以上；c 级指 1%以上；d 级指不到 1%。在第七表的(12)行，由于临时词在词汇里没有地位，所以词汇频率做零。

(13)行和(14)行的界限是游动的。这一章里主要谈词和非词的问题而不是谈词的内部结构，后者将在第四章和第五章里详细讨论。

第四章　形态类型

4.1　总　论

4.1.1　形态和句法。按一般定义，形态研究词的内部结构，句法研究词和词之间的关系。因此，只要一种语言里边词这个单位能够标志清楚，那个语言里形态和句法的界限也就分明。在古典汉语里，如果抛开诸如改变一个音节的声调或者变清辅音为浊辅音以造成致动词这少数非能产性的形态手段不算，多数语素都是词。因此西方学者中间通行的说法是汉语语法全部是句法。可是在现代汉语里，词已经多数变成双音节或多音节(3.3.2.)，很多早先是自由单音节语素——换句话说，词——现在只是作为黏着语素出现在复合词里头。而且，少数出现在复合词里的黏着形式已经失去它们作为根素的意义，取得语缀的身份，标志它所参加的词的功能，用以形成各种类型的派生词。我们将先讨论后者，即形态的类型。至于从根素造成复合词,因为它们所涉及的关系多数跟句法结构中的关系相同,我们将放在第六章里讲,即在第五章讲过句法之后再讲。

4.1.2 项目与变化(IP)语法和项目与配列(IA)语法。语法分析可以有两种办法,或者认为各个项目通过某些变化而结合在一起,或者认为只是怎么把这些项目排列起来的问题。例如,按IP分析法,词干boy通过加复数后缀的变化,造成boys,而按IA分析法则是词干boy之后继以表复数的黏着语素-s,就成为boys。在大多数情况下,IP分析跟IA分析可以互相翻译,但是以某一种语言或某种语言的某一方面而论,往往有采取这种分析比采取那种分析更方便或更有效的情况。例如按IP分析,sing的过去式是通过i→a这种元音变化造成的,这种说法简单明了,而按IA分析就得说是sing这个项目加"i→a"这个项目等于sang,显得很别扭。就汉语说,上古汉语用IP分析法也许有用,但是上古以后的各个历史时期,包括现代汉语,总的说来采用IA分析较为方便。[IP=Item and Process,IA=Item and Arrangement]

4.1.3 实语素和虚语素。中国一向讲"实字"与"虚字",近来为了避免"字"这个字的意义混淆,改称实语素和虚语素,第六表中(1)(3)两栏大多数是虚语素,其余各栏是实语素或者至少有一个实语素在内的语素组合。[以后简称实素和虚素。]

4.1.4 意义,低频率,列举,重音。通常的说法,实素意义实在,虚素没有意义,只是标志实素的语法功能。例如"擦"这个实素表示擦的动作,而"擦子"里的"子"本身没有意义,只是从动词造成工具名词;同样,"擦着"里的"着"也没有意义,只是表示这个动词的进行态。意义的有无是个程度问题,语素的虚实也是个程度问题。有些边缘性的例子,同一个语素或同一类语素可以看做实素,也可以看做虚素。情态副词(modal adv.)"就","还","刚"等等中国语法学家一般认为是虚字。趋向补语如"来","上",方位词如"里","外",也是中间型的语素,我们把它看成实素,在第六章复合词那儿列举出来。有时候同一个语素,功能稍有差别就有虚实之不同。例如"吃过了饭了"的"过"(跟"吃完了饭了"的"完"一样),是一个实素做补语,"没吃过中国饭"的"过"是动词所带的表动态的后缀,表示"曾经有过一次"。

一个语素的虚实程度跟它出现频率的高低有关。汉语也像别的语言一样,有比较少数语素出现频率很高,而词典里的大多数词目出现频率很低。大体上,高频率的语素是虚素,是可以列举的,低频率的语素是实素,只有词典才能列举。例如语缀、助词、区别词、代词、量词、情态副词一般认为是虚素,可以列举,出现频率高,而词汇中的绝大多数都是实素。

重音是另一个跟语素的虚或实、出现的多或少正面相关的因素。语缀多数是轻声。量词一般不是轻声,但最常用的一个,"个",一般不重读。跟重音连在一块儿的是音长和发音的清晰度。实素,比较少出现的语素,发音比虚素清楚,占的时间比较长。

4.1.5 本章计划。(略)

4.2 重 叠

4.2.1 重叠作为一种变化或一种语缀。重叠可以看做一种变化,也可以看做一种语缀，Bloomfield 就是这样看待的。重叠之不同于一般语缀，在于它没有固定形式，它采取它所附着的形式，或者这形式的一个部分。

仅仅重复一个语素，不是必然构成重叠。“锁锁”、“注注”、“梦梦”（方言），都是凑巧动词跟名词同形。只有一个重复（或部分重复）经常联系一种语法功能的时候，它才是重叠。

4.2.2　重叠的形式。下面先谈重叠的形式，然后谈重叠的语法功能和意义。

4.2.2.1　音节的和语素的模式。最简单的是重复一个单音节的语素，如“人人”。“汪汪”（狗叫）的“汪”不是一个自由的形式，只有“汪汪”才是。

重复涉及两个或几个不同音节的时候，就有各种可能的模式：

XYXY	叮当叮当	琢·磨·琢·磨
XXYY	零零碎碎	家家户户
XXY	崩崩脆	濛濛雨
XYY	冷冰冰	红希希
XYXZ	有条有理（的）	大天大亮
XZYZ	七岔八岔的	买空卖空
X.liXY	傻·里傻气	疙·里疙瘩的
X.buYY	酸·不溜溜儿的	滑·不济济（儿）的

一个比较复杂的模式是一种部分重叠，其中只有韵母是重复的：

$X_1V_XY_1V_y$	叽里咕噜	叮呤当啷

4.2.2.2　声调和重音。一个音节重叠的时候，或者是 iambic，即 XX（无轻声，前略轻，后略重），或者是 trochaic，即 X·X（第二音节

轻声）。XX 式里没有变调（除了生动重叠，见下 4.2.4）。寻常的上声变调我们不算在重叠式变调之内，因为上声总是要变调的，不管这两个音节相同还是不同。

较长的重叠形式遵守多音节形式中的一般的非音位的（即不起辨别作用的）轻重等差：除轻声之外的最后一个音节最重，第一个音节次重，中间音节最轻，但不一定变轻声。例如：

ˌ泪‖汪ˈ汪·的　　　ˌ原‖原ˌ本ˈ本·的

4.2.3　功能类型一：名词，动作动词。 名词、动作动词的重叠形式，跟形容词和副词的重叠形式不一样，不带生动色彩，后者见下节。

（1）**称呼。** 往往采取 X·X 形式。根素 X 有时是自由的，有时是黏着的。“哥哥”的“哥”是 B，“爸爸”的“爸”是F，但少见，“妈妈”的“妈”是F，并且常见。其余的例子：

爷爷　奶奶　姥姥　舅舅　姑姑　姐姐　妹妹　弟弟
公公　婆婆

（2）**其他名词。** 都是 X·X 式，往往带“儿”尾。

蛐蛐儿　蝈蝈儿　蛛蛛　猩猩　宝宝　娃娃　星星　兜兜

这一类名词极其有限。但在儿童语言里（毋宁说是大人教小小孩儿说）常用这种重叠式：“吃饭饭”、“穿鞋鞋”，等等。

西南官话里常用重叠式做小称：“球球”、“管管”，等等。

（3）**遍称重叠式。** 量词重叠表示“每个”，没有轻声，一般带“儿”尾。差不多所有单音量词都适用。例如：

个个儿　天天儿　处处儿　回回儿　张张　寸寸

名词除“人人”外一般不用重叠表“每个”。少数例子：

山山出老虎。　事事如意。　他说的头头是道。

这些都是成语性的，你不能把“山山”、“事事”、“头头”拿出来造别的句子。

另外有些像是名词重叠的例子实际上是跟名词同形的量词的重叠。例如：

大考的时候儿门门考了个甲。

洗了三水衣裳，水水洗得干净。

其他名词和量词语素同形的例子：

一家(儿)人家儿。　一人一块

双音量词不能有遍称性重叠，如“每加仑”不能说“加仑加仑”。外来的量词，即使是单音节，也不能重叠，如*米米、*克克、*秒秒。

遍称重叠的一个重要的语法特点是，因为它们指一类事物的全体，因而是有定的性质，它们就必须占据句子里较前而不是较后的位置。例如：

人人都来了。　他把个个儿都得罪了。

那个先生，他个个儿学生的名字都记得。(比“那个先生记得个个儿学生的名字”好)

(4) 其他复合名词、复合动词。

毛·毛虫　捻·捻转儿　嘎·嘎枣儿　打哈·哈

嚷·嚷　痒·痒　哼·哼

(5) 动词的尝试态。重叠部分轻声。

看·看(从“看。一。看”来)

这种重叠的松散性可从下面的比较看出来：

想·想(第一字上声变阳平)　痒·痒(第一字半上)

注意，表身体行动的动词重叠不带儿尾。

跑·跑　跳·跳（比较：坐·坐（儿），歇·歇（儿））

4.2.4　功能类型二：生动重叠。

4.2.4.1　关于声调和重音的补充。

生动重叠跟遍称重叠相同之点是可带（可不带）儿尾，一般带"的"。不同在于第二音节一般变阴平（如果原来不是阴平）。

高¯高¯儿的（原阴平）　饱ᵛ饱¯儿的（原上声）

这种变调限于北方官话。文言遗留下来的重叠形式不变调，也不带儿尾。

往ᵛ往ᵛ（的）　（比较：常ˊ常¯儿（的））

边缘性的例子，同一语素在日常说话里变调，在较正式的风格中不变调。

他渐ˋ渐¯儿懂了。　　他渐ˋ渐ˋ了解了。

如果重复的部分不止一个音节，可以是 XYY 式或 XXYY 式，很少是 XXY 式，更没有 XYXY 式。

直挺挺的　　普普通通的　　壁壁直（不如"壁直"普通）

"扑通扑通"是拟声重叠（4.2.5），跟生动重叠是两回事。

XYY 或 XXYY 里边的重音，如上所说，是在最后一个音节，哪怕基本形式是第二字轻声，X·Y。例如：

慌·张——→ˌ慌·荒ˌ张ˈ张·的/（较少见）ˈ慌·慌·张·张·的

一个轻声音节恢复重音时，或者用阴平声（不管原来哪一声），或者恢复原来的字调（读书人倾向如此）。

清·楚——→清¯清¯楚ᵛ楚ᵛ·的/清¯清¯楚ᵛ楚¯·的

规·矩——→规·规·矩·矩·的/规·规·矩矩¯·的

有时候摇摆不定，如：

糊·涂——→ˌ糊·里ˌ糊ˈ涂(dū)/ˌ糊·里ˌ糊ˈ涂(tú)

这是因为 tú 变轻声时会丢掉送气，变成·du，跟 dū 的轻声·du 相同，因而恢复重音就有两种可能了。

4.2.4.2 生动重叠的基础形式。

XX 的根素 X 或者是自由的或者是黏着的。如果是自由的，重叠形式常常带儿尾。

远F：远远儿(的)来了一个人。

仅 B：仅仅三五个人。

生动重叠式一般含美好的意义色彩；但有些重叠式的根素是不好的意义。

把头发弄的乱乱的。

用直接成分分析法，XXY 是 XX-Y，XYY 是 X-YY，XY 不是一个成分。例如，尽管"崩脆"和"崩崩脆"都有，后者是"崩崩"加"脆"，不是"崩"加"崩脆"。

至于 XXYY 这个模式，有时候 XY 是一个词，有时候只是出现在这个重叠式里。

结实：结结实实的　　　　平常：平平常常的

*哭啼：哭哭啼啼的　　　　*鬼祟：鬼鬼祟祟的

*汤水：汤汤水水的　　　　*球弹：球球弹弹的

因此，后者是初次派生词，前者是二次派生词。

4.2.4.3 生动重叠式的句法限制。不论一个生动重叠式的基础形式单独存在与否，也不管如果存在一个基础形式，它属于哪个词类，重叠形式总是限于做形容词和副词，加不加后缀"的"都是一样。“婆”和“妈”都是名词性语素，“婆婆妈妈的”是形容词（～副词）。“三”和“两”是数词，“三三两两的”是副词。“客气”：“客客气气的”是从形容词到形容词。“大气”、“小气”也是如此。

生动重叠式似乎能占有形容词和副词的所有位置。

（1）修饰名词：胖胖儿的身材。

和和气气的声音。

（2）做谓语：你怎么老那么糊里糊涂的？

你瞧这天儿又混里混沌的了。

（3）做状语：早早儿睡，晚晚儿起，又省灯油又省米。

（4）谓语性补语：打的乒乒乓乓的。

磨的亮光光的。

（5）以形容词或副词形式做命令句：快快儿的！

好好儿的！

可是在某些方面，生动重叠式的用法比别的形容词和副词更受限制。（1）一般不受程度修饰，例如：*“很亮晶晶的”。但是有“他做的太慢慢腾腾的了”。（2）不能直接用“不”否定，例如不说：*“这料子绿油油的不绿油油的？不，不绿油油的。”要说：“这料子是不是绿油油的？不，不是绿油油的，是红希希的。”（3）没有比较级，例如：*“更红希希的”。*“这个比那个大大儿的。”也得加“是”字才成：“这屋子更是黑漆漆的了”（重油漆或重布置之后，等等）。

4.2.4.4 生动重叠式的含义。除一般的生动含义外，不同的音节形式似乎有多少不全一样的含义。“XX（儿）的”式一般含有美好的意思，例如“短短儿的下摆，高高儿的裉”。如果你看着这种衣裳不顺眼，你不会这样说。甚至平常是个坏字眼，重叠之后也有相反的效果，例如："坏坏儿的使个主意，故意把脸上弄的脏脏的。"

XXYY式的含义，可以是好的，如"大大方方的"，或者中性的，如"接接连连的"，或者是不好的，如"扭扭捏捏的"。

XYXZ式也是这样。例如"大明大白"和"不清不楚"。

X·liXY式的含义总是坏的，例如"小里小气"（比较：大大气气的）。

4.2.5 功能类型三：拟声重叠。拟声重叠异于生动重叠有几点。

(1) 在音节模式上，拟声重叠多采取XYXY式，少采取XXYY式。比较：普普通通的（生动），扑通扑通！（拟声）。

(2) X·liXY总是生动重叠，XlV_xYlV_y总是拟声重叠。比较：啰里啰唆的（说），唏里呼噜的（喝）。

(3) 生动重叠式可以做命令句，拟声重叠式不行。

(4) 生动重叠式不单独作为命令句的时候，总是跟句子里另一部分造成一种结构，而拟声重叠式常常是个独立成分，例如：你听那钟，叮当！叮当！一会儿就得上课了。

值得注意的是，XYXY可以在中间停顿，并且可以延长为XYXYXY……所以它实际是两个词构成一个短语，因而不妨说是句法上的重叠，不是形态上的重叠。

4.3 前缀

4.3.1 复合和加语缀。前面讲过，虚素和实素的分别是程度问题。例如(1)带重音的"起·来"是动词："我想起来了"（＝我要起来）。(2)轻声的"·起·来"做趋向补语："我想起来了"，"我想不起来"

(“起”恢复重音)。(3)表示开始态的“·起·来”,永远是轻声:“哭起来了”,“想起来了……”(不是有意去想,而是偶然想起来,忽然想起来)。现在我们要把虚语素,即典型的前缀后缀,以及较实在的语素,一般也称之为前缀后缀而实际是复合词中有广泛结合力的成分——要把这两者都考察一下,至于后者的详细论述则留待后边讲方位词(6.4.4,7.10)和趋向补语(6.6.6)的各节去讲。

4.3.2 复合词中结合面宽的第一语素。

禁(阴平):禁使,禁用,禁穿,禁看。

可:可爱,可恶,可怜,可笑,可靠,可疑;可口,可身儿。

好:好吃,好看,好听,好闻,好做,好办,好受,好说话。

难:难吃,难看,难听,难闻,难做,难办,难受,难说话。

自:自由,自治,自命,自杀,自动,自转。

套语:家父,家姐。舍弟,舍侄。

先父,先叔。亡妻,亡儿。

敝处。贱姓。拙著。

贵处,贵姓。尊姓。令尊,令兄,令郎。

4.3.3 新兴“前缀”。这也是复合词中结合面宽的第一语素。

不:不逻辑,不民主,不道德,不名誉,不科学(逆派生:很科学),不规则(逆派生:规则作为形容词)。

单:单方面,单细胞,单向路。

多:多元论,多音节。

泛:泛美-,泛太平洋-。

准:准学者,准白话。

伪:伪政府。

无：无条件（的）。

非：非物质的，非战斗员。

亲：亲美，亲日。

反：反革命，反宣传，反间谍，反犹太。

4.3.4　严格意义的前缀。不多。除"阿"外，都可能作为实素在别处出现。不轻声，因为轻声从来不出现在一个词的头上。

（1）**阿。**　非常少。阿哥，阿姐（吴语）。亚王（广州，广州不写"阿"，因为"阿"音o）。

（2）**老。**

（a）老虎，老鼠，老鹰。"老"已没有年龄意义：小老虎。

（b）老大，老二……老幺。（*老十一，*老十二……）

（c）老王，老李。（双音的姓只要不加"先生"就等于加"老"）"老"的反义语素"小"还没有成为前缀，"小三儿"还保留小的意义。"小张"常常用来区别于此人的父亲或哥哥。［今不尽然］

（3）**第。**第一，……第末拉（～第末），第老。

"头一"是B，而"第一"是F：考了个头一名；考了个第一（名）。头十名，前十名。

（4）**初。**初一，……初十。（"十一"以后不用）

4.4　后　　缀

4.4.1　总论。汉语里的后缀是虚语素，多数是轻声，出现在词的末了，表示这个词的语法功能。一个词的后缀，或者干脆就叫后缀，不同于一个短语的后缀，或者叫助词。有少数情况，同一个音节有时候是后缀，有时候是助词。如“吃了饭了”的两个“了”。又如“我的”和“一定不会下雨的”的两个“的”。

常常有这种情形：一个带后缀的词，它的意义不等于词根加后缀的意义。这就成为词汇里的另一项目。例如：

抱：抱的（孩子） 乏：乏了（累了）

惊：惊了（马） 瓶（敞口的）：瓶子

耗：耗子（老鼠） 指：指着（指着他养家）

耗着（相持不下）

有时候，词根不是自由形式，如“托着”、“忘了”。

有时候一个后缀是加在一个语素组合上，如“扳不倒儿”、“捻捻转儿”，这是所谓复合词的单词化。

跟前缀一样，有一些词的末了一个语素意义不太虚，一般也称为“后缀”。

本节论述的次序：4.4.2：复合词末了的结合面宽的语素；4.4.3：新兴后缀；4.4.4：名词后缀；4.4.5：动词后缀；4.4.6：表从属的后缀：“的”的种类；4.4.7：杂后缀。一般说，前三类虽然结合面宽，仍然有词汇上的限制，后三类没有这种限制。

4.4.2 复合词末了的结合面宽的语素。

（1） 者。文言里“者”字用法无限制，口语中有一定限制。比如，有“译者”没有*“抄者”（只说“抄录员”）；有“学者”，没有*“教者”（只说“教师”、“教员”）。常见的“者”：

作者，著者，笔者，编者，记者，读者，来者，长者，劳动者，当事者，好事者；前者，后者。

(2) 然。忽然,突然,显然,公然,居然,果然,当然,断然,固然,自然,天然,徒然,枉然,虽然。

这里边有的可以加"的"(形容词或副词),如:

显然的,当然的,徒然的,枉然的,天然的。

(3) 来。

(a) 本来,原来,近来,后来,向来,从来,素来,自来,历来,生来。

(b) 一来,二来(～二一来)——一般到"三来"、"四来"为止。

(c) 十来块钱,百十来里地。

(4) 人。工人,中人,证人,媒人,夫人,丈人。

(5) 师。教师,讲师,技师,律师,牧师。

(6) 士。进士,学士,博士,教士,护士,女士。

(7) 亲。父亲,母亲。

(8) 夫。丈夫,姐夫,妹夫,姑夫,姨夫,农夫,马夫,车夫。

(9) 家。张家,王家,谁家。

自家,咱家。

(10) 心。耐心,忠心,同情心,自信心。

(11) 性。记性,常性,耐性。

(12) 钱。价钱,本钱,利钱,租钱,房钱,酒钱。

(13) 气。天气,勇气,脾气,骨气,才气,习气。(名)

客气,小气,大气,俗气,丧气。(形)

福气,运气,晦气,神气。(名、形)

(14) 和。暖和,软和,温和。

(15) 腾。翻腾，折腾，捣腾，喧腾，闹腾，叨腾。

(16) 是。但是，可是，就是，要是，若是，倒是，凡是，老是，总是，横是。

4.4.3 新兴“后缀”。

(1) 化。机械化，工业化，具体化，美化，腐化，恶化，尖锐化，硫化氢。

(2) 的。科学的，政治的。

这个“的”和表从属的后缀“的”有分别。“技术的问题”的歧义：(a)“技术之问题”，(b)“技术性的问题”。

(3) 性。可能性，必然性，普遍性，严重性，重要性，片面性，弹性，酸性，碱性。

与 4.4.2(11)的分别：这个“性”不轻声。

(4) 论。唯心论，唯物论，一元论，多元论，天演论，相对论。

(5) 观。主观，客观，乐观，悲观，人生观，世界观。

(6) 率。速率，效率，生产率。

(7) 法。分析法，比较法，演绎法，归纳法，十进法。

(8) 界。教育界，政界，金融界。

(9) 炎。脑膜炎，盲肠炎，肺炎。

(10) 学。数学，医学，物理(学)，动物学，心理学。

(11) 家。作家，科学家，理论家，运动家[?]。

这个“家”不轻声，区别于 4.4.2(9)和 4.4.7(2)。

(12) 员。教员，演员，议员，雇员，飞行员，海员。

4.4.4 名词后缀。用得广泛的是“儿”、“子”；较少的是“头”、“巴”、“们”。

(1) **儿。这是惟一的不成音节的后缀。三个来源：**

(a)里→儿：这儿，那儿，哪儿。(变轻声：我·这儿，你·那儿)

(b)日→儿：今儿，明儿，昨儿，前儿，后儿，几儿。

(c)兒→儿。一般说是指小，但实际上只是一个名词标记。除名词外还有几个动词带儿尾，其中只有一个是一般语言中常用的[按即不带俚语色彩的]：玩儿，火儿了，颠儿了，葛儿了，皮儿了，狠儿(儿童语)，闷儿(儿童语)。

(c.1)指小：

球儿，绳儿。

(c.2)语气轻松：

官儿，弦儿。

(c.3)各种引申义：

天儿(天气)，肠儿(香肠等)，信儿(信息)。

以下按结构类型分述。

(1.1) NB-儿→N.这是最常见的类型，词根是黏着语素。

伴儿，盘儿，猴儿，花儿，绳儿，核儿，谜儿，鸟儿，瓤儿，味儿，胡同儿，蝴蝶儿，旮旯儿，犄角儿，靠不轮儿(coupler 的谐音意译)，菁葜儿，毂辘儿，知了儿。(乌吐儿(形)，出溜儿(动)。)

加“儿”与加“子”同义，但儿尾词略带指小意味：

虫子：虫儿；豆子：豆儿；影子：影儿；座子：座儿。(座位的“座儿”没有相应的“座子”。)

加“儿”与加“子”不同义：

本儿(本钱)：本子。　　鼻儿(物件的部分)：鼻子。

顶儿：顶子(清朝官员的帽子上的顶子)。

(1.2) N-儿→N.自由的名词也可以带“儿”,意义或变或不变。

名词不带后缀与带“儿”、带“子”,意义无变化,只是带“儿”的轻松些:

魂:魂儿;盆:盆子,盆儿;事:事儿;字:字儿

名词加“儿”和/或“子”意义有重要改变:

水:水儿(汁水)。板(木板、板眼):板儿～板子(只用于木板)。烟(一般或 tobacco):烟儿(不用于 tobacco),(煤,锅)-烟子。瓶(花瓶):瓶子～瓶儿(酒瓶儿)。词(诗词;语言学上的):词儿(歌曲或剧本里的)。

(1.3) M-儿→N.

个儿,块儿,片儿,粒儿,等。(限于指个体的量词,不用于度量单位及准量词)

(1.4) M-儿→M.某些量词可以带“儿”,意思不变。

份儿,沓儿,本儿,朵儿,节儿(截儿),对儿(“对子”是名词)。

(1.5) V-儿→N.

唱儿,印儿,缝儿(声调变)。(动作)

包儿,褂儿,画儿。(对象)

塞儿(～塞子),盖儿。(工具)

(1.6) A-儿→N.

亮儿,好儿(带个好儿给……,落了个好儿,叫好儿),空儿。

弯儿,方儿(成方儿;≠方子)。

黄儿(鸡蛋黄儿),单儿(～单子)。

以下从(1.7)起,除儿尾外至少有两个语素。在“X-Y-儿”里,有时难于决定直接成分是 X + Y-儿或者 XY + -儿。从原则上说,如果

XY 不成为一个词，Y-儿也不成为一个词，就应当认为 XY 是一个黏着的复合词，只有带上儿尾才自由。实际上这也是个程度问题。例如："瓜子儿"是"瓜"加"子儿"，因为有"子儿"，没有 * "瓜子"。可是"酒窝儿"就似乎是"酒窝"B + "儿"，因为既没有 * "酒窝"，也没有 * "窝儿"。但是"热窝儿"、"动窝儿"、"挪窝儿"里的"窝儿"就该算是一个词。

意义有无变化，跟别处的情形一样，不一定跟结构平行。例如"小马儿"可以指幼马或任何小的马，"小脚儿"可以指缠足或任何小的脚。

(1.7) A + X-儿→N.这个类型是非常能产的，意义或变或不变。

后院儿，老头儿，老婆儿(≠老婆)，小燕儿，小孩儿(＝小孩子)，杂拌儿。

如果 X 是一个自由的名词，"小 X 儿"是无限能产的，如"小人儿"、"小树儿"。有时意义专门化，如"小米(儿)"。

(1.8) N + X-儿→N.这也是一个非常能产的类型(但也还不是无限的)，X 可以是自由的也可以是黏着的。

杏仁儿，门口儿，狗牙儿，被窝儿(≠被窝)，鬼脸儿，桑椹儿，眼镜儿，饼干儿，葡萄干儿，饭馆儿(＝饭馆子)，字纸篓儿，栀子花儿，走之儿，嘎嘎枣儿。

X 是动词的例子：锅贴儿，脚印儿。

(1.9) V + X-儿→N.

别针儿，顶针儿，玩意儿，拨鱼儿，围嘴儿(＝围嘴子)，围脖儿，取灯儿，跑堂儿(的)。

(1.10) V + X-儿→V + O.

(a)X-儿是个自由的名词。结果是一个动宾短语。

看画儿,起头儿,拐弯儿,挑眼儿,找碴儿。

(b)X-儿是不自由的。结果是一个动宾复合词,虽然一般是能够离子化的。

摸黑儿,抓阄儿(=捻阄儿),抓周儿,包圆儿,打杂儿。

(1.11) X-儿 + Y.

(a) Y 是名词,结果是复合名词。

片儿汤,毛儿戏,猴儿筋(=猴筋儿),哈巴(儿)狗。

(b) Y 是谓语。这种组合是没有限制的。下面是有专门意义的例子。

眼儿热,胆儿大,胆儿小。

(1.12) X-儿 + Y-儿 非常少。

娘儿们儿,爷儿们儿(比前者少),哥儿俩儿(比哥儿俩少)。

(1.13) 一-X-儿 X 是量词,有几个惯用的复合词:

一会儿,一点儿;

无限制的临时词:

一片儿,一根儿,一样儿(≠一样(形))。

有几个属于这个类型的副词(X 是形,动,名,量):

一早儿,一顺儿,一死儿,一送儿,一头儿(……一头儿),一块儿。

(1.14) XX 儿遍称形式如"回回儿",生动形式如"严严儿(的)",都已经在重叠节讲过(4.2.4),这里不重复了。

(2) **子。**"子"有时是一个实语素,造成复合词,如"原子"、"质子"、"子弹"。它还可以带"儿"尾:"子儿"(种子,钱),"子儿"还可以再进入复合词："鸡子儿"，南方官话里还有"子子"。

作为后缀，"子"跟"儿"在形式和意义上都有很多相似之处，但是也有几个重要的不同之点。虽然"子"的本义是孩子，可是作为后缀却没有指小的意思，或轻松的口吻，只有名词化的作用。有几种大致的倾向，如龙果夫所指出（《现代汉语语法研究》60－69节）：

儿：部分（盖儿），抽象（魂儿），大类（鸟儿）。

子：全体（剪子），具体（身子），小类（鸽子）。

但是不排除相反的例子，如"门儿"（具体），"门子"（抽象：找门子）。"面儿"（具体），"面子"（抽象）。

带"子"尾和带"儿"尾的形式颇多相似之处，下面分类举例（用的数码跟"儿"相同）。

(2.1) N_B-子→N.（2.1）和（2.2）跟相应的"儿"尾形式相类似，但数目更多。跟"儿"尾形式一样，有的只是起名词化的作用，有的兼有专门意义。

棒子（≠棒），妻子（≠妻和子），厨子，凳子，肚子ˋ，肚子ˇ，儿子，方子，房子，果子（≠水果儿），胡子，腰子（腰部，肾脏，≠腰儿（食物）），糨子，卷子（≠卷，量词）（≠馅子），金子，桌子，筷子，料子，栗子，李子，麦子，片子（名片，≠片儿），嫂子，骰子（～色子，≠色儿），扇子，身子，靴子，孙子，梯子，屋子，袜子，胰子，椅子，院子（≠院儿 B）。

(2.2) N-子→N.

布子（小块，不成材料，≠布），刀子（＝刀儿），鬼子（≠鬼），（火）锅子（＝火锅儿），海子（≠海），烟子（≠烟，≠烟儿），例子，路子（≠路），脑子（≠脑儿，食物），票子（钞票，门票等，

≠票，专指门票等）。

(2.3) M-子→N.

个子，份子（送礼）。

(2.4) M-子→M. 不多，主要是临时量词。

一担子（米）。

(2.5) V-子→N.

拍子，印子。（动作）

铫子，呈子，挑子，摊子。（对象）

骗子，拐子，探子，耗子，卡子，起子，垫子，划子，夹子，扣子，拍子，刷子，引子，药引子。（施事，工具）

(2.6) A-子→N.

(a)指物：浅子，光子（眼镜的镜片），辣子，缺子，豁子，乱子，七寸子（蛇）。

(b)指人：老子，小子，痴子，傻子，呆子，疯子，侉子，瘦子，胖子，麻子，矮子，秃子，瞎子，聋子，哑子（方言＝哑巴）。

指人的名词，除“老子”、“小子”外，都有贬低的色彩。

(2.7) A＋X-子→N.这个类型非常能产。如果“X-子”是个自由形式，结果是一个短语，这种组合数目无限制，意义或变或不变。如“旧椅子”、“生柿子”。

如果“X-子”是黏着的，结果是复合词。大多数是指人的。

大伯子，小姨子，大舅子（≠大舅（舅）），新娘子，老妈子，左撇子，老花子。

(2.8) N＋X-子→N.跟相应的“儿”尾形式比较，X为动词性的例子较多。结果名词为从事某种活动的人：

马贩子，夜游子。

结果名词为某种作用的工具：

耳挖子，鞋拔子，牙刷子，电滚子，螺丝起子，灯罩子。

X非动词：书架子，饭碗子（＝饭碗），树林子，地窨子，蝎虎子。

（2.9）V＋X-子→N.

围嘴子，刷牙子。

这个类型的词不多。

（2.10）V＋X-子→V＋O.

动宾短语（无限制）：

买帽子，吃饺子。

下面是复合词或惯用短语：

过日子，有身子，拿（～摆）牌子（～架子），拜把子，抽冷子，串门子，打摆子，带尾子（说话有口音），吊膀子，光膀子，光眼子，扎猛子。

（2.11）X-子＋Y→N.比相应的带"儿"形式稍多些。

棒子面儿，底子钱，亭子间（上海），样子间，面子事儿。

（2.12）X-子＋Y-子.两个带"子"的名词构成一个复合词，意思或者专门化或者不专门化。如"橘子挤子"（挤橘子汁的器具）、"房子样子"。但一般只用一个后缀，或者变换后缀，如"椅垫子"或者"椅子垫儿"比"椅子垫子"多，"呢料子"比"呢子料子"多。

（2.13）一X-子.

一屋子。

这种"一"加临时量词无限制。其他如：

一辈子，一家子。

(2.14) XX-子.没有这种形式的遍称重叠或生动重叠。有些北方方言里有“小罐罐子”、“小盘盘子”等。

(3) **头**。“头”的能产性比“儿”或“子”都小。“头”作为实语素，可以带“子”或“儿”：“头子”、“头儿”。“头”构成复合词：“头脑”、“钟头(儿)”、“滑头”、“镜头”、“窝头”。

作为后缀，“头”出现在下面这些类型：

(3.1) N+·头→N.

骨头，木头，石头，舌头，馒头，芋头。

处所词用“头”做后缀：

前头，后头，里头，上头，下头。

(3.2) A+·头→N.

准头，甜头，少头(折扣)。

(3.3) V+·头→N.

念头，楦头，姘头。

有一个具有无限能产力的公式是“有”(或“没(有)”)加“·头”，一般还带“儿”尾，表示值得或不值得做。

有吃头儿。有什么看头儿。没听头儿。跟他没说头儿。

(4) **巴**。作为实语素：

巴住，巴结，巴望。

作为后缀，多数有附着之类的意思：

尾巴，泥巴，锅巴，结巴，哑巴。

“眨巴”来源于“眨”的古音 tsạp。

(5) **们**。这个所谓复数后缀在语音上有三个形式：-·men，

-·me,-m,用哪个形式看说话快慢以及后边的声音的性质。例如在唇音之前,多半采取-m 的形式。“我们”除一般的 wǒme 和 wǒm 两简化式外,也说 wěm 或很不正式的 mm([m̩]上声)。代词带“们”的用法详见 7.11.4 节。

名词带“们”的例子:先生们,兄弟们。

因为带“们”有集体的意义,所以前边不能加数量词:* 两个强盗们。但是可以说“那些强盗们”。

有时候一个短语之后可以加“们”:先生跟学生们。

4.4.5 动词后缀。这里只讲表动态的后缀。类似后缀的语素,如“·来”,“·去”等,我们认为是结合面宽的补语,在 6.6.6 节讲趋向补语的时候再讲。动态后缀跟名词后缀不同在于它们是无限能产的,并且词汇性的组合较少。差不多所有动词都能够带所有后缀。有些动词,如助动词,缺少某种动态,例如没有 *“能着”。这些将在讲词类的时候讲(第八章)。

我们给动作动词建立一个“零后缀”,因为它有一定的意义:(1)习惯性动作,(2)最近将来的动作,(3)非叙述性的谓语(见 2.9.1节)。例如:

(1) 他难受的时候儿不哭,他笑。

(1)或(2) 你抽烟不抽?——抽。

(3) 他(是)吃药,不是不吃药。或者:……不是喝酒。(跟“他现在吃着药呢”对比,后者是叙述性谓语。)

(1) **了**,完成态。例如:

辞了行再动身! 怎么碰了杯又不喝?

当然,除了用“了”字,还有别的说法表示同样的意思。例如省掉

“了”字:“这是去年完成(了)的房子。”又如“忘了”在一些方言里说“忘记”(可以再加“了”也可以不再加)。华中方言里可以用“掉”做补语,后边加不加“了”随便:“扔掉(了)”、“丢掉(了)”。

后缀“了”来源于动词“了”,现在这个后缀也可以加在这个动词后边跟加在别的动词后边一样:“了了一件事。”(liǎo-le)

后缀“了”应该区别于助词“了”。这个区别在粤语和吴语里很清楚。

普通话	粤 语	吴 语
伤了风了。	伤咗风咯。	伤仔风哉。

粤语里可以在这个后缀之后紧跟着这个助词:“已经去咗咯”。在普通话里,避免重复同一个音节,只用了一个“了”:*“已经去了了”⟶“已经去了”。由于这种语音归并(haplology),使下面这种句子有可能产生歧义:“你把这个杯子洗干净了。”如果这里只有一个“了”,这是一个命令句。如果理解为“了了”⟶“了”,这就是一个叙述句。这也可以解释为什么跟南方方言里“死掉了”或“死脱哉”相当的普通话是“死了”。这是因为那些方言里的“掉”、“脱”在普通话里都用“了”,如果后边再来个助词“了”,干脆就让第一个“了”吸收过去了。

在动词表示过去的动作而宾语有数量修饰的时候,这个完成态的后缀“了”是必不可少的。

我昨儿碰见了一个老朋友,他请我吃了一顿饭。

(2) **着**,进行态。语源字(etymon)d̑i̯ɑk演变分为好几个动词和补语,如“着(zháo)地”,“着(zháo)凉”,“碰着(。zháo)”,“这一着(zhāo)”等。

最弱化的形式是·zhi～zh，表进行态的后缀。在主要谓语[表示动作在进行的]句子末了一般都有助词“呐”，或者在动词之后加个“着”跟它配合，或者不加。例如：

他干嘛呐？——他打(着)电话呐？

形容词也是动词，所以也能带进行态的“着”：

还早呐，太阳还斜着呐。

这棍儿老得正着。

“着呐”是表示高度的助词，用在形容词和能受程度修饰的动词之后(8.5.5，P18)，例如“好着呐”。在动宾结构中，表进行的“着”放在动词之后，表高度的“着呐”放在宾语之后。比较：

他捧着她呐(比如在杂技表演时)：他捧她着呐。

我想着你呐(善意地，恶意地，或者无所谓地)：我想你着呐。

有少数形容词跨类做及物动词，而汉语里被动语态又没有明显标志，因而某些句子里的“着呐”就可以有两种意义：或者是“着”+“呐”，或者是“着呐”：

汤热着呐：(a)非常热，(b)正在锅里加热。

酒凉着呐：(a)非常凉，(b)正在等它凉下来。

但这种可以兼做及物动词用的形容词是有限的，多数形容词不能这样用，因而“着呐”不会有歧义：“鞋黑着呐”不会理解为给鞋擦鞋油。

带“着”的形式又能用于命令句。动作动词的例子：

拿着！　　记着！　　等着！　　坐着！

戴着帽子！(＝别脱帽子，≠戴上帽子)～帽子戴着！

形容词的例子：

慢着！　　慢慢儿着！　　慢着点儿！

重叠形式末了也可以用“的”：

轻轻儿着！～轻轻儿的！

“这么”、“那么”、“怎么”都能带“着”，意思无甚不同，只有一点：后边没有动词的时候，较长的形式用的较多。

他老那么走路。(多于：)他老那么着走路。

他老那么着。(多于：)他老那么。

“来着”表示最近过去进行着的动作(8.5.5，P19)，不是动词后缀，是助词，动词带宾语时，“来着”在宾语之后。(例见助词节。)

带“着”的形式常用做连动式的第一成分，从属于第二成分。这种情况之下，后头不用“呐”，除非碰巧有别的理由要用“呐”。

龇着牙笑。　　骑着马找马。

带“着”的形式用于从属的位置还有一种特殊的意义，那就是“以V而论”。

这事儿看着好做。　　这橘子闻着香，可是吃起来酸。

前边讲过有少数形容词跨类做及物动词(致使义)。另外有许多形容词不能一般地做及物动词(表致使)，但是可以给它带个“着”，再带上个宾语，把它放在连动式中的从属位置上。例如：

硬着心肠做。　　斜着眼儿看人。　　歪着嘴笑。

也跟“了”字的情形一样，有些动词必得带“着”，不能带零后缀。

托着。　向着。　冲着。　记着(＝记得)。

有的动词，虽然可以带零后缀，可是带“着”的时候有特殊意义。例如：

拿着个科学家，还信神信鬼呐！

（3）**起来**，开始态。除了作为复合动词和复合趋向补语之外，“起来”（轻声）也是一个表动态的后缀，表示动作的开始。

他们玩儿着玩儿着，忽然哭起来了。

那回事情，你一提起来我就生气。

他胖起来了。

这孩子渐渐儿懂事起来了。

说起来啊……

（4）**过**，不定过去态。动词“过”也用做趋向补语，如“走过了桥”、“说过了就算了”。在“吃过了饭了”里边，“过”还是补语，可以带完成态后缀“了”。可是轻声的“过”是纯粹后缀，意思是“过去至少有过一次”。

你吃过鱼翅没有？——吃过。

比较：你吃过了鱼翅没有？——吃了。～吃过了。

别的例句：

没出过洋。今年草莓还没上过市呐。

这东西我上过当的。

（5）重叠作为尝试态。已见4.2.3(5)节。

（6）**下去**，继续态。

你那样做下去，结果一定不好。

（7）**法(子)**。这看上去像名词，但是加在动词之后，那个动词还是可以受“这么”、“那么”、“怎么”的修饰。例如：

这话得这么说法。

天气那么冷法子，你们那儿怎么过法子呐？

这话不知道该怎么问他法子。

4.4.6 表从属的后缀:“的”的种类。

在五四前后直到二十年代,把 de 字分成三种功能,分别用三个汉字来写,并且读成三个不同的音,这样一种主张曾经实行过。这三个字是:(1)“底”,音 dǐ,表示领属关系:“马底头”,“科学底分析”(the analysis of sciences);(2)“的”音 dì,作为形容词性的词语的后缀:“野蛮的举动”,“科学的分析”(scientific analysis);(3)地,也音 dì,“慢慢地”,“科学地分析”(analyse scientifically)。这种区别虽然有些人为的味道,但是在方言里和历史上是有些根据的。在上海话里,(1)和(2)是 ke,(3)是 jiao;在广州话里,(1)和(2)是“嘅”keh,(3)是“哋”dey。历史上,(1)和(2)都是“底”,(3)是“地”。但是在北京话里,一股脑儿都是 de,连“得”也是 de。

应该注意到:虽然“我的”、“你的”的“的”像是代词的领格后缀,“送信的”、“要饭的”的“的”像是表示行为主体的名词的后缀,可是大多数情况下 de 字前边是一个短语,这就使 de 成为一个短语的后附(enclitic),换句话说是一个助词。这就是为什么中国语法学家常常把“的”以及与之相当的文言虚字“之”定为介词的缘故。总之是承认它是个“词”,即使只是个虚词。这个观点的一个有力的证明是:“卖书的人”⟶“卖书的”= book seller,“的”= -er。可是汉语“的”的前边是“卖”+“书”,而英语的-er 前边是“book”+“sell”,为什么汉语不说 * “书卖的”,英语不说 * “sell-book-er”呢? 就是因为-er 是词的尾巴,“的”是短语的尾巴。反之,“子”是词尾,所以说“书贩子”(“书”+“贩子”),不说 * “贩书子”。

跟“的”字有关的种种结构,5.3.6 节详细讨论。

4.4.7 杂后缀。

(1) 表方式的后缀“么”-·men,-·me,-m·“这、那、怎”等之后的表方式的后缀的语音形式跟表复数的后缀的语音形式几乎是同音,后者也有三个变体,跟着说话快慢以及后边是否唇音而变化。多少有些不同的是在这里-men 这个形式用得少而复数语尾-men 的形式用得多。这可能跟书面读音“们”音 men 而“么”音 mo 有关。

带“么”尾的词有:什么,怎么,哪么,这么,那么,多么。注意语音:

哪么:něme,不说* năme。

那么:nème,不说* nàme。

这么:说 zème 的时候多,说 zhème 较正式,较少。

多么:有 duōme 和 duóme 两种说法。

(2) 副词性后缀“家～价”-·jia～-·jie。

别!	别价!(语气较和缓)
不。	不价。
好。	好价!(惊叹)
成天玩儿。	成天价玩儿。
更……	更价……

“更价”可能是“更加”的“加”轻声弱化。这个后缀的结合面很窄。

(3) “个”,用在表日子带“儿”的词之后。如“今儿个”、“明儿个”、“昨儿个”。带“个”的形式,意义没什么两样,只是常用在动作动词之前,别的地方还是用不带“个”的形式为多。

今儿个来。　　今儿是他生日。　　今儿比昨儿冷。

(4) “乎”。

近乎，在乎，于是乎，纯乎，确乎，几乎。

(5)“的慌”-de·huang～de·heng，用在不如意的动词之后表高度。

累的慌，晕的慌，麻的慌，疼的慌，闹的慌，急的慌，挤的慌，闷的慌，冤的慌，冷静的慌，痒痒的慌。

这个后缀是无限能产的，甚至可以说“好的慌”，如果你的意思是说这东西或这事儿太好了，怕是长不了。

(6)“不唧的”。用于跟流体或半流体的东西有关或跟味道有关（以及这方面的引申义）的形容词之后，带有不喜欢、讨厌的意思。

滑不唧的，黏不唧的，酸不唧的，甜不唧的（用于不该有甜味的东西），冷不唧的（突然，毫无预告）。

这个后缀不用在“大”、“长”等积极性质的形容词之后，也不用在双音节形容词之后，例如可以说“软不唧的”，不能说*“软和不唧的”。“冷不唧唧的”是生动重叠，意思跟“冷不唧的”完全不同。

(7)“唏唏(的)”。“有点儿”的意思。多用在双音节的语素或语素组合之后，虽然单音节的也可以用。

骄傲唏唏的，红唏唏的。

4.5 中 缀

汉语里中缀很少。“糊里糊涂”里的“里”，“酸不溜溜(儿)”的“不”，都已经在生动重叠里讲了。“看得见，看不见”里的“得”和“不”将在可能补语节里讲(6.6.5)。

第五章　句法类型

5.1　总　论

5.1.1　词、短语、词语。

“词语”是词和短语的总名。

“词语”的范围小于“成分”,后者包括短语、词以及小于词的单位,如黏着语素和音素。

5.1.2　词语和结构。

结构中的词语的种类不等于词类。第一,词类是词的类,不是短语的类。第二,一个结构中的同一个位置可以由不同的词类填入,同一词类可以填入结构中的不同位置。

5.1.3　内中心结构和外中心结构。

“煮开了一壶沏茶的水”,“煮”是整个动词性词语的中心,“水”

是宾语部分的中心。这样的结构都是内中心结构。

“春不老”是一种植物的名称(Brassica juncea),这里边没有一个中心成分,所以是外中心结构。同样,“雪里红”。

“好手”、“凶手”、“打手”、“助手”、“水手”可以算内中心结构,因为这里“手”是“人”的意思。但“扶手”是外中心结构。

外中心结构在复合词里边比在短语里边多。“跑街”作为一个短语是内中心结构,作为一个词(指人)是外中心结构。

5.1.4 结构中的词序。

人们常说汉语的语法全部是句法,汉语的句法全部是词序。词序在汉语语法里当然很重要,如“好人”与“人好”,“狗咬人”与“人咬狗”。但是语音和选择性也重要。

从语音方面讲,

ˌ煎ˈ饼——动宾短语: ˈ煎·饼——名词。

他‖明年才三岁(不到明年还只两岁): 他明年才‖三·岁(明年也只有三岁)。

除词序外,最重要的句法因素是选择性,即某些种类的形式跟某些种类的形式结合起来构成某些种类的句法结构。有些种类的形式是可以列举的,有些只能记录在词典里。例如“好人”是“修饰—被修饰”,“找人”是“动—宾”,不因为别的,只因为“好”和“找”不是同一类。

5.1.5 虚词作为标记。

“吃跟喝都得给钱”里的“吃跟喝”可以有两种分析。一种分析是说这里有三个成分,“跟”是其中之一。一种分析是说只有两个成分,“吃”和“喝”,“跟”是一种结构的标记。这是对于同一事实的两种等价的描写，通常是可以互相翻译的。从句法结构的角度看，第二种分析产生的结构类型较少，因而较简便。例如(1)“吃跟喝”、(2)“吃，喝”、(3)“吃喝”这三个形式可以认为是两个词组成的一个并列式短语，中间有一个标记：连词“跟”～停顿/，/～零。如果把“跟”算一个成分，那么“吃跟喝”得算三个IC，“吃喝”只有两个IC。

其他虚语素[做标记]的例子：“把桌子擦干净了”，“把”是对象宾语“桌子”的标记(5.5.4.)。“气的糊涂了”，“的”是谓语补语的标记。“快走吧！”，“吧”是劝告式命令的标记。

5.1.6 句法类型的分类。

一个句子里边的主要句法划分是分为主语和谓语，构成主谓结构(S-P)，已见第二章。现在要研究的是句子里的更小的结构，即并列、从属、动宾结构、连动式、动补结构。这些基本结构可以重复和/或结合以形成更复杂的结构。但是不会引起什么新的类型，因此只有对特别有意思的情况才加以讨论，例如短语变复合词或复合词变短语。

5.2 并列结构

5.2.1 并列结构的定义。

并列结构是一种有两个或更多中心的内中心结构，每个中心都有大致跟整个结构相同的功能。

他们卖桌子椅子。(并列宾语)

他有时候儿哭，有时候儿笑。(并列谓语)

甜酸苦辣的东西他都吃，就是不吃咸的。(并列修饰语)

并列的意义是“和/或”。

5.2.2 并列的标记。

(1) **零和停顿**。最简单最常见的标记是零,换句话说就是简单地一个一个摆出来,连停顿也没有。有时候加上停顿,例如“桌子,椅子”,“甜,酸,苦,辣”。

西式标点引进中国之后,旧有的“瓜子点儿”被保留下来用于比逗号更小的分段记号,名为“顿号”,事实上在说或读的时候并没有停顿。

(2) **助词**。并列的词语之后加助词,有生动或郑重其事的含义。

a(～ia)——中性或褒义。

> 花呀,草啊,猫啊,狗啊,什么都有。

le(咧≠了)——中性或略带贬义。

> 他们天天儿打球咧,浮水咧,跳舞咧,什么的,可是我一样都不会。

这些助词附着于前边的词语,它们的作用不是连接而是隔离。因此它们不像英语的 and,而像日语的 to。并列成分的末了一个跟前边的那些个一样,可以跟一个助词,要是连词那就只能在两个成分中间。

(3) **降调**(↓)。

(4) 用**连词**做并列结构的标记,在翻译文字和受翻译文字影响的文体中常见——“and”→“和”,“or”→“或者”、“还是”——在口语和接近口语的文字中并不用得很多。在平常说话中,零是最常用的并列标记,口语中常用的连词是“跟”。这个字基本上是个动词,常常用在连动式的第一个位置上,可以翻成外语的介词。事实上,"和"、"同"也是这样。

"先生跟学生在课堂里上课呐"里的"跟"可以翻译成 and (连),也可以翻译成 with (介)。"现在我要做的两件事是吃饭跟睡觉"里的"跟"翻译成 and 比较自然些,但是也可以翻译成 together with。这样,汉语里就没有一个跟英语 and 相当的单纯并列连词。上面第二个例子里,表示单纯并列的最自然的方式是说"吃饭睡觉",就是用零标记。

汉语里跟 or 相当的词有两个。一个是"还是",相当于选择性的 or (whether … or),例如"你在那儿做事还是玩儿?"一个是"或者",相当于替换性的 or (either … or),例如"做事或者玩儿都行"。跟加合关系一样,选择或替换关系也常常用零标记,如:"你吃饭吃面?""吃饭吃面没关系。"前一句可以在中间插入"还是",后一句可以在中间插入"还是"或"或者"。下面将要讲到"还是"、"或者"都不是单纯的连词,都有副词的作用。

(5) 一副两个或几个**关联标记**或**重复标记**常常用来表明并列结构。例如"你不来,我不去",可以是一个并列句,也可以是一个条件句,但是"你也不来,我也不去","不但你不来,并且我也不去"里边,"也"和"不但……并且"明白表示是并列结构。

这种关联词语不能放在两个名词中间,必得放在动词前边,或者动词位置上,说明它们不是连词而是副词("也")或者动词("还是")。

* 也亚洲也欧洲在赤道以北。

亚洲在赤道以北,欧洲也在赤道以北。

*你要看还是戏还是电影儿？

你还是要看戏还是要看电影儿？

你要看的还是戏还是电影儿？

5.2.3 “A，B和C”，“A，B或者C”的规则。

在文章里常见。虽然中国从前也偶然有这种格式，但是现在通行这种格式显然是受外来语法影响。日常说话里边，要么全用零标记，要么每两项之间都用上一个标记。

你我他。　　你跟我跟他。

5.2.4 并列结构中的次序和可逆性。

并列结构中的项目的次序，语法上是可逆的，虽然有时候习惯上是不可逆的。例如“买了些又酸又苦又涩的沙果儿”，这里边的三个形容词，随便哪个先哪个后都成。

可是很多例子里边只有一种次序合乎习惯。

新的旧的。老的少的。父亲母亲。先生学生。

有吃有穿。大风大雨。

从风格上讲，改换次序的结果或者叫人觉得怪，如“母亲父亲”、“学生先生”，或者叫人觉得新鲜有趣，如“有穿有吃”、“大雨大风”。

两个单音词并列的短语，习惯的次序不能逆转，除非用上停顿或标记词。

快慢都一样。　　*慢快都一样。

慢啊，快啊，都一样。　　慢跟快都一样。

理由很简单。两个单音词倾向于造成一个复合词，而复合词内的次序一般是不能变的。“饭菜都够吃”，“饭菜”是并列式短语；“菜饭”是一个复合词，是一种做法的饭。同样，“笔墨”：“墨笔”。底下这些例子里的次序都是不能改变的：

手脚 水火 风雨 书报 推拉 买卖

好坏 远近 多少 浓淡 干湿

这里讲的都是并列式短语，一般不能改变次序，除有停顿或别的标记。但是这句话不适用于并列式的词，例如：

手·脚 买·卖

也不适用于那些有一个成分是黏着语素的复合词，例如：

升降 来往

这些是绝对不能逆转的。有少数例子可以逆转，意思或变或不变。例如“往来”，意思跟“来往”差不多，但是没有在银行里存款取款的意思。又如：

大小：小大 长短：短长

后一种次序在风格上稍微新鲜一点儿，因为比较少见。

选择问的次序。

你吃饭吃面？ 你吃面吃饭？

都行。

好·不。好？ 来·不。来？

不能改，除非有标记，如：

你不来，还是来？

注意“好不好”、“来不来”里边的轻声现象。

5.2.5 并列结构里边的词语的类型。

首先，并列成分一般得是词类相同。

其次，并列成分的内部结构相同，至少是音节数目相同。否则就得用上标记，把并列的词语隔开。比较：

火，空气，水，地　　　　金木水火土

在较长的并列词语之间得有并列的标记。这些词语的结构必得是同类型的，下面这一句就不好：

这一次分开教学的成功是由于校方的大力协助和教师充分备课。

“校方的大力协助”是名词性短语，“教师充分备课”是主谓小句。

5.2.6　松散的同位作为一种并列结构。

同位有三种：(1)紧凑同位，(2)松散同位，(3)插入同位。只有(2)是并列结构。

(1) 紧凑同位的例子：

王家　　李大夫　　天字　　科学杂志　　吴县

你懂不懂“岂有此理”这个话？

紧凑同位是主从短语或复合词，前边的修饰后边的：“王家”，不是“张家”、“李家”。是特殊修饰一般。

(2) 松散同位的例子：

我的朋友江一。　文学院长陈方伯。

东西交通的孔道苏伊士运河。　我有个八哥儿会说话的。

是无停顿的并列结构。

(3) 插入同位语不跟句子里边其余部分发生结构关系，是插入的或追补的成分，可以去掉而不影响句子的完整性。

江一，(是)我的一个朋友，要来见你。

他们(是)外国人不会吃瓜子儿。

他做了一套新洋服，挺漂亮的一套洋服。

这些例子里的插入语都是谓语性质，可以在前边加“是”或“就是”，因此不能认为跟前边的词语并列。

(a)三张纸、两条鱼,(b)肉二斤、白菜两棵,也都不是并列结构。(a)是主从结构,(b)是主谓结构。家庭主妇念发票或账单的时候,会念进去一个“是”字:“肉是二斤,白菜是两棵”。(b)式只见于非常正式的文体:“订造战斗机五百架”,或者诗歌体:“小孩儿三个靠着枕”。一般说话是“五百架战斗机”、“三个小孩儿”。

(b)式不能跟“他们三位”混为一谈。后者是松散同位,“位”不是“他们”的量词,是省略了的“先生”的量词。

5.3 主从结构

5.3.1 修饰和从属。

有些作者把“从属”用于广义,即用于任何内中心结构,包括(a)“桌子”,以“桌”为中心,后缀“子”从属于它,(b)“喝酒”,其中宾语“酒”从属于动词“喝”,(c)“查出来”,其中补语“出来”从属于动词“查”,(d)“羊肉”,其中“羊”从属于“肉”,(e)“你的书”,其中“你的”从属于“书”。我们不采取这一种用法,我们把主从结构限于“羊肉”和“你的书”,其中前一部分修饰后一部分,这样,主从结构就等于修饰结构。

5.3.2 什么叫修饰?

如果 X Y 是一个内中心结构,它的中心是 Y 而不是 X,我们就说是 X 修饰 Y。X 称为修饰语,Y 称为被修饰语。例如“中国银行”、“深绿”。

有少数例子,同样两个词语,按一种次序组合是修饰—被修饰,倒过来就成了另外一种结构:动词—补语,意思常常有些出入。

快点儿走。　　走快点儿。

你刚才那段话多说了。　　你刚才那段话说多了。

你错听了他的话了。　　你听错了他的话了。

5.3.3 次序和层次。

一个被修饰语有两个或几个修饰语 X_1X_2Y 的时候,就产生次序和层次的问题。"红黑帽"、"糖醋鱼",两个修饰语是并列的。"黑皮鞋"、"酱黄瓜",是 X_2 修饰 Y,X_1 修饰 X_2Y。一般说,如果一个结构的整体或者其中一部分是个复合词,它的结构就是词汇材料,不能用规则来决定。

一个形容词或动词被一个以上的副词修饰的时候,一般是有层次的,无标记的并列的副词是比较少的。例如:

不很好:很不好

一定先去:先一定去(后来改变主意)

马上就不高兴:不马上就高兴(其中"马上"和"就"是并列的同义词)

汉语的"老年的男人和女人"跟英语的 old men and women 一样的有歧义(不同的 IC 分析)。自然,有方法澄清修饰的范围,例如用或不用停顿、标记如"跟"、从属助词"的"来标明较大的划分。在这个例子,还可以用复合词"男女":"老年的男女"只能有一种结构,而"老年的男人,跟女人"(有停顿,又用上"跟")只能是另一种结构。

像"少年的$_1$ 研究生的$_2$ 导师"这样的词语,结构上的歧义也可以用停顿(毋宁说是快慢的变化)跟助词"的"来解决。如果"的$_1$"

以前说的慢，它是(1)“少年的(研究生的导师)”。如果“的$_2$”以前说的快，它是(2)“(少年的研究生)的导师”。更常用的办法(口头跟书面一样)是让小单位无标记，只用“的”标记大单位，如(1)“少年的研究生导师”，(2)“少年研究生的导师”。

修饰语移位。有时候由于复合词不能拆开或其他原因，一个修饰语会出现在一个似乎不合逻辑的位置上。如“再写写清楚”，“再”似乎修饰动词“写”而意思联系“清楚”。为什么采取这样的次序？因为“写清楚”或“写写清楚”是一个动补复合词，拒绝分开，因此“再”这个副词只好修饰这个复合词的整体了。如果是一个谓语性补语，它是容易跟主语分开的，所以我们可以说“我现在写的更清楚了”。又如：“大同乡”、“小同乡”，不说*“同大乡”、*“同小乡”。

5.3.4 主从短语和主从复合词。

如果两部分都是B，或者其中之一是B，结果当然是复合词。例如：

厨房、国际法 BB　　洋灰、月饼 BF　　大概、保险箱 FB

如果两部分都是F，而中心词是轻声，结果也是复合词。例如：

客·人　　大·人　　元宝·胡·同

剩下来的是两部分都是F而又没有轻声的那些。怎样分别短语和词呢？“好书”、“酸苹果”显然是形名短语。又如“油纸”、“城墙”、“汤勺ル”、“保险公司”。遇到这类组合，一般说汉语的人以及语法学家，他们的反应都是问是否意义专门化了。如果是专门化了，就是一个复合词；如果不是，就是一个短语。还有用译成外语来作决定的，理由不太充分。英语里能根据重音分布情况来决定是词还是短语，汉语无此便利。对付这类例子的最简单的办法是一概认为是复合词，不管它意义是否专门化，不管它译成外语是一个词还是几个词。

5.3.4.1 短语、复合词中并列修饰语的分配。

如果有一个修饰结构 X_1X_2Y，X_1X_2 是并列修饰语，我们可以问(1)能否有 X_1YX_2Y 的格式，(2)如果能够有，意思有没有出入。大体说来，如果 X_1，X_2，Y 都是自由形式，改变成 X_1YX_2Y 是可能的；如果 X_1X_2Y 是复合词，这种改变不可能。

他说了许多有意思跟没意思的话。⟶他说了许多有意思的话跟没意思的话。(意思无变化)

他有许多有时候好有时候吵的朋友。⟶他有许多有时候好的朋友跟有时候吵的朋友。(语法上仍然合法，但意思显然不一样了)

如果把第二个例子里的"许多"改成"一个"，那么那并列的修饰语就不能分配了，或者说分开来以后意思大变了[一个变成两个了]。

复合词一般从语法上说也不可能把修饰语拆开，如"寒暑表"、"华英词典"[⟶*"寒表暑表"、*"华词典英词典"]。

5.3.4.2 后置词(方位词)和趋向补语。

"墙上"等是主从复合词，"关上"等是动补复合词，第六章讨论。

5.3.5 修饰关系的意义。

(1) A 修饰 B，结果为逻辑乘积 AB，例如"女演员"。逻辑乘积应该可以交换，即 AB＝BA，但"女演员"⟶*"演员女"，只有短语形式可以这样交换，"女的演戏的"⟶"演戏的女的"。

(2) 修饰语表示来源、民族(国家)等等：

井水 泉水 吕宋烟 西洋参 中国人 广东银行

(3) 数量修饰物件：

一年 多半儿 少数 一个人 三件行李 许多东西

(4) 修饰语为指示词：

这些 哪边儿 那位先生

(5) 人称修饰人称：

君子人 我们(的)先生

(6) 人称修饰物件：

谁家？ 我们(的)学校 咱们的钱 我国 我军

(7) 整体修饰部分：

狗尾巴 人心 年底 月初 周末 人的身子 桌子的腿

(8) 性状修饰物件：

白果 臭虫 好人 大树 红衣裳 便宜的布

(9) 物质修饰物件：

粉笔 钢笔 火车 汽车 电机 烟灰 水汽

(10) 物件修饰容器：

水缸 酒杯(儿)

(11) 动作修饰对象：

熏鱼 烧饼 敬菜 写的字 炒的饭

(12) 用途修饰物件：

靠椅 炒锅 洗澡水 喝酒的杯子 我住的地方儿

(13) 动作修饰动作者：

来人 飞机 来的人 挨了一顿打的人

（14）**对象修饰动作者或工具：**

书贩子　牙刷儿　手套儿　螺丝起子

（15）**物件修饰处所：**

桌儿上　家里　陛下　桌子的底下

（16）**处所修饰物件：**

上房儿　下房儿　底下人　这儿的人　底下的人

（17）**物件—处所修饰物件：**

门外汉　梁上君子　报上的新闻　登在报上的新闻

（18）**事件修饰时间：**

雨前　饭后　下雨以前　写大字的时候儿

（19）**情态修饰性状或事件：**

还好　不要　大概会　一定来　也许行

（20）**方式修饰动作：**

这么做　怎么说　好好儿的走

（21）**程度修饰性状：**

这么好　多宽？　太小　非常奇怪　尽量的发展

上面这些分项既不能包举一切，也不是互相排斥[即，有交叉]。比方“水泥”、“主要的原因”，就说不好属于上边哪一项。

5.3.6 助词“的”。

5.3.6.1 助词“的”作为修饰关系的明确标记。

“的”字有突出修饰语的作用(陈琼瓒，《中国语文》40期；龙果夫§155ff)。这也可以视为隐含逻辑谓语的另一方式。前边在2.5.2节讲过，逻辑谓语可以用对比重音来表示。应用助词“的”可以收到同样的但是稍微弱一点的效果。

我要找一个空碗。——谓语是整个动词性词语。

我要找一个空的碗。——除语法谓语外还有一个次要的逻辑谓语含在“空的”中。

如果在“空”字上加上对比重音(两句都适用),那么逻辑谓语都在重音部分。名词性的修饰语同样,“铁箱子”跟“铁的箱子”有分别,“铁的”可以视为隐含的(名词性)逻辑谓语。

5.3.6.2 “的”的限制作用和描写作用。

可怜的孩子!饿了也没的吃!——“可怜的”作用在描写,不是用来区别于别的孩子。

如果有一个区别修饰语(D-M)和一个别的修饰语,次序决定它是限制性还是描写性。

(a) 那位戴眼镜儿的先生是谁?——“戴眼镜儿的”是描写性。

(b) 戴眼镜儿的那位先生是谁?——“戴眼镜儿的”是限制性。

如果在(a)的“戴眼镜儿的”上加上对比重音,它就变成限制性的,与(b)相同。

副词性修饰语也是这样。

(a) 来回的这样看。——“来回的”限制性。

(b) 这样来回的看。——“来回的”描写性。

加上对比重音的修饰语取得限制性:

(b′) ‖这样来回的看。 (b″) 这样‖来回的看。

区别词的次序还有一种比较不明显的效果是跟修饰语表示永久性特征还是暂时性特征有关。

那个爱说话的人。——“爱说话”是永久特征。

穿黑大衣的那个人。——“穿黑大衣”是暂时性特征。

区别词放在后边还有一种使风格生动的效果。

见了书就买的那个人。——比“那个见了书就买的人”生动。

5.3.6.3 “的”作为非词汇的短语的标记。

复合词多半有习惯意义或者叫词汇意义，而短语的意义多半可以从它的成分里综合出来。但是相反的情形也是有的，例如“三天”、“水里”、“刀把儿”是临时组成的复合词，除从它的成分综合出来的意义外没有别的意义，而“蓝青官话”这个短语却有专门意义。可是如果修饰语带上“的”这个标记，这样造成的短语多半是要从字面上来理解的。比较：

中国银行：中国的银行。　烙饼：烙的饼。　来人：来的人。

老玉米：老的玉米（～老的老玉米）。

小孩儿：小小孩儿（～小的小孩儿）。

当然，有些例子是有“的”没有“的”一个样儿的意思，只是有了“的”更明确一点罢了。例如：保险（的）公司、美国（的）银行。

5.3.6.4 零和“的”作为 IC 的标记。

一般说，零是较小的直接成分的标记，“的”是较大的直接成分的标记。

(1) 好　学生的宿舍。——好学生的|宿舍。

(2) 好的学生　宿舍。——好的|学生宿舍。

(3) 好　学生　宿舍。——两可，意义同(1)的可能性较大。

(4) 好的学生的宿舍。——两可。

5.3.6.5 带“的”的结构的类型。

分三大类：(1)中心为名词的名词性词语，(2)修饰语被“的”字名词化，后边没有中心名词，(3)副词性修饰语修饰中心形容词或动词。

（1）名词性词语。

（1.1）N 的 N→N.第一个 N 为代词：

我的书。 他们的东西。 谁的话？

第一个 N 为名词：

象的鼻子。 后门的钥匙。 人类的命运。

在第一个 N 为人称代词第二个 N 为表示人伦关系的名词的场合，“的”一般省去。

我父亲。 他先生教他作文儿，可是我的先生不。

如果从属部分是一个 D-M 复合词，其中 M 是个体量词或者其中的 D 是指示词，中间就不加“的”字。如“两条蛇”、“那磅肉”。一个数词和一个量词的时候，“的”可用可不用。“两磅（的）肉”。如果是一个临时量词，一般有“的”，但不是非有不可。“一地（的）水”、“一屋子（的）人”、“一身（的）汗”。

有一种等号性的或同位性的“的”。如：“pipapipa 的声音”，“‘坏’是‘不好’的意思”（＝“坏”的意思是“不好”）。

“是……的缘故（～原因，理由）”里的“的”也是同位性。

跟等号性的“的”有几分相似的是两个数量之间的“的”，它的作用等于“跟”或“加”。如：“二十的三十是五十”。

领属性“的”的一个特殊用法是表示一个人在某一事件中的作用。如：“这儿是我的东”（＝我做东），“昨儿请客是老张的大师傅，老李的二把刀”。

最后一种值得一提的特殊用法是我称之为“领格宾语”的用法。如“打他的岔儿”、“挑别人的眼儿”、“帮人的忙”（见5.4.6.6，又

6.5.7(4))。

(1.2) N的A→N. 这种格式用的少。

我的穷是人人知道的。

这种类型的“的”有一个有意思的例子是：

因为从那里面，看见了被压迫者的善良的灵魂，的辛酸，的挣扎；……（鲁迅《祝中俄文字之交》）

这当然不是平常说话，可是这个例子除了作为“的”使形容词、动词名词化的例子而外，还表现了鲁迅对于黏着语素“的”字努力取得自由的一种感觉——不但是后头自由（这已经实现了），并且前头也要自由（这据我所见，还是惟一的例子）。[比较文言“之”字，前后都不自由。]

(1.3) N的V→N. 这个格式在口语里也不常用。

他的说谎是个习惯。　你信他的不懂！　英语的学习。

(1.4) A的N→N. 这当然是一个非常能产的类型。

深的水。　淡青的布。　麻烦的事情。

形容词直接修饰名词有局限性，远不及中间加“的”的普通。

白纸：* 窄纸。　辛苦的工人：* 辛苦工人。

形容词已被副词修饰时，总是要有一个“的”。

很阔的人。　* 很阔人。

有一个看来似乎是例外的例子：“特别快车”，其实不是例外，因为这里的IC是“特别”加“快车”。

无论有“的”没有“的”，形容词照例不修饰代词。“可怜的我”、“一个无产无业无家可归的我”，书面上能见到，说话时听不到。

(1.5) V的N→N.

来的人。 回去的船。——N是V的主动者。

吃的东西。 穿脏了的衣裳。——N是V的对象。

下的雨。 开着的水。 经营的方法。——V跟N的关系比较笼统,没有明显的主动者或对象。

(1.6) V-O的N→N.

走道儿的人。 学工程的学生。——N是主动者。

刷牙的刷子。 扫地的笤帚。——[N是工具]。

学工程的资格。 买菜的钱。 打字的纸。

退烧的药。

(1.7) S-P的N→N.

我写的信。 他喝汤的勺儿。(已详2.12.4.)

(2) "的"的名词化作用。

名词化的"的"跟表从属的"的"功能不同。"X的Y"里边的"Y"省略之后,"X的"就取得了名词身份。但是一旦这个"的"取得名词化的功能,它就可以这样用,即使说不出后头省略了什么名词(见下边(2.2)到(2.7))。

(2.1) X的Y→X的。

这是我的书:书是我的。 这是喝的水:这水是喝的。

他是从中国来的人:他是从中国来的。

他是卖酒的人:他是卖酒的。

(2.2) V(-O)-的,表示经常性的行为者。

掌柜的。 要饭儿的。 打杂儿的。

跟古代汉语比较,(2.1)的"的"相当于"之",而(2.2)的"的"相当于"者",这是我们认为这是两个功能不同的语素的理由之一。

尽管可以在这种表行为者的“的”字后头加一个像“人”之类的字眼，可是有时候引起意义变动，从专门意义变成一般意义，如：

做饭的（＝厨子）：做饭的人。

（2.3）“的”表示结果或幅度。结果和幅度常常用“到”和“得”的混合体来表示，语音上弱化为“的”。

收音机闹的我听不见你说话了。　　你看你洒的！

头疼是发烧发的。　　他病了是想你想的。

一个人得近视眼多半儿是看书看的。

（2.4）“的”表示局面。有时候“的”字表示整个的局面，意思是“事情就是这样”、“就是这样的局面”。“的”字后边说不出该补出或是可以补出哪一个名词。

他是跟你开玩笑的。　　你不能走了就算完事的。

这个“的”是跟前边的整个小句结合的，因此严格说它是句末助词（8.5.5.）。

这个“的”的一个特殊用法是在“是”字后边来一个“的”字小句，然后跟上一个形容词做谓语。

我想是先说的（法子，办法……）好。

还是不理他的（法子，办法……）聪明。

（2.5）“的”字指出意思里的重点。　一个用“是……的”的句子常常把逻辑谓语甩到动词以外的部分去（见 2.5.1.节），作用相当于英语的“it is…that…”。

他是要去休息休息的。　　他是从日本来的。

（2.6）V-O 的→V 的 O.　北方话里有一种特殊的用法，就是对上面那个格式加以变化，把有宾语的句子里的宾语挪到“的”字后边去。

我昨儿去看戏了。——没有指示重点的"的"。

我是昨儿去看戏的。——用上指示重点的"的"。

我是昨儿去看的戏。——同上,但更常见。

这种格式有时候引起歧义:

他是去年生的小孩儿。 他是昨儿考的博士。

别的例子:

那房子是张先生画的图,王先生包的工,李先生出的钱。

那个电影儿是谁买的票。

(2.7) **的的——→的。** 正如两个"了"被挤压成一个"了"一样(4.4.5节),两个"的"碰头也只留下一个"的"。

这是谁的筐子?——是那个卖菜的[* 的]。

(3) **副词后缀"的"。**广州话分别"嘅"和"哋"。

(3.1) **重叠式副词后边。**

好好儿的做。 慢慢儿的走。

(3.2) **表周遍的重叠词后边。**

天天儿(的)发愁。 处处儿(的)找。

(3.3) **方式副词的后边。**

一句一句的解释。 一五一十的数。

(3.4) **类引语(quasi-quotations)。**

pia! 的一声。 乌都乌都的叫。

刷锅洗碗的,哪儿有空管那个?

(3.3)(3.4)两类都能在"的"字后边加上副词"那么"("这么"较少),或者用"那么"来代替"的"。

兹儿兹儿(的)那么叫。

(3.5) V+的→副。

不住的害病。 不停的哭。 消息不断的来。

这个格式里也可以加“那么”。

有些例子只在书面上看见(“的”写作“地”),口语里不说。如“用心地做”。口语里只说“用心做”,或者“用用心心的做”,或者“用心着做”。

5.3.7 修饰语移位。

有时候为了节律、习惯或其他原因,会把一个修饰语插入被修饰语的中间,好像只修饰其中的一个部分似的。

下半旗。 费大事。 吃长素。

5.3.8 连动式。 连动式里可以把第一个动词性词语看成是修饰第二个的。连动式内容丰富,详见5.5节。

5.4 动宾(V-O)结构

5.4.1 动宾结构的定义。(略)

5.4.2 动宾(V-O)结构的形式特征。

(1) 除了代词,宾语不读轻声。

“搌.布”是主从式结构,“布”是中心。“绑.腿”是外中心结构,“绑”和“腿”都不是中心。事实上,可以说“用绑腿绑腿”,第二个“绑腿”才是动宾结构。

代词做宾语照例读轻声,除非带对比重音。

请.你告送我们。 告送‖我们,别告送‖他们。

说宾语不读轻声,不等于说第二个成分不读轻声时准是动宾结构。“逃兵”、“弹簧”,第二字都不读轻声,但都是主从结构。

(2) 在 V 和 O 中间如果插进一个 de,就变成主从结构。

看报:看的报。 喜欢那个人:喜欢的那个人(两义)。

“认得字”是在“认字”中间加 de,可是这是另外一个 de,是动词后缀。

这是那小孩儿要认的字,那是他已经认得的字。

(3) V-O 结构一般能由于动词带上后缀而分开。V 和 O 都是自由的,当然没有问题。即使 V 和 O 二者或其中之一是黏着形式,也还是可以在动词之后插入后缀。如:

FB:拜寿:拜过寿;带孝:带着孝;鞠躬:鞠了躬就走。

BF(较少见):阅兵:阅着兵呐;译书:从来没译过书。

(4) V-O 结构能由于在宾语前边插进去区别修饰语而分开。

费了您的许多精神。 你得对他鞠三个躬。

5.4.3 自由的和黏着的动词和宾语。

动词或宾语如果是黏着的,只能照上边所说的样子分开。如果是自由的,那就在许多环境里都是自由的。

5.4.3.1 音节和自由。

在单音节之中,自由的动词和宾语跟黏着的动词和宾语,数目大致差不多,虽然以词汇频率而论,黏着的动词和宾语比自由的多。可是如果一个动词或宾语是多音节的,那就不但它本身差不多总是自由的,并且它的伙伴,无论单音节还是多音节,也就自由了。例如“兑现”是 BB,“兑(换)现款”是 FF,但是没有 *“兑换现”,因为“现”是 B,不能做双音动词“兑换”的宾语。同样,有“祭祖”

FB、"祭祖宗"、"祭祀祖宗"FF,没有*"祭祀祖"。[按这一节的意思实际是说:1+1,2+2,1+2都常见,2+1不常见,尤其是宾为B的时候。]

5.4.3.2 结合面窄的和惯用性的V-O.

在"嗑瓜子儿"这个短语里,"嗑"跟别的自由的动词相似,只是差不多总是限于以"瓜子儿"为宾语。同样,"沏茶"。可是结合面宽窄是一个程度问题,很多中间情况。例如"做梦","做"的结合面很宽,"梦"就只能做少数动词的宾语。"防贼","贼"的结合面宽,"防"就只能带少数宾语,如"防火"、"防水"、"防乱"、"防君子不防小人"等。"防着"较宽,可以跟任何S-P宾语:"不用防着半夜鬼来打门"。正如"记着"比"记"宽,"认得"比"认"宽。

惯用性V-O或者词汇性V-O跟结合面窄的V-O不是一回事,虽然正面相关。所说词汇性V-O,指的是整个结构的意义跟从它的两部分的意义综合出来的意义不一样。例如"认床"、"认生"、"破产"、"打字"、"挂账"、"挂失"、"敲竹杠"。

5.4.4 动宾结构的语法意义。

最常见的是动作和对象。例如"吃东西"、"打靶子"。但是很多例子里边的动作和对象关系不清楚,甚至明明相反。如"我流血了",如果说"流"是我的动作,那么"流血"是动作和对象的关系;如果说"流"是"血"的动作,那么"血"不是对象而是主动者。"刮风"、"下雨"是动宾结构,仅仅因为它们有这种结构的形式特点。

动宾结构的一个附带的语法意义是宾语表无定的事物而主语表有定的事物。比较"写完了信":"信写完了"。(已详2.4.3节)

动宾关系的各种分类。

(a) 致使:"跑马","来饭","去脏","红着脸","丰富词汇"。

(b) 工具:"我睡大床","他吃小碗"。

(c) 使或让某些事物出现或消失:"写字","生小孩儿","丢了东西"。

这种分类列举不尽,并且有交叉。

简单的 V-O 用于致使义。

我得修车了。(叫人修车)

5.4.5　按带宾语的情况给动词分类。

(1) 及物动词,带各种宾语。

喝茶。　喝西北风。

赶个早。　图个快活。　吃过香。(形做宾)

想……　知道……(带 S-P 宾语)

少数及物动词带处所词做宾语。

到了家。　在他那儿。

某些动词能带一个直接宾语,一个间接宾语:给,送,赏,罚。(见下 5.4.6(3))

带兼语式宾语的动词:叫,请,劝,催。

(2) 不及物动词和形容词只带自身宾语。(见 5.4.6(1))

笑一笑。　长三寸。

(3) 变化不完全的动词。

助动词:能,要,愿意,等。不能带动态后缀。只能带动词做宾语。"会水"的"会"应视为一般及物动词,"会"兼属两类。助动词是中心词(按照动宾结构定义),可以用 V-不-V 格式测验:

你要去不要/你要不要去?　答:要。(不答:* 去)

比较：还下不下啦？　　答：下/还下。(不答：* 还)

"有"是不完全变化动词，能带"了"，不能带"着"(除了在书面上)。"到"只能带"了"、"过"，不能带"着"。"在"一个后缀也不能带。

"是"也不能带动态后缀。针对别人说"你是谁谁的人"而说"我从来没是过谁的人"，这个"是"应视为类引语。

宾语省略。及物动词不因为不带宾语而变为不及物。

我看完了报了。　你要看吗？

5.4.6　特殊类型的宾语。

5.4.6.1　自身宾语。包括(a)动作的次数，(b)动作的延续时间，(c)动作的幅度，(d)行动的路程或目的地(后者较少)。

(a) 最常见的表**次数**的宾语是"回"、"次"、"番"、"趟"、"遍"。有些自身宾语是各别适用于一定的动词的。如：

打两下。　说一声。　看两眼。　睡一觉。　打一拳。

踢一脚。　拍一巴掌。　咬一口。　来两手儿。　吃三顿。

骂一顿。

也可以重复动词。数目一般是"一"，很少是比一多。

看一看。　讲一讲。　跳三跳。

"下"在普通话里只用在"打"这一类动词后边，但在方言里常用来代替动词重复。广州："睇吓"＝"看一下儿"，"试吓"＝"试一下儿"。

(b) 表示**时间长短**的自身宾语。

住了三年。　等了半天。　坐一会儿。　走了一个钟头。

"他走了(有)一个钟头了"有两个意思：(1)已经在路上走了一个钟头，(2)他走了之后已经有一个钟头。第二个意思应该这样分析："他走了"是S-P主语，"一个钟头"是谓语，不是宾语。

至于这一段时间是应该理解为连续的还是断断续续的，汉语跟英语一样都是可以两解的。“他在拿娑歇了六年的暑假了”，一个“暑”字决定了这个假期不会是连着六个整年。

(c) **幅度或数量。**

长了三寸。　　慢了一步。

大十倍。　　大不了多少。　　只大了一点儿。

(d) 行动的**路程或目的地。**

走路。　走道儿。　走江湖。　跑街。　走粤汉铁路。

飞太平洋。　开上海。

当(a)(b)(c)三种宾语弱化成轻声(一般省说“一”)的时候，它就失去宾语的身份，变成一个后缀，使动词带有尝试的意思，形容词成为比较级。(参见4.2.3(5))

等等儿。　　坐坐儿。　　看看。

坐(一)会儿。　　呆会儿来。　　大(一)点儿。

(1.1) 自身宾语和幅度补语。

“宽三尺”可以有两种意思：(1)超过应有或要求的宽度有三尺，(2)宽度是三尺。这个歧义有办法解决：对(1)加“了”，对(2)加“到”：“过重了五磅”，“高到六尺”，后者是动补结构。上下文清楚的时候，用不着加“了”或“到”。

(1.2) 自身宾语和目的宾语。如果除了自身宾语以外，还有一个表示动作目的的宾语，那么当目的宾语为一个代名词时，它通常在自身宾语之前，例如“看过他三次”，而当目的宾语为一个名词时，它通常在自身宾语之后，例如“看过三次戏”。

5.4.6.2　助动词的宾语。助动词的宾语必然是动词性的，但是不限于哪种动词。及物动词:"肯说"。不及物动词:"要休息"。形容词:"会胖"。另一助动词:"会肯"、"应该敢"。

有的动词既能带名词性的宾语,又能带动词性的宾语,它们就既属于一般动词又属于助动词。例如"喜欢电影儿:喜欢看电影儿"。"怕鬼:怕做事"。

5.4.6.3 间接宾语和别的多重宾语。

间接宾语指人,直接宾语指物。次序是间接宾语在前,直接宾语在后。吴语和广州话里的次序恰好相反。《三个母亲》电影里有一句话:"谢谢奶奶给粥我吃!"观众里边就有人说:"上海话"。

"送一份儿礼给他","卖一本儿书给我",这不跟上面说的规则冲突。这里不是一个动词两个宾语,而是两个动词各带一个宾语。

可是当"给"字在语音上附属于前边的动词的时候,那就是另一回事了。这个时候跟单纯动词一样,后边是先间接宾语后直接宾语,"送给他一份儿礼"。一般说,"送"、"给"等动词或者(a)必带"给",或者(b)可带"给",(c)"拿"、"要"、"叫"等动词不带"给",(d)别的动词带或者不带"给"按照动作是向着间接宾语还是离开间接宾语。下面的例子多数引自:胡竹安:《动词后的"给"的词性和双宾语问题》(《中国语文》95期(1960))。参看向若:《关于"给"的词性》(同上92期,1960),杨欣安《说"给"》(同上)。

(a) 带间接宾语时必须带"给"的动词:

传 交 递 许 寄 卖 输

(b) 带间接宾语时可带可不带"给"的动词:

送 教 赏 托(付) 告送 还

注意:凡是带"给"的动词都可以把 $V\text{-}O_1\text{-}O_2$ 的格式改变成 V-

O_1 给-O_2 的格式："许给他一个女儿"——→"许一个女儿给他"。但是"教给"不行："教一课书给他"听起来只能理解为"交一课书给他"。

(c) 带间接宾语时从来不带"给"的动词：

请教　(麻)烦　吃　喝　抽　收　用　赚　赢

抢　偷　占　罚　骗

这些动词有时候可以在间接宾语后边加一个"的"，使它成为直接宾语的修饰语。"他骗了我许多钱"——→"他骗了我的许多钱"。

"叫"类动词：

叫　骂　当　封

骂他坏蛋。　　当他好人。

"给"字本身不能带"给"，但是可以变连动式："给钱给他"。

(d) 用不用"给"跟动作方向有关的动词：

拿　租　借　分

借了我三块钱：借给了我三块钱。

分我一点儿责任：分给我一点儿责任。

可是文言里"分"的动作的方向有时跟现代用法相反："幸分我一杯羹"(《史记》)。

5.4.6.4　动宾结构的对象。一个动宾结构所表示的动作自然也可以对别的东西产生影响，这种影响可以用各种语法形式表达出来。

开刀：给病人开刀。

革职：革他的职。

得罪：得罪了人应该赔不是。

注意：得注意你自己的身体。

保险:给他保险;保他的险。

打字:给那篇文章打字。

如果表对象的字眼是处于主语位置,可以就拿动宾结构做谓语,无须特别表示动作和对象的关系。

这信还没打字呐。(比较:还没写呐。)

车应该保险。 我好久没理发了。 这个合同还没签字。

5.4.6.5 假宾语。表示动作结果的形容词性词语常常以补语形式出现,如"说明"。可是有时候把它当做名词性词语处理,给加上个"一个"或"个",如:"说个明白"。甚至还加上一个傀儡性的间接宾语"他",如"我要喝他个痛快"。

5.4.6.6 领格宾语和别种特殊的宾语修饰语。

(a) 领格宾语。宾语的语法上的修饰语有时候在语义上并不修饰宾语,而是代表一个别的什么。当一个表面上的领属性修饰语实际上代表动作的对象的时候,我管它叫"领格宾语"。例如:

别开他的玩笑! 打他的岔。 借您的光。 赌我的气。

捣他的乱。 帮我的忙。 多他的心。

这种格式有时候可以改造成连动式,如"别跟他开玩笑"。但不是都能这样改变,例如:

拆我的台。坍我的台。我不是不见情,我很见他的情啊!

说他的闲话(~坏话)。捣他的鬼。告他的状。

(b) "什么"作为宾语的修饰语。是一种修辞性的用法,用意是驳斥那句话。

你连字都不认得,还买什么书呐?

这跟口语里的"‖什么书?!"近似而又有所不同,这里的"什么"虽然在句法上是修饰宾语,意思是针对整个结构“买书”。

在不及物动词句,这样的“什么”是宾语,不是修饰另外一个宾语。如:

那还去什么呐?(那还去个什么劲儿呐?)

(c) **别的特殊的宾语修饰语。**

骂了几个钟头的人。(仿造“说了半天的话”。)

拔了两块钱的草。戒了五年的酒。得请几十块钱的客。

所有这些表数量的宾语修饰语实际上都是修饰整个动宾结构。

(d) 最后,**领格修饰语有一种特殊用法**,如:

戴上你那破帽子,快点儿滚你的蛋!

这里的“你那”不像一般领格修饰语那样起区别作用,一般是用不着的,如“他戴了帽子就上路了”。这里的领格修饰语是修辞性的。

5.4.7 “主语倒装”和“宾语倒装”。

5.4.7.1 “主语倒装”。我们在2.3.2节讲过追补性的后置主语:“好听极了,这个音乐!”另一种结构常被人认为主语倒装的是:“下雨了”、“来了三只大狗”之类。拿我们的动宾结构的定义来衡量,这种结构都符合这个定义,因此必得分析为动宾结构,哪怕宾语是主动者也罢。

有时候弄不清动词的动作的方向,如“开船了”,可以是船自己开,也可以是船工开船。与其追究那常常弄不清楚的方向问题,惟一不闹矛盾的办法是问它是否合乎动宾结构的形式。

下过三天的大雨。　　他从小儿就死了父亲。

正如Mullie曾经指出来过的那样,这种动词还能采用“把”字式,这是典型的及物动词才会有的。例如:

他把个娘们儿死了。

5.4.7.2 “宾语倒装”。这里只讲几个特殊的类型。看这几个例子：

(a) 这个人不讲理。

(b) 这个人一点道理都不讲。

(c) 这个人什么东西都不吃。

(d) 这种东西谁都不吃。

(a)是平常的直截了当的 S-V-O 次序。

(b)(c)(d)里边有疑问-无定代词和“都”(或“也”),表示“任何”,这是照例要放在动词前边的。一般认为(b)和(c)是 S-O-V,(d)是 O-S-V,我们的办法是一概认为是直截了当的结构,把“倒装的宾语”认为是主语,在(b)和(c)里边是 S-P 谓语里的小主语,在(d)里是全句的大主语,谓语里的小主语是“谁”。至于动作的方向则包含在这些字眼的性质里。

有时候真还能有歧义,例如:这个人谁都不认得。这可以分别改为“这个人,他谁都不认得”和“这个人谁都不认得他”,就消除了歧义。

5.5 连动式(V-V)

5.5.1 连动式和别种句法结构。

(1) 并列结构。连动式是介乎并列结构和主从结构之间的一种结构,但更接近后者。并列结构的内部次序可以逆转,连动式虽然也可以逆转,但是往往意思变了。例如“他天天写信会客”,改成

“他天天会客写信”，意思不变。但是“等一会儿去”跟“去等一会儿”就完全是两回事了。连动式类似并列结构在于能逆转而仍然合乎语法，但是跟并列结构不同在于逆转之后极可能改变意思。

(2) 主从结构。连动式类似主从结构在于第二部分大体上跟整个结构的功能相同，因而是中心，而第一部分是修饰它的(翻译成外语往往是一个介词短语)。“拿笔写字”，“在屋里睡觉”。但连动式不在第一部分之后加“的”，在这一点上不同于一般的副词性词语。

(3) 动补结构。动补结构的中心在前一部分，连动式的中心在后一部分。“在扬州住家”，“住家”是中心。“住在扬州”，“住”是中心，“在扬州”是结果补语。又如“给他送信”和“送信给他”，前者是连动式，后者是动补结构。

一个动词又有宾语又有补语的时候，常常重复动词，造成连动式，特别是如果动宾之中有黏着部分或者是一个惯用语，说话的人不愿意把它分开。例如“做寿做完了”。

(4) 兼语式。兼语式是第一个动词的宾语兼做第二个动词的主语，连动式则两个动词同属一个主语。兼语式的第一个动词限于可以列举的少数动词，连动式的第一个动词是不能列举的。

这里也跟别的地方一样，有个别例子有歧义，如“我要找一个人谈话”，如果是“……跟我谈话”的意思，这是兼语式，如果是“……跟他谈话”的意思，还有两种可能：(a)如果“他”＝“人”，这是连动式，(b)如果“他”是另外一个人，又是一个兼语式。[按：“找一个人谈话”里边并没有“他”字，只是暗含着一个“他”，这个“他”只能指那“一个人”，不能指另外一个人，因此这句话只可能有(a)

的意思,不可能有(b)的意思。]

(5) S-P 主语。$S+V_1-V_2$ 跟 $S\text{-}V_1$ 做主语 V_2 做谓语不同。前者如有停顿或助词,只能在 S 之后(直接成分分界),如"他(呀,)开车走了"。后者则如有停顿或助词,出现在 V_1 之后,如"他开车(呀,)是一件怪事"。

有歧义的例子:"他跟你很好":(a)连动式,(b)"跟"="跟随",S-P 主语,(c)"跟"="和",复合主语。

"连动式"还是"连谓式"? 这是王福庭的一篇文章的题目(《中国语文》96 期,97 期)。他认为应该叫做连谓式,因为其中可能有一个部分不是动词性词语,如"我一只手打不过你"(我[只有/只用]一只手),"我肚子疼不出去了"("肚子疼"主谓)。这些例子不但是比较少,并且可以作别种分析,如第一例可以分析为 S-P 做谓语。这两个例子都是不作为连动式而作为并列结构较好,因为中间可以停顿,前后可以逆转。停顿:"我一只手,打不过你","我肚子疼,不出去了"。逆转:"我打不过你,一只手嘿","我不出去了,肚子疼"。但是我不赞成"连谓式"这种分析的主要理由还另有所在:因为不是两个谓语。例如前边有助动词的时候,助动词管两部分,不仅仅管第一部分,如"得脱了鞋进去"。如果说"得"只管"脱了鞋",进去与否不管,那么"不能光着头出去","不能"是管整个儿的,因为既没有说"不能光着头",也没有说"不能出去"。又如"脱了鞋进去才行","光着头出去会引起伤风",里边的连动式是主语,不是谓语。

5.5.2 连动式的形式上的各种模式。

(1) 链条式。

写信给他拜年。

告假坐飞机回国省亲。

IC的问题：例一可分析为 $V_1 + V_2V_3$，例二可分析为：$V_1 + (V_2V_3 + V_4)$。

(2) **动词的宾语。**第一个动词在大多数例子里带宾语，第二个动词带或不带的相对频率跟其他场合的动词相同。

拿着扇子跳了一个舞。 打开窗户说亮话。

——两个动词都带宾语。

拿着绳子跳。打开窗户呼吸。——第二个动词不带宾语。

去做事。 坐着看报。——第一个动词不带宾语。

来玩儿。 哭着出去了。——两个动词都不带宾语。

第一个动词不带宾语时，多半是"来"、"去"这一类；如果是别的动词，一定带动态语尾（如"哭着"、"坐着"）或补语（如"睡完了起来"）。

两个单音动词接连，即使都是F，也不构成连动式，而构成复合词，如"说笑"、"出去"、"走动"。

(3) **第一个动词之后省略宾语。**上面例子里第一个动词不带宾语是根本没有宾语可带。可是有一些典型的第一位置动词，宾语有时候出现有时候省略，不影响意义。(a)把，(b)被，(c)给，(d)照，(e)在，(f)以，(g)为，(h)因，(i)从，(j)将。

(a) 把：我告送他别把玩意弄坏了，他偏把（它）弄坏了。没有"它"字时，"把"字突出一种猛劲儿。

(b) 被：我被（他）骗了。在"我被骗了"里边，"被"是一个资格不全的动词，因为不能（问）*"哦？你被了？"（答：）*"被了"。跟

“被”字意思差不多的“挨”和“受”就不限于做第一位置动词。

(c) 给:“给”字可以单独用,如“给了钱了”。作为第一动词,带或不带宾语,“给”有三种意思:(i)同“把”,动作方向朝外,(ii)同“被”,动作方向朝里,(iii)对宾语有益或有损,像德语的第三格。

(i) 信写完了,请你给(～把)(它)抄了寄走吧。

这裂缝儿不要紧,我给(～把)(它)补起来就好了。

(ii) 你眼睛怎么了?——给(～被)(人)打了一拳头。

我那枝钢笔给(～被)孩子们玩儿了好久,后来给(～被)(他们)玩儿丢了。

(iii) 我不懂外国话,请你给(我)翻译。

这是他顶好的杯子,别给(他)打破了。

有时候一句之中既有“把”、“被”又有“给”(iii):

别把杯子给(我)打破了。 房子被火给烧了。

有可能一句之中出现三个“给”:(a)给予,(b)把或被,(c)有益或有损于某人。

这东西我叫他别给人,东西哪去了?——他给他给给了。

“给他给给了”可有两种分析:(i)他把它给我给了,(ii)它被他给我给了。

在用“给”(iii)的地方,南方官话常用“替”。代替的意思,南北官话都用“替”,这里说的是北方用“给”的句子。

我得罪了他,你也不肯替我解释解释。

这东西很不结实,不要替我搞坏了。

(d) 照:照着这个法子办。照我的意见不行。

省略宾语:照办。照抄。照准。

(e) 在:他在家里歇着呐。

“在”后边的宾语可以省略的只有一个“那儿”:他在(那儿)吃着饭呐。省“那儿”的形式原先只在南方官话里有,现在传到北方,但是还不及用“在那儿”(常说成 zār)常见。

(f) 以:这是可以省略宾语的五个文言动词之一,下面我们引这五个动词跟上面的例子比较。遂以告之。

(g) 为:为我一询。——→祈为一询。

现代汉语里还用“为”,但是宾语不能省:别为我麻烦。

(h) 因:因是恶之。——→因恶之。

(i) 从:又从而杀之。

现代:我从不做这种事(从←——从来)。除此以外,“从”后边的宾语不能省。

(j) 将:将以衅钟。

这个“将”是“拿”、“用”的意思,后来转为“将要”的意思了。

(4) 介词和副动词 (coverb)。

动词作连动式中第一动词的频率大小是不一样的。(a)大多数及物动词只是间或做第一动词。(b)有可以列举的一些动词,做第一动词的次数至少是和在别的位置上差不多,因而被称为副动词或介词(用做第一动词时译成外语是介词)。例如:“从”、“在”、“朝”。但是这些动词也都可以单独用。

你得从这儿:你得从这儿走。

他在外国:他在外国念书。

这屋子朝东:朝东走。

(c) 很少动词是只做连动式的第一动词因而可以算是地道的

介词的。连文言的"于"字在近代文言中已经不能做主要动词,可是在现代书面语还能单用,例如在书的序言末了写上"于某地"(传统的格式是"序于某地")。

5.5.3 连动式的意义。就第一动词说:

(1) **时间在前。**

进去买了票。　　坐火车上北京。

(2) **什么时候。**

在年轻的时候儿做过这事。　　从一大早就不舒服了。

到下午再谈罢。

注意:时间长短不用动词性词语表示而用名词性词语表示,或者做主语,或者(更多的情况)做宾语。

三个月没下雨了。　我昨儿晚上只睡了四个钟头。

到什么时间,用"到"字起头的补语来表示:"说到天亮"。

(3) **什么地方。**用法跟表时间的平行。

在北京生长。 在黑板上写字。 在字典里找不着这个字。

从中国来。 打这儿走。 离他太远。 望西走。 向前走。

对他说话。 对(着)敌人放枪。

"对"的引申用法:对他道歉(～道谢,解释)。

跟时间长短一样,距离大小也是用名词性词语表示。

跑了一百码。　长了三寸。　长ᵛ了三寸。

跟"到什么时间"一样,"到什么地方"用"到"字起头的补语来表示:"回到家里"。

同一动词性词语可以构成连动式或者构成补语。

在水里扔球:把球扔在水里。

在北京住：住在北京。

注意：在补语里“在”是可轻声。主要动词不带宾语的时候，“在”字也可以说成·de（“在”和“到”混合的结果）：“坐得地下”，但是不能说“得地下坐”。

（4）受益。

给他补衣裳。　　给我滚！

替（～给）我说几句好话。

那么我冲着你父亲的面子就算了吧。（“冲”也可表处所。）

（5）目的、理由和/或原因。多用“为”字。“为”字间或也做主要动词，如“你为的是什么呐？”“什么也不为，谁也不为，就为了你。”更常见的是做连动式第一动词。

为了钱做坏事。　为着害怕没去。　为嘴伤身。　为什么来？

（6）达到目的的手段。

倒碗茶喝。　借点儿钱用。　打水洗澡。　跳绳子玩儿。

开会讨论。

有时候在中间插一个“来”或“去”（较少），造成链条式连动式。

打水。去洗澡。　　倒。碗茶。来。喝。

这种“来”、“去”是可轻声，实际上已是助词，像英语里不定式动词前边的 to。

（7）方式。

拿筷子吃。　张（着）嘴大笑。　骑着马找马。

随手一翻。　趁早走。

这种表方式的动词性词语有时候变成复合词，后边可以带上助词“的”。如：

用心(的)做。 使劲(的)拉。 赶快(的)买。

第一动词带“着”,有时候后边可以有复指性的副词“那么”或“这么”。

瞪着眼睛(那么)看。 跟着我(这么)走。

动宾结构,不论其中成分是否自由,都是可以离子化的。但是除极个别例外,都不能有 AABB 式重叠。有“用用心心的做”,但无*“留留心心的……”。

(8) 比较。

动词“比”用做第二动词:“这个不能跟那个比”。

用做第一动词,就跟英语的 than 相当。

你比他高。 他写的信一回比一回长。

他们一个比一个嚷的响。

作为第一动词,“比”不能带动态助词,不能单独做答语。

(9) 一般联系。我们前边(5.2.2(4))已经说过,所谓并列连词“跟”、“和”、“同”(方言)、“与”、“及”(文言)等本来是连动式里的第一动词,用它们做完全对称的并列式的标记是比较后起的用法。例如“他跟我做朋友”,好像是并列式,但是从“他不跟我做朋友”和“他呀,不跟我做朋友”这样的格式看,“跟”字两头不对称就是显而易见了。又如“水跟火不一样”,可以接着说“可是跟酒有点儿像”,就不像 and 而像 with 了。其他表一般联系的例子:

跟他商量。 跟他翻脸。 跟他(要)好。 跟他打架。

跟他订婚(～结婚,离婚)。 跟他不对。 跟他过不去。

(10) 动作加在动作上。动作加在动作上可以用各种格式表示,如:“禁止抽烟”(动宾),“叫他快走”(兼语),等等。这里讲的是用连动式表示第一动作加在第二动作上。

起头儿做事。 开始工作。 发咒不去。 接着说下去。

5.5.4 前及物动词结构。连动式的一个特殊形式是第一动词是一个前及物动词，它的宾语一般是第二动词的受动者。因此，这个宾语常常被认为是宾语倒装在前。例如："别把钥匙忘了！"一般动宾式是"别忘了钥匙"。

5.5.4.1 前及物动词的各种形式。除"把"以外还有"将"(文言，广州)、"管"(用于第二动词"叫"之前)。还有方言用"叫"："叫他叫爸爸。"

5.5.4.2 第一宾语所指有定。前边(2.4.3.)谈句子的时候说过，句子的前一部分往往指有定的事物，后一部分往往指无定的事物。特别是，主语跟前及物动词的宾语所指有定，一般动宾结构里的宾语所指无定，除非用上表示有定的指示词"这个"、"那个"。

要注意的是有些句子里前及物动词的宾语前边有"一个"或"个"，如"他把个皮包丢了"，"她把个丈夫死了，可是不久又嫁了个丈夫"。这里，由前及物动词引起的前进的位置压倒了"一个"的影响，决定这里所指事物是有定的，正如吕叔湘在他论文里所说(《汉语语法论文集》129－130)。

5.5.4.3 第二动词的意义。作为前及物动词，"把"字的本义已经不剩什么了。例如"把那首诗全忘了"，"把一身的筋肉全放松下来"，第二动词几乎是"把"字的反义词。

王力把这种格式称为处置式，说是第二动词都含有处置的意味。但是除非用最广泛的意义来理解"处置"，否则是不能包括的。诚然，"是"、"有"、"像"、"在"、"来"、"去"、"进"、"出"、"回"、"到"等一般不带前及物动词。但是也还有例外:"他把这儿的学校都进过了,一个学校也没毕业","把椅子坐塌了","把路走错了","把地方跑熟了","把腿站累了"。

前及物动词的宾语一般是第二动词的动作对象,但是有许多例子里它是动作的主动者,如"把个贼跑了","把他急死了","把我忙的手忙脚乱","他把个父亲死了"。

5.5.4.4　第二动词的形式。

(1) 单音节还是多音节? 单音节只见于戏词之类,如"爹爹在家把儿训"。

(2) 带后缀或补语。 最低限度的附加物是动态后缀。

把东西捧着。　　把房子烧了。

带补语的例子:

把门关上。　把事情讲明白了。　把我气的眼睛直发火。

补语一般联系"把"字的宾语。但有时联系整个结构的主语。

你把饭煮烂了。(饭烂)　　你把饭吃饱了。(你饱)

注意:第二动词连同补语可以拿第一宾语做它的宾语(不用前及物动词时),但是光是第二个动词往往不能。

嚷哑了嗓子＝把嗓子嚷哑了。(*嚷嗓子)

同样,"把手绢哭湿了","把眼睛看累了","把地板跳穿了"。

结果补语一般带后缀"了",而前及物动词把动补结构推到句子的末了,因此往往使后缀"了"和句尾助词"了"合而为一。

你得把条件说清楚了。(后缀"了")

我把条件说清楚了。(后缀"了"+助词"了")

"你把条件说清楚了"是有歧义的:(1)"了"只是后缀"了",这个句子是个命令句，(2)后缀“了”和助词“了”合而为一，这个句子是个陈述句。

(3) 副词加动词。 *“把酒喝”不行，“把酒不停的喝”就行。同样，“别把东西乱扔”。

连动式的第一动词从属于第二动词，是副词性的修饰语，因此在前及物动词之后可以是一个连动式。

别把字纸到处扔。　　把宝玉的袄儿往自己身上拉。

(4) 多音节动词。 虽然不多见，还是有的。

你得先把情形调查，再把问题分析，然后才能把计划进行。[?]

指示代动词“这么”、“那么”跟疑问代动词“怎么”可以在前及物动词之后做第二动词，无须添什么东西。

把你这么，你也不喜欢，把你那么，你也不喜欢，那么你要我把你怎么呐？[似皆以加“着”为顺。]

(5) 第二动词带宾语。

(a) 自身宾语。

把衣裳烫一烫！　　把衣裳烫烫！

把眼睛一翻。　　把全文读了一遍。

得把这摞纸压着点儿。

把袖子放三寸。　把水煮了好半天。

(b) 间接宾语。

把事情都告送了他。

(c) 动宾复合词和惯用语。

把他免职。　把这棵树轧了肥。

5.6 动补(V-R)结构

5.6.1 自由的补语和黏着的补语。 典型的补语是(1)自由的,谓语性的补语,如“他走的很慢”,和(2)黏着的动补复合词,如“我吃饱了”。后者留在第六章里细讲,这儿要讲的是谓语性的补语和某些黏着的短语补语。在讨论之前先讲讲补语和宾语的分别。

5.6.2 补语和宾语。有一类特殊的宾语曾被认为补语(例如黎锦熙:《国语文法》),就是等号性动词之后的和兼语式里边的。

那是我。 他像我。

称他为先生。 娶她为妻。 举他当会长。

我们认为这些宾语跟别的宾语没有什么两样。

5.6.3 黏着的短语补语。这是介乎自由的补语和黏着的补语之间的一种类型。

第一动词没有宾语而第二动词为“在”或“到”的时候,“在”或“到”一般是轻声,这样就成为第一动词的后附(enclitic),中间不能停顿,不能插入别的词。第二动词“在”或“到”的后边的宾语只能是时间词和处所词。第二动词是“成”或“给”的时候,是可轻声。宾语不受限制。

睡在床上。 坐在地下。 好就好在这个上。

走到张家。 说到天亮。

切成三块。 变成一个鬼。

寄给他一封信。 借给他许多钱。

注意:“V在”、“V到”都是后头不自由的。它们后边必须有表示时地的宾语，跟“出去”、“掉下去”等趋向性动补复合词不一样。所以，这里的结构是：一个动词加上一个动宾短语，后者由于第二动词的（语音上的）附属地位黏着于前边的动词。比较：

(a) 在床·上睡。（连动式短语）

(b) 睡·在床·上。（黏着的动补短语）

5.6.3.1 “得”作为“在”和“到”的混合物。在口语里，“得”de比“在”或“到”都更多。上面举的“在”或“到”的例子大多数可以说成“得”。

别就那么坐得那儿！　　他搬得哪儿去了？

龙果夫把这个“得”认为是“的”，这样分析：“睡的”是主语，“地下”是谓语。我不同意。理由有二。(1)中间不能停顿或用助词。(2)比较方言[用的字跟“的”不相当]：

（苏）该格人坐喇枱子郎。　（广）呢个人坐喺枱处。

5.6.3.2 用。dào或·de表幅度(extent)。

说到咀干。　累到走不动了。

。dào或·de后边可以有各种结构。

吵得人家睡不着。（主谓）　　慢得急人。（动宾）

冷得要命。（动宾）　　好得不得了。（动宾）

远得看不见了。（动补）

气得又要哭又要笑。（并列动词语）

一种特殊形式：得慌。来源是一种主谓形式：

你老叫，叫得我心慌。

碗底儿烫得手心儿慌啊！（儿歌）

这里的“慌”非轻声。由此变成“得慌”（轻声：·de·huang或

·deheng):

闹得慌。 挤得慌。(用于不愉快或强烈的感觉。)

5.6.4 谓语性补语。

他唱的好听。 我昨儿晚上睡的不舒服。

这个·de(的)跟“在、到”混合的·de以及“到”弱化的·de都不同。跟表示可能的中缀·de(得)也不同。

站 de 高。	“的”
站 de 这儿。	←—“在”“到”混
站 de 腿酸了。	←—“到”
看 de 见。	“得”

谓语性补语的形式特征。

(1)“的”后可有停顿或停顿助词。

他唱吖,好听。 他唱的嘍,——太响。

只有两个地方是谓语性补语之前不能有停顿的:

(a) 补语是“多”:好的多。 好的多的多。

(b) 补语是“很”:好的很。

(2) 补语前边可以加副词。

我唱的不大好听。 他写的又快又清楚。

(3) V-不-V式问话从补语开始,不从动词开始。

你走的快不快?

比较可能性补语:你走得快走不快?

5.6.4.1 有谓语性补语的句子的直接成分分析。

“你唱的好听”,照中国人的语感,不是“你唱的+好听”,而是“你+唱的好听”。停顿:“你啊,唱的好听”。

怎么分析好？李方桂给我的信里主张分析为：$S_1 + S_2P$.（主谓做谓）这种分析对于大多数例子都适用，但是有时候是另一种分析合适，如：

（A 说：）我买的这书很贵。（B 说：）ê！我买的便宜喽！

但是在下边的例子里，在“我”后边切分合适：

我买书总是买的太贵；怎么你总是买的那么便宜？

还有一个问题：

（1）你摆歪了！　　　　　（结果补语）

（2）我摆不正喽！　　　　（可能补语）

（3）那么他怎么摆得正呐？　（可能补语）

（4）那么他怎么摆的正呐？　（谓语性补语，主谓做主）

（3）（4）完全同音，都可以作为对（2）的回答。这里的问题是：前三句的 IC 是“你/我/他 + 摆……”，如果把（4）分析为“他摆的 + 正”，岂不是把这四句的平行模式给破坏了？我说：“那又怎么样？”意思平行，表现的形式不平行，又有什么不可以的？［按：这样分析的困难不在于跟那三句平行不平行，在于有一个“怎么”，“怎么”修饰“摆的正”，不是光修饰“摆”。］

第六章 复合词

6.1 复合词的性质和分类

6.1.1 广义的和狭义的复合词。由两个或更多的词结合成一个词叫复合词。例如“好”和“看”合成“好看”,“买”和“卖”合成“买卖”。但是我们不要求复合词的成分都是词,我们采取广义,包括成分之中有黏着语素的词,只要其中没有语缀。例如“尺寸”(“尺”和“寸”都是黏着语素)是复合词,“桌子”、“站着”不是复合词。

6.1.2 复合词和短语。我们在第三章里讨论了决定什么形式是词的各种标准,总结为第六、第七两个表。第七表的 12,13,14 栏列举复合词的例子。在这一章里我们将考察一下复合词可以从哪几个角度分类,然后按结构分类详细举例说明。

6.1.3 多种分类。有好几种分类原则,互不相关,因而分类交叉。

例如从自由与否跟结合面宽窄这两个角度来看，有的复合词的成分是自由并且结合宽的，有的是自由而结合窄的，有的是黏着而结合宽的，有的是黏着并且结合窄的。要把构成复合词的各种因素的可能组合一一列举是难办的，也不一定都有用，所以我们只是分别说明各个角度，然后就其中最重要的一种，即结构的角度来分类，详细举例讨论，而其他角度则仅在有特殊关涉的时候才谈到。我们要谈的分类角度有八：

(a) **轻重音。** 按相对重音的规则(1.3.6 节)说，一个复合词的主要重音落在最后一个非轻声的音节上。例如：

ˈ进·士　ˌ博ˈ士　ˈ屋·里　ˌ城ˈ外

在这一点上，复合词跟短语没有分别。一个短语可能末了一个音节是轻声(代词，助词)，如果不是轻声，重音就落在这个音节上。例如：

ˈ看·他·们　　ˌ看ˈ信

(b) **成分自由与否。**

FF：火车　铁路　小心　火烧

FB：飞机　打仗　长虫　工友

BF：柿饼　媒人　房客　承认

BB：校友　委员　驱逐　国际法

有一个成分是黏着的，当然整个结构不能是短语。但是两个成分都是自由的时候，结果可能是短语，也可能是复合词，看各种条件。有下列条件之一，是复合词：

(1) 有一个成分是轻声：煎·饼　挑·剔

(2) 不能扩展，或者扩展后意义有实质性改变：橡皮(≠橡的皮)。动补复合词加“得、不”后仍算复合词。

(3) 整个结构是外中心的:填房(不是一种房) 笑话(动词)

以上所说没有包括FF复合词所有各种情况,下面分类说明时还要谈到。

(c) **成分的结合面宽窄。**这跟自由和黏着不是一回事,但是有关连。下面举例注明F或B,指的是在进入这个复合词的时候是F还是B;例如“空”本是F,但是在“空运”中它是“航空”的简称,因而是黏着的。

宽宽:空运BF 有意FB 半天BF 牛肉FF

宽窄:酒曲FF 考虑FB 空袭BB 特殊BB

窄宽:蠹鱼BF 矫情BB 怠工BF 恶心BF

窄窄:遭遇BB 奉承BB 鞠躬BB 继续BB(“续”在续水义是F)

(d) **意义是综合的还是词汇的。**总的说,多数短语的意义是综合的,如“有衣裳”、“一杯茶”。只有少数短语(当然,绝对数目还是很大的)的意义是词汇的,即惯用语,例如“有意思”、“半瓶醋”。反之,多数复合词的意义是词汇的,如“大衣”、“光阴”。只有那些由特殊种类的语素构成的复合词的意义才是综合的,这种复合词是临时词,如“三天”、“跳出来”。这样,复合词语和意义专门化之间有一定关连,如下表。

第八表 复合词语和意义专门化关系

	综合意义	词汇意义
短语	多数短语	惯用语
复合词	临时词	多数复合词

形式和意义的关系总是不对称的，即，不是一对一的，短语和复合词的意义是综合的还是词汇的也呈现这种情况。例如“半瓶醋”，除惯用语意义外，仍然可以照字面讲，半瓶子的醋。反之，有少数惯用语极少或从来不用于字面意义，如“用水”。以复合词而论，“拿不出去”有时候是照字面讲，有时候是惯用语（“不像样子，叫人笑话”）。编词典，当然是所有的词汇性的复合词都得收进去，但是字面意义是否还有可能，也得注明。

（e）**简单的和复杂的复合词。**

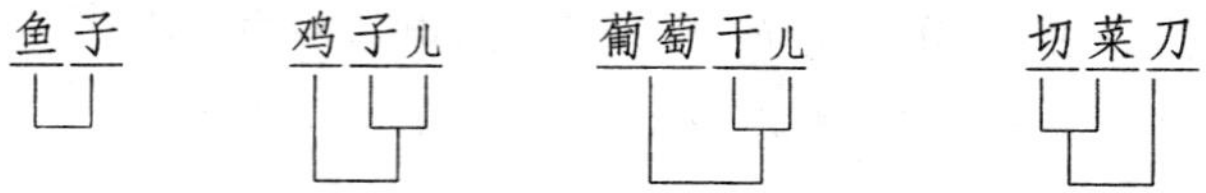

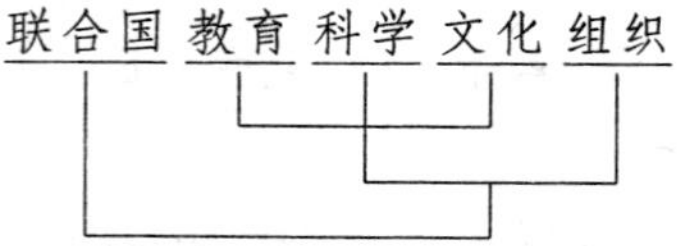

（f）**内中心的和外中心的复合词。**

内中心的（例略）。　外中心的：本分（A），外行（A），买卖（N）。

“枕·头”可有两种分析：（1）动＋宾，（2）名＋后缀。前者是外中心的复合词，后者是派生词。

（g）**语法结构的和非语法结构的。**后者指不合于正常的语法结构规律的。陆志韦在四万多个复合词里只找到大约一百个其构成是模糊的，例如“知道”、“丁香”、“刀尺”、“月亮”、“工夫”。当然，历史的研究可能发现它们的来源，但是在描写的平面上它们是非语法结构的，近乎“不能分析的复合词”（第七表 14 栏）。

（h）**成分的功能类。**决定一个复合词的整体属于哪个形类，这是不难的,可是它的成分的形类不都是很清楚或者很肯定的,因此成分之间的结构关系也是不清楚的或者两可的。我们下面按结构把复合词分成几个大类和若干小类,在归类上都得作如上的保留。

6.1.4 直接分析的原则。在分析一个复杂形式的时候,一定要弄清楚当一个成分进入这个形式的时候它的语法地位、语义地位如何。如"工合",似乎违背修饰语在前被修饰语在后的原则,可是如果弄清楚它是"工业合作"的简称,"工业"修饰"合作",仍然符合修饰语在前的原则。

6.2 主谓(S-P)复合词

主谓复合词总是外中心的,就是说,它的功能既不同于它的第一个成分,也不同于它的第二个成分。

(a) S-P→N 名词性主谓复合词,跟别的名词一样,总是可以用"这个"、"一种"之类的 D-M 复合词来修饰的。有一些自然现象,以及二十四节气里的五个,采用这种结构:

天亮 地震 海啸 春分 秋分 夏至 冬至 霜降

"天亮"可以是一个短语("天还没亮"),可以是一个复合词("还没天亮")。["夏至"、"冬至"的"至"也可以做"极"讲,就是内中心结构了。]

另一类是病名:气喘 头疼 耳鸣 脑出血

小说、剧本的名称:三娘教子 火烧红莲寺

(b) S-P→V 你来的时候路过没路过落基山?

不及物动词,如果不把形容词算在内,似乎没有及物动词多:

声张 地震 （文言：）发指 神往

（c）S-P→A 形容词比动作动词多：

头疼 头眩 性急 年轻 胆儿小（～大）

肉麻 手松 命苦

可以是短语可以是复合词的例子：

一个人心不烦（～不心烦）最舒服。

你这么手硬（～手这么硬）。

（d）其他。少，往往结构不清楚。势必 例如 譬如

6.3 并列复合词

并列复合词跟并列短语的不同在于它的成分的次序不能颠倒（除少数例外）。

6.3.1 并列复合词的组成（按成分的形式类）。

（1）名词

（a）NN→N 灯火 车马

（b）MM→N 行列 条件 （M＝量词）

（c）AA→N 烦恼 尊严

（d）VV→N 长进 呼吸 （外中心的例子）教授 开关 编辑

（e）HV→N 广告 广播 先生 （H＝副词）

（2）形容词

（f）AA→A 贵重 懒惰 新鲜 奇怪

（g）NN→A 矛盾 势利 江湖 窝囊

[末例的汉字不足为凭。]

(h) VV→A 踊跃 保守

(3) 动词

(i) VV→V 依靠 失败

如果一个或两个成分显然是非动词,一经分析往往发现它是由别的形类转化成动词性质。如“满足”,原为形容词,近来才转为动词:“满足他的要求”。“短”和“少”都可以做动词用,因此“短少”应分析为两个动词的结合。“牺牲”是由名词转为致使动词。“稀罕”是形容词转为意谓动词(putative verb)。“意味”由名词转成动词必须带“着”。

(4) 副词

(j) HH→H 刚才 互相 全都(同义组合)

(k) 其他。反正 横竖 左右(zuǒ·yi) 早晚 始终
彼此 日夜(以上反义组合)
根本 再三 千万 丝毫不 从来 向来

6.3.2 并列复合词的词义组合类型。

(a) 同义词复合。

租税 艰难 告示 声音 意思 多余 乖巧 爽快
周到 活动 清楚 明白 拾掇 颠掇 摩蹭 摩擦
打击 想像 凑合 分散 消停 分析 走动 存在
言语(yuān·yi)

(b) 反义词复合。

大小 长短 高低 高矮 厚薄 粗细 硬软 冷热
咸淡 浓淡

这些成对的反义词可以用“这么、那么、多么、一样(的)、同样(的)”来修饰,但是不能用“很”、“多”等程度副词来修饰。“多”可以用在其中之一的前边,但是不能用在成对的前边。例如,有“多么粗细?”“多粗?”“多细?”没有*“多粗细?”这表示这些成对的字眼兼有词的某些属性和短语的某些属性。

如果一个或两个成分是黏着的,或者有轻声字,或者有外中心的功能,那么这一对反义词构成一个复合词。

他们彼此不通信。——“彼”和“此”是文言,B,结果是一个副词。

买卖都一样价钱吗?——“买卖”是短语。——一笔好买卖。——“买卖”是名词。

铺·盖——“盖”轻声,结构是外中心的(VV→N)。

多(duō 或 duó)。少?——“少”可轻声。(“多少!”“少”不轻声,是副词加形容词。)

利害——群众语源学把它变成“厉害”。

(c) 平行词复合。

名词:山水 风水 手脚 薪水 钱粮 板眼 皮毛 风雨 尺寸 分寸

(从动词来)裁缝 告示

(从形容词来)生冷 细软

(集体)父母 兄弟 姐妹 夫妇 妯娌——不能做个体名,除“兄弟”=“弟弟”。

形容词:干净 热闹

动词:招呼 打扫 斟酌 琢磨(zuó·mo)≠琢磨(zhuómó 照

字面讲） 打算 打发 打听 划算

6.3.3 聚合体。像一串原子构成一个分子。

春夏秋冬 士农工商 东南西北 酒色财气

鸡鸭鱼肉 亭台楼阁 加减乘除 声光化电

金银铜铁锡 金木水火土 梁唐晋汉周

甲乙丙丁戊己庚辛壬癸 子丑寅卯辰巳午未申酉戌亥

一个聚合体比一串自由词紧密，比一个普通复合词松散。紧密在于语音上无停顿（除天干、地支太长，念起来不得不分段），中间不能插进别的字。也在于次序固定。不错，“东南西北”也可以说成“东西南北”，甚至歌曲中说成“南北东西”，但是要知道四个字的可能排列是 4！ ＝24 种，如只有两种或三种说法，离自由还差得远。

在另一方面，聚合体比复合词松散在于它的成分的本义毫无改变。复合词如“尺寸”可以用米突或任何别的单位来量，“薪水”发的钞票，而聚合体的意义是字面意义。

此外，一个聚合体常常有一个概括名称，可以跟它连用（同位）或代用，如：

（1）春夏秋冬，（2）春夏秋冬四季，（3）四季。

同样，“五金”、“五行”。

6.4 主从复合词

6.4.1 总结前一章讲过的关于主从结构的话。（略）

6.4.2 名词为中心的复合词。

（1）N-N. 这个类型的复合词最多。其中大部分是词汇性的。有少数是外中心的。中间插入“的”的是短语。

龙头 (1)字面意义，龙的头，如画里边的或者节日在街上舞弄的，(2)火车头，(3)邮票(清朝)，(4)水龙头。

鸡眼 冬天 电车

(2) A-N. 香料 秘诀 良心 大人

热心→A/V 虚心→A 强调→V 霸道→A

F F 的结合，没有轻声，功能方面不是外中心的，那么，能否插入“的”字是辨别复合词和短语的最重要的测验。很少 F F 结合是不能这样扩展的。那么只有看“F F ”和“F 的 F ”的意义是否有根本差别之一法了。

黄油≠黄的油 黄酒≠黄的酒(白兰地也是黄的酒)

大门 黑板 小孩儿(小(的)小孩儿；大(的)小孩儿)

有时候，从形式上看 A-N 是 N 的一种，但是从词义上讲，并非 N 的一种。例如“野鸡”不是一种鸡，“淡菜”不是一种菜。

(3) V-N. 名词跟动词的关系：(a)N 是 V 的主动者，(b)N 是受动者，(c)N 是 V 的工具，(d)一般关系。有的复合词里边的 N 跟 V 的关系不好确定，如“飞机”可以是“飞的机器”，或者“人们坐在里边飞行的机器”。

(a) N 为主动者。打手 导师 动物 开水 学生

(b) N 为受动者。插图 抽屉 摁扣儿 劈柴 进步 炒饭
发面 泡菜 拌黄瓜

(c) N 为工具。补钉[?] 别针儿 唱本儿 炒锅 请帖 渡船
搌布 蒸笼 夹钳 住宅 支票 烙铁 跑鞋 片刀
斩刀 聘书 卧车 熨斗

(d) N与V一般地相关。唱针 唱片儿 防线 飞机 来由

漏洞 拼法 笑话 收条 跳棋

6.4.3 有区别词(D)和量词(M)的复合词。

(1) **D-M.** 构成临时词，其数无穷。[D的种类见7.8节]

(1.1) 词汇的和外中心的D-M复合词。只有少数有词汇意义和/或名词以外的功能。这句话特别适用于d-M复合词。“·这·个”(两轻声)：说话迟疑时填空的叹词。“。那·个”有类似作用，但多少保留点儿指示作用。“那·个”(nà·ge；指示词一般是nèi·ge)代说话的人为了某种原因不愿说出来的形容词，如“我父亲的脾气有时候儿很那个”。作为名词，代替不便明说的事情：“干那个”。

n-M复合词。稍多。三角儿 半天(从几秒钟到很长一段时间，如“我问你的话，你怎么半天不回答？”) 十分(“十分愿意”)

一百二十四个(“一百二十四个相信他”) n-成(“九成新”)

“千万”是并列结构。“万一”是非句法结构，是“万分之一”的缩短。

带“第”字的序数是自由的。不带“第”字的序数词的使用范围有限制，是词汇性的，不能自由造。

一月……十二月 头条胡同 二回(“二回他不信你了”)

“一块儿”是“一块”加“儿”，把名词转变成副词；已经不是复合词，而是单词化了(decompound)，=(吴语)一道。

(1.2) nM-N.一般是短语。“几斤肉”、“四口井”。有少数(但比前面讲的n-M复合词多些)是复合词，前边可以再加指量词。

一口钟(外套)(“一件一口钟”) 三条腿(“这张桌子是三条腿”) 一条龙(麻将) 十杯酒(民歌) 八匹马(猜

拳） 十面埋伏（琵琶曲）

n 为序数的例子很少。 二把刀

（2）n-N. 能产性不大。如果 N 是黏着的，怎么判断它是 N？例如“八仙”，我们说“仙”是名词性，是因为（i）它在“神仙”里跟“神”（F）并列，（ii）它是动宾结构“成仙”里的宾语，（iii）它在文言里是名词，（iv）它的意思是仙人。“八仙”是复合词，形式上，由于它是 BB；词义上，因为它指八个特定的神仙（“八个仙人”可指任何八个）。别的例子：三朝（小孩儿生下来三天做三朝）、五金。

nN-N.这种结构没有短语，总是复合词，并且是词汇性的。

八仙桌 百叶窗 五金店 四眼儿狗 三眼儿井

三脚架 三点儿水

（3）N-n. 以数词为中心的复合词不是能产的格式。

礼拜（～星期）一……礼拜（～星期）六

牌九 天九 地八

张三 李四 王八

（4）N-M. 纸张 钟点 布匹 书本儿 车辆 船只

花朵 灯盏 信件 银两 煤斤 盐斤 地亩

（5）M-N. 年级（惟一的例子）

6.4.4 有方位词（L）的复合词。

（1）N-L. 名词性的复合词，词义上是处所词。

“上”和“里”的结合能力几乎是无限的，它们的反义词“下”和“外”以及“里”的同义词“内”就差得多。

带“上”的复合词：街上 门上 身上 心上

带“下”的复合词总是词汇性的：天下 乡下 舍下 黑下

带“里”的复合词很多：家里　心里　碗里

带“外”的少：城外　郊外　海外　例外　此外

“内”有：国内

我们说“里”和“上”能无限制地构成临时词，不等于说它们构成的词都是临时词，都是综合意义。有相当数目是词汇性的：

马上　府上（可以跟阁下、陛下比较）

当方位词用于引申义的时候，最好是认为是方位词的意义的扩大，不必把每一个这样构成的词当做一个词汇性的复合词。

政治上　经济上　历史上　理论上　实际上　表面上　方法上

除上面的几个方位词以外，其余方位词的例子：

眼前　目前　背后　饭后　江左　关中　路东　路南　山东　河南

（2）**d-L.**　这里　那里　哪里　→这儿　那儿　哪儿

（3）**自由的处所词作中心。**“……下”、“……外”的构词受限制，怎么办呢？有一个办法是把“下”换成“底下”，“外”换成“外头”。*“海下”不好说，说“海底下”，*“碗外”不行，说“碗外头”。

这种复合词可以扩展为短语（加“的”）。短语往往是字面意义，复合词则倾向于引申意义。比较：墙上（头）：墙的上头。山里（头）：山的里头。面子上（头）：面子的上头（“你行被窝的时候，别在面子的上头露出针脚来”）。屋子中间儿：两间屋子的中间儿。

名词加“·那儿”变处所词。墙那儿　他那儿

这样用的“·这儿”除“我这儿”外不多见。

黏着的名词不跟自由的处所词结合。*屋的里头

（4）**NL-N.** 这种结构的短语无限制，如：家里的事情　山上的树

但复合词限于词汇性的：乡下人　门外汉　府右街　马后炮

“门前清”、“雪里红”不是 NL-N 复合词，是 S-P 复合词，处所词做主语。

6.4.5　动词为中心的复合词。

（1）**N-V.** 这种复合词可以是名词，或者动词，或者兼名动。

步行　枪毙　电烫　风行　鬼混　口试　梦想　面谈
手谈　水泻　醋熘　油炸　油印　瓦解　意料

（2）**A-V.** 短语“大笑”、“大闹”等等的“大”最好认为是副词（跨类），而不认为是形容词修饰动词，“大”的反义词“小”不修饰动词是证明。

“快”像“大”：快说　快走　快跑　快来“慢”的情况介乎“大”与“小”之间：慢用（先吃完的人说）　慢走（送客人时说）

以上是短语的例子，在复合词里，不但是“小”和“慢”，很多形容词可以修饰动词。既然这些都是词汇性的，就没有必要说是形容词转成副词了。下面引的 **A-V** 复合词，如不另加说明，都是动词。

轻看　轻视　重视　复写　干炸　公布　公转（名词）
公立　公卖　假笑　苦笑　近视　远视　傻笑　傻吃
小吃（名词）　小看　小说儿（名词）　速成　凉拌

“近视”、“远视”也可以认为“视”是名词性。

（3）**H-V.** “瞎说”、“瞎闹”等等，“瞎”字结合范围无限制，认为短语较好。“瞎”的同义词“胡”结合有限制，可以认为复合词：

胡说　胡诌　胡闹　胡搞

相：相好　相信　相打（苏州）　相骂（苏州）

自：自治（N 或 V）　自由[N 或 A]　自杀　自修（N 或 V）

这些“自”字有称代作用，类似法语 se.下面的例子里的“自”纯粹是副词：自动　自转

词汇性的 H-V 复合词：

先生（N）　先进（N）　后来（H）　后生（A）　后悔（V）

6.4.6　形容词为中心的复合词。

（1）**N-A.**　N-A 复合词多数是形容词，少数是名词。

（1.1）N-A 是“A 得像 N”的意思。用法有这样那样的限制。

（a）少数是“可比较”的（即受程度修饰的）：

（很）肤浅　（太）天真

（b）少数限于做修饰语，带“的”：火急　豆儿大　芝麻大　天大

没有：* 这事儿芝麻大，* 这事儿是芝麻大的，只有：这只是一件芝麻大的事儿。但是可以扩展成短语：那弹丸只有豆儿那么大。

（c）大多数 N-A 复合词可以做修饰语（带“的”），也可以做谓语，但一般不受程度修饰。冰冷（～凉）　漆黑　粉碎　碧绿　屁轻　神勇　雪白　铁硬　贼亮 这些都不能加“很”、“太”、“更”、“……极了”、“……的很”。跟“那么”连用时，应认为是同位关系而不是修饰关系：那么雪白的脸。

（1.2）N-A→N，　有两类：

（a）颜色名称：茶绿　墨绿　雪青　藤黄　天青　月白

这些颜色名称是名词的证明：我顶爱墨绿。这件衣裳是墨绿的。* 这件衣裳墨绿。* 太墨绿了。

（b）从某种材料（N）来的具有某种性质的物质：鱼白（鱼子作为

食品） 蛋白（儿） 蛋黄（儿） 血清 糖稀 口红 饼干儿 豆腐干儿 葡萄干儿 白干儿。

最后几个例子的中心成分是个儿化形式，是名词性无疑。

在上面这些例子里，从词义上可以分为两类：(1)第二成分表示第一成分的另一种状态：肉松。(2)第二成分表示第一成分的一个部分：蛋黄。

（2）V-A.

飞薄 飞快 滚热 滚烫 焦黄 喷香 鲜红 通红 透鲜

V-A 和 N-A 一样，不受程度修饰，但是可以有重叠式：滚滚烫，透鲜透鲜，冰（冷）冰冷。“透明”跟“透鲜”不一样，可以有程度修饰：“不很透明”，不能重叠：* 透明透明。

（3）H-A.

相：相近 相等 相称（常用在“跟……”之后。跟他相近，跟那个相当，鞋跟袜子颜色不相称。）

自：自私 自满 自足 自尊 自新 自苦（后面三个复合词的中心是形容词还是动词难定。）

至多 至少 绝妙

6.4.7 带“不”的复合词。分四类。

(a) “X”和“不 X”功能不同。

不道德 不规则 不科学 不名誉

不过（连词） （难道）……不成（助词）

(b) “不 X”里边“X”意义跟“X”单用有所不同或较专门。

不答应 不依 不至于 不止 不要紧 不要脸

(c)“X”出现比“不X”少。

不成话 不得已 不高兴 不耐烦 不管 不论

不见得 不配

(d)“X”不自由。

不便 不必 不由得 不妨 不凡 不中 不离儿 不住的

不停的 不及 不如 不但 不外乎 不亚于 不亚似

有些肯定式通过逆派生取得了自由的身份,先是用在“A不A”的问话和修辞性问话里,然后独立使用,例如由“不科学”产生“很科学”,等等。

6.4.8 别种主从复合词。

V-H→H 想必 A-A→H 老早 H-J→H 反而

J-V→J 若使 N-M→M 市斤

6.5 动宾(V-O)复合词

动宾结构具有下列条件的一条或几条,就是复合词:(1)两个成分或其中之一是B,(2)宾语轻声(代词不算),(3)整个结构是外中心的,(4)意义的词汇性(专门化),(5)不能分开用。

6.5.1 成分之为F或B。动词或宾语是B,结果是复合词。如果都是F,就得看别的条件。成分之为F或B,要看它进入复合词的时候的情况。比如“险”虽然做危险讲是F,但在“保险”里应该认为是B,因为不但有“火险”,还有“寿险”,这个“险”不能还讲危险。

(1) FB. 起哄 出差 出神 打猎 打闪 打嚏 打杂儿

动身 放学 告状 开端 开学 夸口 宽衣 注册 排队

破例　入神　入伍　上市　下乡　洗澡　送终　辞职

(2) BF. 告假　告老　告辞　忌嘴　纳税　叹气

BF 的 V-O 复合词比 FB 的少，大概因为名词双音节化的倾向远比动词强。

(3) BB. 布景　去世　革命　革职　值日　值班　投机　作揖　厌世

6.5.2　宾语轻声。动宾结构的重音一定在宾语上，因此如果宾语是轻声，V-O 一定是个复合词。修行　得罪　抱怨　护书(名)　盖火(名)。

6.5.3　外中心的 V-O 复合词。V-O 结构的功能应该跟一个不及物动词相同；如果不是这样，就是一个外中心的复合词。

(1) 用作及物动词。　大多数可做及物动词用的 V-O 复合词也可以做不及物动词用。

怀疑　注意　留心　留神　出版　催眠　提议

(2) 用做名词。

(2.1) 主动者：当局　当差　董事　知己　领事　听差　通车　通条　参事　填房

(2.2) 工具：点心　滴水　挖耳

(2.3) 动作或过程：代数　排行　行政　卫生

注意：差不多任何多音节的动词，不管是否动宾结构，都可以做主语、宾语等等。我们这里讲的外中心的复合词专指具有名词特征的，如"他教两堂代数，一堂卫生"。

(2.4) O 是 V 的对象：照相　描红

(3) 用做形容词。　许多及物动词表示性质，可以受程度修饰,这种动词带上宾语不一定要算做形容词。例如“出名”可以有“很出名”,但仍然可以有“出过一次名”,所以不算形容词。与此相反,“讨厌”可以有“很讨厌”,同时不再能拆开,可算一个形容词。此外有:失望 缺德 吃力 到家 得意 知己 耐烦 怄气 入味 守旧 有限

(4) **用做副词。** 连动式的前一部分有修饰后一部分的作用,不因此就算副词,如“用手打人”的“用手”。但是“用心做事”的“用心”可算副词。这种副词要具有下列特征的一个或几个:(a)受程度修饰,如“太认真”;(b)可加“的”,如“照样(的)做”,“拼命的跑”;(c)可重叠,如“用用心心的写”;(d)不能在动词后加后缀或在宾语前加修饰语,因而拆开,如:当时 当真 到底 照常 照旧 照例 转眼 压根儿

(5) **用做叹词。** “费心,劳驾”等除可做动词[如“费您的心”,“劳您驾”]外,还可以用做叹词,一般是重叠并轻声,如“·费·心·费·心!”“·劳·驾·劳·驾!”“混账”除用做形容词(“账”轻声)外,还可以用做叹词(骂人的话),此时不但第二字不轻声,并且两个字都带感情重音:“混账!”

6.5.4 意义专门化。这个标准不像别的标准,不是结构方面的特征,并且运用起来也比较困难,因为有程度问题。极端的例子是容易辨别的。例如“吃梨”、“找猫”、“买鞋”、“洗锅”,就是动词的意义加宾语的意义。相反,“亲嘴”、“发财”、“算命”、“翻脸”肯定是词汇性的,整体的意义不能从部分中综合出来。介乎二者之间的例子:“做活”、“背书”、“断奶”、“开车”,可以说是整体有超出部分的意义,也可以说是其中成分在这些特殊上下文里有专门意义。例如“做活”,可

以说是整体的意义有了专门化，也可以说“活”的意义专门化（比较：“我的活落在楼上了”）。又如“下面”的“下”是把面放进开锅的汤里，可是用于鸡蛋就说“卧（鸡子儿）”，而“下蛋”是鸡生蛋。

6.5.5 经常在一块儿。[即：动不离宾，宾不离动]

6.5.5.1 宾语是名词。这也有程度问题，因而在判断是否复合词上不能起决定作用。例如“吃梨”的频率远远不如“吃饭”，“搬床”不如“搬家”或“上床”。其他常在一块儿的例子：扯谎 出门 出家 放火 放心 拐弯儿 开饭 开账 算命 谈天 做梦

6.5.5.2 宾语非名词。 宾语是形容词或动词的时候比宾语是名词的时候动宾一块儿出现的机会多得多，并且意义常专门化。

(1) 宾语为形容词。 起早 吃香 发麻 发愣 发狂 搁浅 害臊 害羞 卖好 卖俏 拿翘 耐久 耐烦 怕羞 怕痒 认真 认生 入迷 受凉 受热

(2) 宾语为动词。 挨打 挨骂 认输 上算

6.5.6 扩展和离子化的形式。

一个短语可以有多种形式的扩展。一个复合词可以有有限形式的扩展，只要两个成分挨得相当近。我们管这种有限扩展叫离子化。然而因为扩展的方式不止一种，有的 V-O 能有某种扩展可是不能有另几种扩展，所以程度的问题仍然存在。下面分五种情况来讨论。

(1) 凝固的 V-O 复合词。 扩展的程度是零度。这种复合词的成分之为 V 和 O，只能从它们在文言里的功能，从它们的意义，从类比的组合，从这些判断。例子：厌世 屏风 跑街 像“跑街”这种 FF 组合，只有是外中心式的时候才会是凝固的复合词。

(2) 动词带后缀或补语。 例如：断弦 续弦："他断了弦就一直没续过弦。"磕头："磕着头祷告。"作揖："作作揖"，"作完了揖就走了"。组阁："我不知道他组没组阁"，"阁倒是组成了"，"他组了好久的阁还组不成"。"V没V-O"这种离子化形式在南方方言中比在北方方言中用的多些。

(3) 宾语带修饰语。 例如：注意："注(一)点儿意。"省事："省许多事。"戴孝："得戴三年的孝。"费神："费了您(的)许多神。"雪耻："你得雪这个耻。"

打一仗 打一架 划几拳 上一课 睡两觉

(4) 动宾颠倒。 V-O短语总是可以颠倒的："糕还没吃呐"，"牌都打完了"。复合词有的能颠倒，有的不能。"这乱捣的不小。""学还没开。""你的觉得睡足了。""这个案早破了。"("案"单用必须说"案子"。)但是"破产"不能有*"产都破了"，"动身"不能有*"身还没动"。

(5) 在问话和答话中。 有下面这几种形式。各个V-O复合词的适用范围有大小。

(a)	V-O不V-O?	V-O.	(a′)	V-O不V-O?	V.
(b)	V不V-O?	V-O.	(b′)	V不V-O?	V.
(c)	V-O不V?	V-O.	(c′)	V-O不V?	V.
(d)	V什么?	V-O.	(d′)	V什么?	O.

显然，凝固复合词只能用左栏四式，单独用V或O回答(加撇的四式)只有V或O是自由形式才行。这是必要条件，但不是充足条件。能用或不能用哪个形式在很大程度上要看上面讨论过的那些因素[按指6.5.1以次各节]。例如"打字"FF，可以有(a)打字不打

字？打字。(a′)打。(b)打不打字？打字。(b′)打。(c)打字不打？打字。(c′)打。(d)打什么？打字。但是不能(d′)* 字。有两个原因。一个原因是“打字”的意义已经专门化，问“打什么？”实际是问打什么文件，回答“字”等于没有回答这个问题。凡是词汇性 V-O 结构都有这情况，即使是 F F 也罢。另一个原因第二章已经谈过(2.2.3)，除了回答谜语等特殊场合外，回答问题的时候总是宁愿动词跟宾语一块儿说，不愿单说一个宾语。例如问：“喝什么？”回答是：“喝汤”或“喝茶”或“喝酒”，不大会说“汤”或“茶”或“酒”，虽然“喝”和“汤”(～茶，～酒)都是自由的，“喝汤”的意义也是可综合的。要绕过这个困难，我们可以改变一下测验的格式。不用：V 什么？ O.而用：V 的是什么？(是)O.这个回答就比较自然，不像做游戏或者回答考题。[按：这里主要是音节多少的问题。“汤”是单音节，换一个多音节的宾语试试：“喝什么？”——“橘子水。”似乎满行。]

6.5.7 V-O 复合词的对象。大多数 V-O 复合词里头，O 代表动作的对象。但是如果有一个对象，O 不代表它，它就必得以另外的形式出现，我们讲动宾短语的时候已经讲过(5.4.6.4—5.4.7.2 节)。V-O 复合词的例子如下。

(1) **V-O 是外中心的**，等于一个及物动词，代表对象的名词直接搁在后边做宾语：“当心火烛”，“起草宪法”。

(2) **用“跟”、“给”等副动词带进对象**，跟 V-O 复合词一块儿造成连动式：“给一部书出版”，“给那个演说录音”，“给大家照相”，“跟他亲嘴”。

(3) **“宾语倒装”。**这等于说把对象搁在主语的位置上：“那个演说得先录音”。也可以用连动式的形式重复一下:“那个演说得先给它录音”。“给它”也可以缩短成“给”(5.5.2(3c))。

(4)**“领格宾语”。**5.4.6.6 节讲过,V-O 结构带领格宾语可以跟连动式交替:“请他的示”~“跟他请示”。下面是 V-O 复合词带领格宾语的例子,其中也可用连动式的加括注。请客:“你得请我的客”。告密:“告他的密”。革命:“革他的命”。如意:“如了他的意了”(~给他如意)。上当:“上他的当”(但“给他上当”意思正相反)。上算:“上他的算”[?]。生气:“生他的气”(~跟他,~对他生气)。送行:“送他的行”(~给他送行)。

6.5.8 假 V-O 复合词的离子化。本来不是 V-O 结构的复合词,当它 V-O 结构,给它离子化的形式。例如:体操:“体了一堂操”。(按说,*“操了一堂体”比较合乎逻辑)取消:“取了消了”。提醒:“我先提你个醒”(曹禺《雷雨》)。幽默:“还幽了他一默,说……”。

这种“假动宾”分析不但用于语法上错误的成分,还常常用于连语素都不是的成分。例如:慷慨:“慷他人之慨。”滑稽:“滑天下之大稽。”

甚至扩大到外来词语上。例如在学校赛球的时候,裁判说“Outside!”学生反对,说:“Out 什么 side?!”

有一个假宾语变成真宾语的例子,“出恭”。原先在明朝科举的考场里,一个考生如果要上厕所,必得从监考官那儿领一块牌,上面写着“出恭入敬”,由打这儿“出恭”成为大便的婉辞。以后就把它当做动宾结构加以离子化:“出完了一次恭”。到了其中一个成分可以不要另一个成分陪伴而单独出现,那就变成真的 V-O 结构了,例如可以说“恭桶”、“结恭”。这当然跟“出”字本来可以做及物动词有关系。

最妙的例子是下象棋的用语“将军!”这本来是一个真V-O结构,“将军”是“将”—“军”的人(正如“干事”)。下象棋叫“将军!”意思是“当心你的将军!”是名词做叹词用。可是也可以说“将!”(去声,棋子上原只有“将”一个字)。这样一来,“将军”就仿佛是个动宾结构了,于是就加以离子化:“将他一军”、“将他的军”。

6.6 动补(V-R)复合词

6.6.1 形式特征。动补复合词的两部分可以是F或B,凝固或可扩展,结合面宽或窄;补语部分可以是重音或轻声;复合词的意义可以是综合的或词汇的(专门化的)。这些特点相互间有一定联系。例如黏着、结合面窄、词汇意义、凝固性这几个特点常常相连,而跟反面特点的交错组合,虽然不是罕见,毕竟比较少。例如“弄好”,两个部分都是自由、结合面宽,复合词是可扩展的,意义是综合的。这种复合词是临时词。“克服”,两个部分都是黏着的,结合面窄的,整体是凝固的。很多复合词是在这两极端之间的。例如“革新”,动词“革”是黏着的,结合面窄的,补语“新”是自由的,结合面宽的,整体是凝固的。“改良”,动词“改”是自由的,结合面宽的,补语“良”是黏着的,结合面相当窄的,整体也是凝固的。

下面研究V-R复合词的形式特征,按这样的次序:语音特征,可扩展性,补语后用“了”。

6.6.1.1 语音特征。

(1) **重音和轻声。**一般是重音在补语:“变坏”,“延长”。如果补语是双音节而第二音节是轻声,重音在第一音节,否则在第二音节。“扫'干·净”,但“变回'头”。

趋向补语(6.6.6)是轻声:“关·上”,“走·进·来”。此外有少数补语是轻声:“看·见”,“摸·着”。可是在可能式里(6.6.5)轻声补语恢复声调:“走·不进来”,“看·得见”。

关于“V不V”中间第二个V是可轻声的规律也适用于V-R复合词。“这合同还延长·不。延。长?”也适用于可能式趋向补语:“飞·起·来”,“飞·得起来”,“你飞·得起来。飞·不。起。来?”

(2) 成分的音节多寡。单音动词和单音补语倾向于结成紧密单位,在说话打顿的时候必得连着说:“你得吃,吃,吃,吃饱了”。如果都是双音节而补语不是轻声,就没有这个限制:“你得打听——嗯——清楚了”,虽然从头重说仍然是较为常见。

6.6.1.2 可扩展性。

(1) 凝固V-R复合词。 不带中缀或其他插入成分。“革新”,“改良”,“规定”,“说破”。“养活”或者是凝固复合词(养·活),或者是可扩展复合词(养'活)。前者可带“着”和“了”,后者只能带“了”。

(2) 可带中缀的V-R复合词。 这是介乎凝固的和可扩展的之间的中间型,只能在中间插入“得”和“不”,不能插入别的。因为这是一种非常能产的形式,类比的势力有时使得原来不是V-R式的复合词也变得可以插入“得”、“不”,如:“完成”原为并列式,现在可以说“完不成”。[又,“超不过”]

(3) 可扩展的V-R复合词。 “吃饱”,“吃得太饱”,“吃得不很饱”。注意:当可扩展的V-R复合词已经扩展之后,就不再是复合词而是短语了,“吃得太饱”是谓语性补语的例子(5.6.4)。

跟别种复合词一样,V-R复合词也可以就其字面意义讲是可扩展的,就其熟语意义讲是凝固的。如“这树我拉不倒”,“你不肯去拉倒”。

6.6.1.3 补语后边的“了”。V-R复合词之后一般可以带后缀“了”。在下列情况不能带“了”。

(1) 否定式。“这门没关紧,把他关紧了”。

(2) 进行式。V-R复合词带“着”可以不带“了”。如“他会睁开着眼睛老不眨巴”。也可以不带“着”而带“了”,意思有少许不同:“他会睁开了眼睛老不眨巴”。

(3) 无定过去式。“我摔断过腿”。

(4) 命令式。命令式的V-R复合词一般带“了”:“洗干净了!”“问清楚了!”“拿稳了!”但如果动词重叠或者复合词之后带自身宾语,就不带“了”:“洗洗干净!”“拿稳一点儿!”

(5) 趋向补语。不需要“了”,但是也不排斥“了”:“他已经走出大门了”,“他已经走出了大门了”。

(6) 可能式补语。不能带“了”:“看不见人”,“逃得出来”。“他逃得出来了”像是个例外,但这个“了”是句末的助词。

(7) 做修饰语的V-R复合词。如果被修饰语是动作的对象,“了”可用可不用,如“放大(了)的照相”;如果是主动者或者工具,不用“了”,如“放大的照相机”。又如“写错(了)的字”。(“写错(了)的学生”最好不用“了”,有“了”字可误解为把学生的名字写错了。)

(8) 引语形式。V-R复合词作为引语(如在词典里)时,不带“了”。(惟一例外是带“了”的形式远远多于不带“了”的形式的,如

“V 透了”,“V 极了”。)

除上面列举的情况外,一般补语后边都带“了”。

6.6.2　常用的动词和补语。

(1) 常用的动词。动补复合词里的动词几乎可以是任何动词。意思笼统的动词如“弄”,“搞”,“拿”,“做”,“打”,“变”等,比意思特殊的动词所能结合的补语更为多样化。

动词自然不限于是单语素的,如“打扫干净”,“公布完了”。“他考不取定了”,是动补复合词再加补语。

(2) 常用的结果补语。大概形容词多于动作动词。

有些补语像副词,如“差多了”,“饿很了就头疼”。但最好还认为是形容词,因为没有一个是不能作为形容词在别处出现的。(很=狠)

名词不做 V-R 复合词的补语。例外是“输铁了”,“养家了”。与其为少数例子定一条“名词作补语”,不如认为这里的“铁”和“家”是跨类形容词。

下面是**常用补语表**:

好	矮	倒(ˇ)	透	弱	生	鲜	贱	明白	迷
坏	大	倒(ˋ)	穿	破	熟	香	便宜	明	烦
对	小	斜	通	断	红	臭	多	定	气
错	宽	歪	塞	碎	绿	肥	少	重(复)	疯
早	窄	方	散(ˇ)	烂	黄	胖	够	动	腻
迟	深	圆	散(ˋ)	干	青	瘦	足	活动	恶心
晚	浅	扁	松	湿	蓝	饿	没(有)	成	病
快	弯	钝	紧	热	紫	饱	整齐	真	死

慢	直	空	轻	冷	粉	渴	乱	假	活
久	平	满	重	凉(快)	黑	疼	亮	老	
远	匀	粗	脆	暖和	白	痒痒	暗	少	
近	齐	细	僵	冻	甜	麻	黑	巧	
长	正	厚	硬	化	酸	瘘	干净	笨	
短	反	薄	软	糊	苦	新	脏	穷	
高	翻	光	结实	清	辣	旧	清楚	阔	
低	拧	毛	强	浑	咸	贵	糊涂	惯	

6.6.3 表"相"补语和表"态"后缀[相 phase 态 aspect]。有少数几个补语是表示动词中动作的"相"而不是表示动作的结果的。其中有的是轻声并且有时候元音变质,这样变成了表"态"的后缀。下面是最重要的几个表动相的补语,多数也能用做普通的表示结果的补语。

(1) **着**(-。zháo)。"着"保留声调并带"了"尾时是一个普通的结果补语。

猜着了　　说着了　　碰着了　　点着了

作为一个普通的补语,它要求带"了"尾(除 6.6.1.3 所说例外)。

可是当它不表示打中(要害)的意思而只是表示接触到或尝试成功的意思的时候,它是可轻声,"了"尾可带可不带。

猫逮。着(了)个耗子。　　我碰。着(了)一件怪事。

这个表动相的"着"(。zháo)和一般补语的"着"(zháo)都有别于表进行态的"着"(·zhe)。

他睡着(·zhe)呐,可是还没睡着(zháo)。

(2) **·到。**全声调的"到"是一个趋向补语(4a 型)。

咱们居然赶到了。　　这事情我早料到了。

轻声的“·到”,可带可不带“了”,是动相补语,作用跟“。着”差不多。

我碰到(了)一件怪事。

(3) ·见。“见”不大用做普通结果补语。作为动相补语的“·见”用于表感觉的动词,极为常见。

看见　　听见　　闻见　　梦见　　碰见　　遇见

用“·见”的一个条件是动词必须是表示“主动者”遇到的动作而不是他主动去做的动作。因此 *“摸见”之类是没有的。(“觉”不说“觉见”而说“觉着”或“觉得”)

一个动词,比如说“摸”或“梦”是表示被动的感受还是主动的动作,决定于它是否带“·见”或“·到”。这似乎是循环论证,但这是形式语法的本质如此,只要跟别的形式特征相关联,不算恶性循环。

(4) 到(华中和西南方言)。“我碰到一个朋友”,“到”不轻声。这个“到”相当于普通话的“着”、“到”或“见”,或者相当于后缀“着”。后者的例子:“请你坐到!”

(5) 完,好(吴语),**得**(北京),**了**(liǎo)。表示一般的完成的意思。这些补语总是不轻声,总是带“了”尾,所以他们还是普通的补语,不是动相补语。

从“了”liǎo 变出来的“了”le,实际已是另一个语素,它们的差别已经大得足以一同出现,作为一个补语加一个后缀。连句末助词“了”le 算上一共有三个“了”。“我做了了一件事了。”(比较广州“我做完咽一件事咯。”)

(6) 。过。 动词“过”用于空间意义，可以做趋向补语，如“Ê，你走过了”(=走过头了)。用于时间意义就是表动相的补语，如“我吃过了饭就走”，“你错过了一个好机会”。这个“过”可以跟后缀“过”同时出现：“他从来没错过好机会过”——“哪儿啊？他错过过。”

6.6.4 表示高度的补语。

(1)极了。(2)透了。(3)很(“我累很了就睡不着”)。(4)多(“那好多了”)。(5)。死(“我热死了”)，比较普通补语：“他把问题想死了”。

6.6.5 表示可能性的补语。

(1) 中缀“得”和“不”。 如果动词和补语都是自由的，那就一定加得进“得”和“不”。哪怕意思讲不通，语法上是通的，如“流不脆”。如果动词和/或补语是黏着的，那么能否有可能式就是个词汇问题，不能认为不成问题。可能是个凝固复合词，如“改善”，没有*“改得善”，*“改不善”。

轻声的补语在可能式中恢复它的声调：“看·见”，“看·得见”。惟一不恢复声调的轻声补语是“得”字本身：“要·不·得”。

双音而第二字轻声的补语，在简单式和可能式中都保持轻声。“听清·楚”，“听·得清·楚”。可是在双音的趋向补语的可能式中，补语的两个音节都恢复声调。“拿·出·来”，“拿·不出来”。

(2) 傀儡可能补语。 有两个常用的补语“了”(liǎo)和“来”，没有什么特殊的意义，其作用在于使可能式成为可能，是一种傀儡补语。

这事太难，我做不了(～来)。

这两个字也能做一般补语,因此有时候会有歧义,但有了上下文就能决定。比较:

{这么些饭我三天也吃不了。
这饭我吃不了,净是沙子。

{香港去做洋服,一个月也做不来。
我只会做中国衣裳,洋服我做不来。

跟别种补语一样,某些动词带这种补语有专门意义,是词典收条的对象,如:受不了　谈得来　说得(～不)来　合得(～不)来

"来"这样用做傀儡补语可以跟"来"用做傀儡动词比较:"你不会修,让我来。"

(3) 最小的可能补语或后缀"得"。在动词之后加一个轻声的"得"表示可能,这个"得"是后缀。"吃得","说得","做得"。一般是被动意义,但也不限于被动意义,如"他病好了,现在吃得了"就是主动意义。其他主动意义的例子:"懂得","记得","认得"。这些词的否定式是在中间插入"不",可见这个"得"还不是一个纯粹的后缀。但加"不"之后,"得"字仍然是轻声。否定式的例子:"吃不得","要不得","认不得","做不得","说不得","晓不得"。有的还把"不"字加在头上,"可能"的意味淡薄,如"不认得","不晓得","不懂得"。

后缀"得"的结合面不是无限制的广泛的,本节举的例子已经包括大多数重要的。有些例子的正反两式有很不相称的专门意义,有些例子以否定式为主,肯定式是逆派生(back formation)。例如"不见得"是"可见"的否定,即不大可能的意思;肯定式"见得"是逆派生,只用于修辞性问话:"你怎见得他不来?""舍不得"的肯

定式“舍得”跟否定式同样常见。“了不得”的肯定式也是逆派生，如“这还了得？”（答：“可了不得！”）简单的否定式*“不了得”是没有的，但是有个“不得了”，是V-O复合词。“怪不得”，“怨不得”连逆派生的形式也没有，它们的功能是连词。“恨不得”跟以上的例子都不同，它不是“恨得”加“不”，是“恨”加“不得”，是个副词。

“免得”，“省得”，“懒得”，“难得”不带名词而带动词或S-P小句作宾语，因而有几分像助动词，又有几分像连词。

（4）词汇性的可能补语。大多数可能式补语是临时词，是在普通的可分开的动补复合词中间插入表可能性的中缀。可是有为数不多的可能补语是主要地或者绝对地只以可能式出现的，并且意义是熟语性的。有些只有否定式，肯定式或是不存在或是逆派生。例如“来得及”，“来不及”，没有*“来及”。“说定（了）”是普通V-R复合词，“说得定”少用，“说不定”常用，意思是“很可能”。“用。着”少用，“用得着”较多，“用不着”极常见。没有*“犯着”，但“犯不着”常用，“犯得着”只用于修辞性问话。大多数可能式复合词是趋向补语型，我们放在下一节里讲。

6.6.6 趋向补语。趋向补语有四个类型：（1）来，去，（2）上，下，进，出，起，回，过，开，拢，（3）二合补语，即2型之后继以1型，（4）表移动的动词，只能单用，不能跟1型结合，如“倒”。

趋向补语不同于普通补语在于（1）正常情况下是轻声，可能式里不轻声，（2）不需要后缀“了”，而普通补语经常要带“了”。如用这两个标准来规定趋向补语，则4型只能从意义方面讲算是趋向补语。

趋向补语的作用非常像德语里的可分离前缀，如下表：

第 九 表

德语的可分离前缀和汉语的趋向补语(1,2,3 型)

趋向	1,2 型	德前缀	3 型	德前缀	3 型	德前缀
⊥	•来	her-				
Y	•去	hin-				
↑	•上	auf-	•上•来	herauf-	•上•去	hinauf-
↓	•下	ab-	•下•来	herab-	•下•去	hinab-
→⊙	•进	ein-	•进•来	herein-	•进•去	hinein-
⊙→	•出	aus-	•出•来	heraus-	•出•去	hinaus-
↗	•起	empor-	•起•来			
↩	•回	zurück-	•回•来		•回•去	
→	•过	über-	•过•来	herüber-	•过•去	hinüber-
↔	。开	auseinander-	。开•来			
→←	拢	zusammen-	。拢•来			

1型和 3 型的趋向补语可以加在任何动词之后,只要意思讲得通。2 型 4 型的趋向补语的结合范围较有限制。四个类型跟动词结合都有不少惯用语,尤其是可能式。这将在另一节里讲(6.6.7)。

1 型:来,去。表示动作朝着说话人的方向或者背着说话人的方向。

2 型:上,下,进,出,起,回,过,开,拢。为便于比较,下面举作为主要动词和作为补语的两种例子。2 型补语形成的复合词多数有惯用意义,因而是词汇性的。

(2.1) 上。(动)上楼。上台。上油。(补)戴上帽子。爱上了他。

吃上(了)瘾了。关上门。穿上新衣裳。抹上点儿黄油。

(2.2) 下。(动)下水。下狱。下面。下蛋。(票友)下海。(补)留下很多钱。

(2.3) 进。(动)进城。(补)走进了花园。

(2.4) 出。(动)出门。出事。出世。出钱。(补)提出抗议。

(2.5) 起。(动)起床。起程。(补)发起一个运动。

(2.6) 回。(动)回家。回他的信。(补)收回成命。

(2.7) 过。(动)过夜。过桥。(补)飞过大西洋。(作为动词补语是已经飞过的意思,作为动态后缀是曾经一度飞过的意思)

(2.8) 开。(动)开铺子。(补)站开。分开。闹开了。说开了。

(2.9) 拢。(动)拢岸(南方官话)。(补)靠拢(共产党)。

成对的趋向性 V-R,一般用做副词性短语,其中补语不轻声。

你干吗老走来走去的? 他那么搬上搬下的搬些什么?

那些鸟儿飞来飞去的不走。

3 型:复合的趋向补语。作为动词,“上来”、“下去”等都照字面讲,我们不举例了。作为补语,它们造成相当多的词汇性复合词。

(3.1) 上来。爬上来。端上来。

上去。爬上去。迎上去。送上去。看上去不坏。

(3.2) 下来。滚下来。掉下来。他把脸一放下来说。

下去。扔下去。等下去。过下去。住下去。说下去。

(3.3) 进来。引进来。拉进来。

进去。推进去。渗进去。听进去。

(3.4) 出来。放出来。说出来。从飞机里掉出来。

出去。撵出去。说出去。掉出去了。嫁出去。滚出去!

(3.5) 起来。拎起来。捆起来。

作为趋向补语,可以有可能式:“举不起来”;可以分开:“举起手来”,因而跟表开始态的后缀“起来”有分别(4.4.5(4))。没有*“起去”,南方官话有。

(3.6) 回来。请回来。要回来。

回去。缩回去。放回去。

(3.7) 过来。递过来。醒过来。明白过来。

过去。转过去。昏过去。背过去。

(3.8) 开来。打开来。分开来。

没有*“开去”。

(3.9) 拢来。聚拢来。靠拢来。

“拢来”不做动词用。没有*“拢去”。

4型:不跟“来、去”结合的趋向补语。它们可以做动词用。做补语用的时候不轻声,能带“了”。

住。做补语时可轻声,意思是表示一种停滞的状态,跟进行态后缀“着”有点相似。

记住。系住。拿住。攥住。挡住。推住。托住。

拢住。围住。把他问住了。把他难住了。

(a)到,(b)倒`,(c)倒ˇ。注意用法区别。

(a) 到。拿到了。送到了。

(b) 倒`。拿倒了。挂倒了。(文言是上声,如“颠倒”、“倒戈”)

(c) 倒ˇ。拿倒了(因为不小心或别的原因)。打倒了。

走。作为动词,可以拿“来”、“去”作为1型补语,还可以有“走来走去”这种成对的格式。但是作为补语,不跟“来”“去”结合。作为4型补语,“走”原出于离开义(例如“飞机已经走了”),不出于行动义。作为补语,例如:

他把车开走了。帽子给风刮走了。(引申义)唱走了音。

鞋穿走了样子。

“跑”也可以做趋向补语,但结合范围不及“走”的大,例如有“送走”,没有*“送跑”。

掉。作为补语,很像德语前缀 weg-。

擦掉了。跑掉了。快把韭菜炒了吃了,不然就老掉了。

普通话里的“掉”跟吴语的“脱”相当,但用的不及“脱”多。从吴语里借过来的说法,例如“死掉了”,在普通话里还只有以吴语为第一方言的人才说。

翻。 打翻了锅。

坍,塌,垮。地震把房子震坍(～塌,～垮)了。

这三个动词都能带二合趋向补语(“塌下来”等等),但不能带“来”、“去”。

散ˇ,散ˋ。是谁给弄散ˇ的。 把敌军冲散ˋ了。

6.6.7 词汇性可能趋向补语。现在要讲的是只以或主要以可能式出现的动补复合词。大多数是词汇性复合词,有的只有惯用意义,有的兼有字面意义。下面举例,如果否定式是主要形式,就把逆派生的肯定式放在后边。只有肯定式没有否定式的是极少数。

1型:来,去。

下不(～得)来: 你这么说叫他脸上下不来。

下不(～得)去： 他那么做法，实在是下不去。

过得(～不)来： 这地方你过得来过不来。我跟他很过得来。

过得去： 他的光景还过得去。

过不去： 你是不是要跟我过不去？

过意不去： 他不要我赔，真是过意不去。

2,3 型：上，下，起，过。

说不(～得)上： 这箱子我推都推不动，更说不上搬走了。

说不(～得)上来： 他姓什么我一时说不上来了。

挨不(～得)上： 他也反对？根本挨不上嘿！

犯不(～得)上： ＝犯不(～得)着。

看不(～得)上： 这衣裳他一点儿也看不上眼。

装(～搁，～放，～住，～挤，～容)不(～得)下： 箱子太小，装不下这些东西。

装(～搁……)不(～得)下去。

跟不带"去"字的比较："……不下"仅就容量说，"……不下去"可以是由于容量小，也可以是由于形状、方法、各种原因。

吃得(～不)下： 我昨儿病了吃不下，今儿吃得下了。

吃(～喝，～咽)得(～不)下去： 这饭太硬，我简直吃不下去。

禁(～担)得(～不)起： 出了事你担得起吗？

看(～瞧)得(～不)起： 他谁都看不起，就看得起一个人。

对不(～得)起： (1)真对不起(抱歉)；

(2)那我就对不起了(威胁)。

穿（～戴，～吃，～喝，～抽，～住，～坐，～玩儿，～赌，～输，～赔，～买，～用）得（～不）起。

“看不（～得）起”也可以用于这个意义：“我看不起歌剧”[票价太贵]。

说（～打，～跑）不（～得）过： 谁也跑不过他。

管（～顾，照顾，～伺候，～忙，～喂，～请，～应酬，～招待，～教，～问，～查）得（～不）过来。

跟字面意义“过来”的区别：例如邮递员说“我走不过来”，如果前边有恶狗挡路，“走不过来”是照字面讲；如果是投递的人家多，在规定时间里走不过来，用的是这里说的惯用意义。“绕得过来”只有字面意义，“绕不过来”可有引申意义，如理论曲折、发音困难等等。

说得（～不）过去。

4 型：到，住，动。

这事情我办不到。 想不到……。 那也好不到哪儿去。

靠得（～不）住。

对得住。（没亏待）

对不住（1）亏待，（2）抱歉；没有“对不起”那种威胁的意思。

搬（～拉，～推，～拿，～劝，～说，……）得（～不）动。一般地表示尝试而成功。非可能式比可能式少得多。

6.6.8 V-R 复合词的宾语。当一个动词既有宾语又有补语的时候，就有各种结构的可能，是主语还是宾语充当补语的逻辑主语，有所不同。“我骂哭了他了”，哭的是他，“你做累了事可以歇歇”，累的是你，不是事。如果补语属于宾语，可以改用“把”字句；如果属于主语，不成。“我把他骂哭了”，可以；*“我把事做累了”，没有的话。作为例外,有类比的产物,不合逻辑的"你得把饭吃饱了"。

(1) **V-R O.**

拍死了一个苍蝇。 风刮倒了个花盆儿。 吃饱了饭。

喝醉了酒。 讨厌极了他了。 怕极了见生人了。

带二合趋向补语的例子:买回来了三升米。 送过去一份儿礼。

看出来是假的。 车里跳出来一个人。

可能式的形式:站不住脚。 吃不下饭。 睡不着觉。

上面的例子要跟下面的 $V\text{-}R_{v\text{-}o}$ 的例子区别,后者的 IC 是 1+2,不是 2+1:扎流血了。 说翻脸了。 冻伤风了。 买上当了。 话又说回头了。这一类例子常常在第二个动词之后加"了":扎流了血了。等等。

(2) **V-O V-R.** 有时候,为了经常连着说,或者有一个成分是黏着形式,V-O 和 V-R 都拒不分开,那就只好把动词重复一下:

吃饭吃完了。 赌钱赌输了。 唱歌儿唱不好。

看书看不下去。

这里的 V-O 和 V-R 的关系,与其说是连动,毋宁说是主谓,因为不但可以在中间插入副词,还可以插入一个主语:

吃饭早吃完了。 唱歌儿我唱不好。

(3) **把 O V-R.** 把他派来。 霜把果子冻坏了。

把包袱打开来。 把花儿种起来。

(4) **V-O R.** 如果补语属于 V-O 整体,而不是宾语属于 V-R 整体,那么宾语紧接动词,构成一个直接成分。典型的例子是补语表示程度:费事死了。 不懂事极了。

可能式一般不允许在中间插入宾语。有少数残留的例子:放心不下。 看他不起。但这一格式已经不是能产的格式，现代通行的是 V-R O 式：放不下心，等等。

二合趋向补语用 V-O R 格式相当普通：他拿了五块钱出来，对我说……。注意：如果“出”不轻声，就是连动式（他拿钱，他出来）。别的二合补语的例子：放一勺儿酱油进去。造就点儿人才出来。派个人出去。末了一例如果“出”不轻声，就是兼语式。意思差不多，但结构不同。

（5）分裂趋向补语：V-R O R′. 北方话，跟南方话比较，不怎么爱用 VO RR′的格式，多用 V-ROR′的格式，虽然两种格式在南北方言里都可以用。拿出一本儿书来。端上一杯茶来。吹进许多土来。没看出是假的来。硬起心肠来。“留下三个小孩儿来”跟“留下三个小孩儿”的含意多少有点儿不同，前者用于例如母亲出门，请人看孩子，后者则是父亲或母亲死了。事实上两句话都可以有这两种意思，但各有所偏罢了。所以有此区别，由于前面已经讲过的，2 型补语（。下）倾向于有惯用意义，3 型补语（·下·来）倾向于照字面讲。

分裂可能式趋向补语的例子：放不下心来。 说不出话来。听不出他闹了那么半天到底为的是什么事情来。

如果宾语是表示处所的（不一定是处所词），就只有 V-R O R′一个格式，不能改用别的次序。例如“说出一个字来”也可以说“说出来一个字”或者“说一个字出来”；可是“走进城去”是惟一可能的形式。同样，走进城去。 滚下山去。 走出门来。 飞过海去。 打回老家去。另一个限制是处所宾语不适用“把”字句式：拿出屋子来。 拿不出手来。不能说*“把屋子拿出来”；“把手拿出来”是另外一种意思。

(6) 补语重复。送来一份儿礼。送一份儿礼来。送来一份儿礼来(“来”重复)。

二合补语的情况:

不重复式	重复式
拿出来一只鹅	拿出来一只鹅　来
拿　　一只鹅出来	拿出　一只鹅出来
拿出　一只鹅　来	拿出来一只鹅出来(少)

补语是二合而宾语是单音节,不会有重复式:*“送过来礼来。”

这种重复有标出宾语的作用,像一对括号。越是宾语长越容易有重复,“怎么做得出这么没有道理的事儿出来。”可以跟长修饰语前后重复指示词比较,如“那个昨儿来吃饭说我的饭不好吃的那个人”。

(7) 表示目的的助词“来”,“去”。

表示目的的“来”、“去”用做连动式的第一个动词:“来打球”,“去买菜”。由此产生“换了衣裳打球·来”,“上街买菜·去”,“来”“去”轻声,是表目的的助词(详见 8.5.5)。有一个故事可以说明“来”作为趋向补语跟作为助词的区别。胡适有一天叫他的用人打电话给他的一位亲戚,说是电影票已经代买,“请他来取”。用人打完电话来报告:“他取来。”胡适把这个“来”理解为趋向补语,觉得这句话不对头,于是又说一遍,“请他来取”。用人说:“他说他取来。”这时候胡适才明白过来,在北方话里这个“来”是当目的助词用的,跟他原话里的“请他来取”的“来”相当。注意:和“来”相对的助词“去”,除·qu 外还可以说·ke,是北京土话,例如“我拿了枪打猎·ke”。

这样,“我写信请他派来一位代表来”,末了的“来”既是目的助词,也是一对括号的后一个。这种额外的“来”、“去”不能尽数解释为趋向补语,可用这种例句说明,即,如果把宾语拿走,结果是没有这样的补语,如“送来三封信来”,“住到乡下去”,没有*“来来”*“到去”。

6.7 复杂的复合词

6.7.1 结构类型。前边几节讲的复合词,主要是两个语素的组合,间或涉及某些非常能产的复杂形式。下面要概括地探讨一下两个以上语素的组合。结构的可能的类型当然很多,但直接成分之间的关系不会超出前边讲过的几种,因此我们不打算列举各种可能的组合,只把几种非常能产的类型讲一下,然后谈谈某些特殊的类型的复杂的复合词或类复合词。(陆志韦《构词法》详列类型,因为他打算制定拼音文字正字法。)

除了有区别词和方位词在内的复杂复合词之外(这些复合词是临时词的性质),最能产的复杂复合词类型是下列几种三个语素的复合词:(1)A-NN,(2)AN-N,(3)VO-N,(4)NNN。其他类型的复合词为数较少:(5)VV-N,(6)AA-N,(7)VR-N,(8)其他。

(1) A-NN 复合词。白皮鞋　红十字　咸鸭蛋

(2) AN-N 复合词。白皮书　孤儿院　小数点(儿)

(3) VO-N 复合词。起重机　防空壕　分水岭　救生圈

拿手戏　显微镜　收音机　探险队　偷针眼　望远镜

(4) NNN 复合词。最普通的是 NN + N：帆布鞋　海岸线　金鱼池　墨水笔　有时候前两个名词是并列的：糖醋鱼　金银岛　N + NN 的结构较少：糖苹果。

(5) VV-N 复合词。驱逐舰　降落伞　计算尺　联合国　升降机

(6) AA-N 复合词。长短句　酸辣汤

(7) VR-N 复合词。放大镜　漂白粉

(8) 其他复合词。SP-N：地震仪　人来疯　V-NN：炒牛肉
V-AN：拌黄瓜　除菜名外，V-AN 式极少：失乐园。
V-VN 作为 V-R 也少见，"洗掉色了"是一个例子。

6.7.2　音节和节奏。音节和节奏在文言中起重要作用，而现代的复合词的构成多数遵循文言的结构类型，因此音节和节奏也就成为复合词的构词要素。

(1) 三音节复合词。"重轻重"的节奏类型总是 2 + 1，如豆腐浆。"重重轻"的类型一般是 1 + 2，如炸锅巴。没有轻声字的时候，1 + 2 比 2 + 1 略多，虽然都很普通。

(2) 四音节复合词。绝大多数是 2 + 2，前 2 修饰后 2，各自的内部结构多种多样：安全火柴　百货公司　国际法庭　公共汽车　航空母舰　有声电影

3 + 1 的复合词之中，3 为 2 + 1 比 1 + 2 可能多些，因为(2 + 1) + 1 的节奏近乎 2 + 2。例子：自来水笔　九龙山人　萝卜丝儿饼　红十字会　染指甲草　2 + 2 的压力十分强大，以致 3 + 1 的复合词被理解为 2 + 2，只要多少有点讲得通。这两种结构在语音上是有些区别的：ˌX‖Y‖ZˈW，第三音节 Z 在 2 + 2 里比在 3 + 1 里

要稍微高一点儿。从前武汉大学的农场里有一块牌子写的是“无肺病牛”，是 3 + 1，可是 2 + 2 的压力使它被分析为“没有肺的病牛”，使路过的人看见了觉得好笑或者迷惑。

1 + 3 的复合词少见，除了第一个字属于可列举的、结合面很宽的语素，常常被称为“词头”的，出现在称呼或职名里。副研究员 二表姐夫
一个黏着的、结合面窄的语素不大容易跟一个三语素组结合。1916 年，那时我在美国读了几年书，中文长了锈，我把我的办公室(《科学》杂志的)定名为“支编辑部”(1 + 3)，总编辑杨铨见了马上给我改过来：“编辑支部”(2 + 2)，虽然逻辑上差点儿，念起来顺当，语法上高明。[又如“中山北路”、“毛纺二厂”。]

(3) 五音节以上的复合词。最受欢迎的节奏是两音节一顿，末了带或不带一个单音节，看音节数是单数还是双数。例如五音节的词，2 + 3 比 3 + 2 的多：公共汽车站 螺丝推进器 再长一点的：国语统一筹备委员会 这个类型的复合词多得不可胜数。不合这个类型的较少：无政府主义 降落伞部队

3 + 3 的复合词非常少见。

6.7.3 套合的复合词 (telescoped compounds)。同一个语素既是前一成分的末了部分，又是后一成分的起头部分，一般不重复。把短语“留学的学生”压缩成复合词，不是“留学学生”而是“留学生”。[按：这是“留学” + “生”，比较：“留级” + “生”]别的例子：东方学会 陆军部长 [又如：由“陆军大臣”类推出“不管大臣”，由“陆军部长”类推出“不管部长”] 人类学会 兽医院

但是这种套合没有强制性。例如有山东大学学报 [化学学

报]

6.7.4 复合词的单词化(decompounds)。一个复合词加一个语缀，就其主要结构来说是派生而不是复合，这样的词 Bloomfield 管它叫 decompound (Language, 210 页)。例如 gentleman 是一个复合词，gentlemanly 就是复合词单词化。两个有实在意义的语素加一个语尾，不一定是 decompound。例如"豆芽儿"，是"豆"+"芽儿"。同样，"树根儿"。但是"取灯儿"、"蝎虎子"、"叫花子"是 decompound。(当然，"花子"是有的，但那是由"叫花子"省去第一字变来的)

如果 XYx 里头的 XY 和/或 Yx 都成词，那就常常不好决定它的 IC.例如：电影儿。蜡人儿。"电滚子"里边，没有*"电滚"这个词，而有"滚子"，所以应该分析为"电"+"滚子"。

"包圆儿"，既没有*"包圆"，也没有*"圆儿"，但是可以说"包了圆儿了"，"包得了圆儿吗?"因此应该分析为动宾复合词。"取灯儿"不能扩展。总的说，复合词单词化在汉语里不是一种能产的类型。

6.7.5 成语和外中心短语。

6.7.5.1 成语。如果偶尔在说话之中引用一个文学词语，它的语法结构是不在分析之列的，正如引用一个方言词语或外语词语一样。但是如果这个词语经常用，说的人听的人都不感觉这里有引号(或斜体字)，那就应该认为是整个语言的一部分了。它的特殊在于它的内部结构遵循文言的语法而非现代的语法。事实上，大多数凝固复合词就是这样形成的，凝固复合词的结构在文言里是服从一般句法规律，不过在现代语里不能拆开罢了。(下面举例从略)

6.7.5.2 外中心短语。植物、戏曲、菜名等等往往是一个非主从式短语,包括主谓小句。铁树开花(植物) 萝卜赛雪梨(一种萝卜) 炮打襄阳城(花炮) 薛仁贵征东(小说) 这些全当名词用,可以加数量词(一棵,这出,两本等)。

菜名如:萝卜烧肉 蛋炒饭

6.7.6 简称和掐头形式。

6.7.6.1 简称: 女子高等师范学校→女高师

航空运输→空运

6.7.6.2 简称的歧义。人大:(a)人民大学,(b)全国人民代表大会。 联大:(a)西南联合大学,(b)联合国大会。

曾有人寄信"西医医院",邮局退回。原来是寄给"西北医学院附属医院"的。(《中国语文》1957 年 5 期)

6.7.6.3 简称含混,成为新词。如"语文"、"文艺复兴"。

6.7.6.4 掐头。落花生→花生 叫花子→花子 火轮船→轮船。比较:火轮车→火车。同类事物,不同变化。[又如:沈阳的"铁西"与哈尔滨的"道里、道外"]比较英语"分"minute<prima minuta(拉丁,"一次分"),"秒"second<secunda minuta("二次分")。

第七章　词类:体词

7.1　词类总论

7.1.1　词类和形式类。形式类是语言形式按其功能分的类,大大小小的形式都包括在内。例如“梨”、“雪梨”、“很大的梨”、“我昨儿买的梨”都属于名词性词语这个类。但是只有“梨”(单语素词)和“雪梨”(复合词)是词,属于词类里边的名词类。一般地说,一个词类是一个其成员都是词的形式类。

有时候为了方便起见可以把一个形式类里的短语用以-al结尾的字来表示，把传统的名字留给词。例如“梨”是名词（noun），“刚买来的梨”是“名词性的”（nominal），“走”是动词（verb），“不一定走”是“动词性的”（verbal）。我们将用“词语”（expression）来指形式类的一个成员，不管它是词还是短语。例如“吃”是动词，“吃东西”是动词性的，这两个都是“动词性词语”。

7.1.2　可列举的类和开放的类。词类和其他形式类有时候能用列举成员来规定，不必说明成员的共同性质。例如代名词就能用短短的一个名单全部无遗漏地列举出来。句末的助词也能这样列举。但是名词和动词就不能在一个语法书的范围之内列举，那得靠词典。虽然从逻辑上说，用列举的办法规定一个类是可行的，但是从语法的观点看是不能令人满意的，我们要设法说明一个类的共同性质。可是从学习语言的人的观点出发，用列举的办法规定一个类可以是很有用的办法，在把这个类里的成员一个个使用一阵之后自然会“心领神会”，而对它们的共同性质的任何说明都只是一种总结，一种事后的补充。说到底，小孩儿学合乎语法地说话是通过各个类里的各个成员的使用才学会的，连那些列举不尽的开放的类也是这样。

7.1.3　开放类里的可列举的小类。例如在体词这个大类里，代名词是可以列举的，名词就是个开放的类。在动词这个大类里，助动词是可以列举的，动作动词就是个开放的类。开放的类不一定是成员的数目无穷，只是说在一本描写语法里讲不完，得靠词典，新的成员可以不断地加入，基本上不影响这个语言的语法。

7.1.4　跨类。每种语言都有一定比例的词是兼属两类或三类的，不管你怎么分类都难于避免。汉语里的例子：

怪：(1)这很怪。(形)(2)怪难看的。(副)(3)别怪我。(动)

背：(1)背上。(名)(2)背一首诗。(动)(3)今儿手背。(形)

以前常有人说，汉语没有词类。可是尽管有各种跨类的现象，大多数的词的功能还是有限制的。例如“鱼”是名词，不会像动词那样带后缀造成* 鱼着，* 鱼过，* 鱼了。副词“更”和“最”也不能做谓语动词：* 我更，* 他最。动词不能受指量(D-M)修饰。“一个走，一个飞”只能理解为“一个”是主语，“走”和“飞”是谓语，仍然是动词。

跨类的总是少数。例如“花”是名词或形容词，但是多数名词，如“根”，不是形容词，多数形容词，如“熟”，不是名词。如果一个语法学家在给某一语言划分词类的时候发现他的词类里有两类的多数成员是共同的，那么他的分类就有毛病，应该修改，使得多数似乎跨类的词可以分开，否则就得承认原来的分类不是语法上的类，应该合并。

平衡的和不平衡的跨类。例如，多数形容词不用做致使动词，那些能这样用的是跨类，但是一个词做形容词用和做动词用的相对频率是不一样的。例如“破”做 A 和做 Vt 的频率相差不远，可是“烂”做 A 就比做 Vt 多得多，以至于做 Vt 用的时候会觉得需要解释一下以免误会：“这管子要烂了，——我的意思是说这管子要拿那个药水烂了。”

其他平衡的跨类的例子：“病”A 或 N；“气”N 或 A 或 V；“麻”N 或 A；“生”A 或 Vi；“锁”N 或 Vt；“报告”N 或 V；“代表”，“抵抗”，“进步”V 或 N。

其他不平衡跨类的例子(频率低的在后，有例句)：“冰”N 或 A

(这茶太冰了);“烫”A 或 V(这酒得烫一烫;被单儿烫了没有?);“水”N 或 A(这块翡翠很水);“清楚”A 或 V(我不大清楚他的计划)(比较“明白”,平衡跨类);“高兴”A 或 V(他什么缘故不高兴我了?);“规矩”N 或 A(这个人的话不够规矩)。

频率低的用法一般是后起的用法。有的是很近才有的“新名词”,如“意味”N→“意味着”V,“坦白”A →“坦白(出来)”V。

注意:跨类指的是同一个词属于两类,不是指同音的两个或几个词属于不同的类。汉字写法不同,如“树木”和“数目”,固然只是同音词,汉字写法相同的也可能只是同音词,如等候的“等”和等级的“等”。

7.1.5 有标记的和无标记的词类。有少数情况,词类是可以凭标记来认识的。例如名词可以通过后缀“子”、“儿”、“头”、“巴”来认识,动词可以通过后缀“了”、“着”、“过”来认识。但是大多数词没有这种标记,只能根据它们的功能来辨认。总之,汉语的词类是句法功能上的分别;形态标记是次要的。

7.1.6 实词和虚词。中国的传统的实字和虚字的分别跟现代的内容词和功能词的分别密切相应。弗里斯在《英语结构》里分别四个词类:名词和代词,动词,形容词,副词,然后有十六类功能词。我们不讨论英语里的词类问题,我们要说的是汉语里实词和虚词的分别,实素和虚素的分别,在一定范围内是个程度问题。“的”、“着”、“儿”、“子”等后缀显然是虚素,“嘿”、“呐”、“啊”等助词也显然是虚素。“有”、“在”、“还”等词是中间性质。程度副词“好”、“那么”,时间量词“天”,方位词“里”、“边儿”,除结构意义外也有相当确定的实质意义。同样,趋向补语“来”、“去”有相当“实”的意义;

我们把“起来”看做有多重的词类成员资格，在“飞起来”里是趋向补语，在“哭起来”里是动态后缀。

在讨论语法的时候，重要的问题不是某一形式是关乎内容的啊还是关乎形式的，是实的啊还是虚的，而是另一个问题：它是不是某一个不太长的名单里的一员，它是不是频频出现。我们将会发现，这两方面的互关度是相当高的。有两个类型：(1)实词，内容词，属于开放的类，出现频率低或者中等，大多数有固定声调，例如“猪”，“蓝”，“跑”，“快”；(2)虚词，功能词，属于可列举的类，出现频率高，大多数没有固定声调(轻声)，例如“是”，“的”，“在”，“吧”。

7.1.7 不自由的词类。我们发现，拿能够单独作为一句话来说作为一个形式取得词的资格的条件，失之于太苛，我们拿有无限制地跟某些形式类结合的能力这样一个标准来代替(见 3.8.2 节)。这样就可以允许把“啊”、“吧”、“呐”等助词，“哪”、“半”等区别词，“条”、“片”、“块”等量词，“就”、“最”等副词都算做词，把这些形式类都算做词类或词类的小类。

7.1.8 词类的细分和总括。对于某种分类要不要再分小类或总括成大类，总的原则是问，关于这样建立起来的单位是不是能作有意义的说明。例如名词可以再分为个体名词、物质名词等，因为个体名词可以带个体量词“个”或至多两三个别的个体量词，如“一个狗”、“一条狗”、“一只狗”，而物质名词不能带“个”或任何个体量词，但可以带各种量度量词，如“一些水”、“一滴水”、“一杯水”、“一cc.水”等。另一方面，在名词、代词等等之上可以建立一个体词类，因为他们全都能做主语、宾语，能受形容词性词语的修饰。在形容词和(动作)动词之上可以建立一个谓词类，或者叫做广义的动词，因为它们全都能做谓语，能受副词性词语的修饰。是否有足够的差别值得据以划分小类，是否有足够的共同性质值得据以建立大类，有时候是个大有选择余地的问题。

7.1.9　词类列举。在第十表里列举将予以讨论的词类。F＝自由，B＝黏着，F！＝永远自由，-B＝黏着于前，B-＝黏着于后，（ ）＝为数不多。

第十表　词　类

体词：				
N	名词	人，火	F	
Nr	专有名词	李白，约翰	F	
Np	处所词	广州	F	
Nt	时间词	今儿，现在	F	
D-M	D-M 复合词	三磅，这回	F	
D	区别词	三，每	（F）	B-
M	量词	片，里		-B
L	方位词	里，上		（-B）
P	代名词	我，什么	（F）	
动词和别的词类：				
V	动词（包括 A 形容词）	吃　长	F	
K	介词	被，从		B-
H	副词	忽然，也	F	B-
J	连词	那么，假如		B-
P	助词	吗，啊		（-B）

I! 叹词 嘿！Ê! (F!)

体词是一般能做动词的主语或宾语的词，其次的功能是做另一体词的修饰语(一般带从属后缀“的”)，再其次的功能是做名词性的谓语。一个体词可能是一个名词，一个专名，一个处所或时间词，一个D-M复合词，一个代名词；较少的情况下是一个单独的区别词，一个单独的量词，或者一个单独的方位词。

7.2 名词

名词是能受D-M复合词修饰的体词。

名词是个开放的类，词典里大部分是名词。名词不但是比任何别的词类多，并且比别的词类加在一块儿还多。这当然不包括由数词和量词组成的临时词，那是数不尽的。

有比较少数的名词是有明白的标记的，例如“子”、“儿”、“头”等后缀，“性”、“员”等结合面很宽的末位语素。大多数名词是从它的句法功能上认出来是名词的：名词具有体词的一般功能，还有受D-M复合词修饰的特殊功能。

作为消极的标准，名词不受单音副词的修饰。有两种似乎是[但不是真正是]例外的情况：(1)一个名词可能跨类为别种词，如“光”N，“很光”A；“鼓”N，“太鼓了”A；“土”N，“真土”A。(2)名词做谓语，以谓语的身份受副词的修饰：“这个人太君子人了。”

名词一般不重叠起来表遍指。“事事如意”、“山山有老虎”这样的例子是很少的。至于“人人”，最好认为“人”是名词兼量词，因为不但有“人人”，还有“一人”、“每人”。

按照名词所带D-M的性质，我们把名词分为下面的小类：

(1) **个体名词。**个体名词所联系的量词是一种“类词”classifier。每个名词有一定的类词，因此词典里应该在每个名词底下注明所联系的类词(正如名词有“性”的分别的语言里要注明“阳”、“阴”、“中”等等)。注意：名词和类词的联系，在意义方面只是个大概齐。例如“一根儿棍子”，“一支笔”，不说 *“一支棍子”，*“一根儿笔”，虽然棍子和笔的形状属于一类。甚至同一事物，看你用什么名称，类词跟着变化，例如“一位先生”，“一个人”(正如在德语里边，同是一个“女人”，或是 die Frau，或是 das Weib，同是一个“头”，或是 der Kopf 或是 das Haupt)。总之，语法上的类词是词语的问题，不是客观事物的问题。

有些名词所用类词不止一个，一般说在意义上有分别，例如“一扇门”指那个东西，“一道门”指让人走进走出的地方。通用类词“个”可以代替几乎任何一个专用的类词。例如“一个门”可以代替“一扇门”，也可以代替“一道门”。

有些名词没有专用的类词，只用通用类词“个”，例如“一个贼～橘子～馒头～蚂蚁～问题～榜样”。

(2) **物质名词。**物质名词没有特定的类词，用D-M修饰的时候，M是(a)度量衡单位：“一尺布”；(b)容器或临时量词：“一杯茶”，“一身雪”，“一屋子烟”；(c)部分量词，如：“一点水”，“那些酒”，“一会儿工夫”；(d)物质所具有的形状：“一块布”，“两堆土”，“一摊水”。物质名词跟个体名词还有一个区别是在D-M和物质名词中间可以插入一个“的”，个体名词不行，例如：“两磅的肉”，但 *“两位的先生”。

有少数情形,一个名词兼属个体名词和物质名词两类。例如“一个面包”,“一块面包”,“一片面包”;“一个石子儿”,“一吨石子儿”。但是在个体名词用容器量词的场合,最好不认为是物质名词,因为容器量词是可以用于任何个体名词的。例如“一屋子人”,“一地的东西”,“一口的新名词”。

(3) **集体名词。**必须把指成为集体的事物的名词或量词跟语法上的集体名词区别开来。例如“团体”、“阶级”、“群”、“队”、“套”都指集体事物,但是前两个是个体名词(一个团体,两个阶级),后三个是量词(一群鸟儿,一队兵,一套衣服)。集体名词不能用个体量词(类词),只能用临时量词或部分量词。例如“那些孩子们”、“一堂桌椅”。

集体名词有的是由个体名词加类词或者物质名词加度量衡量词构成的,例如“车辆”(参见6.4.3(4))。

集体名词也可以由列举成员或举例的方式构成,如“父母”,“桌椅板凳”,“亭台楼阁”,“风花雪月”。

(4) **抽象名词。**抽象名词不能用个体量词或度量衡量词,只能用种类量词如“种”、“类”、“派”,动量词如“顿”、“番”,部分量词如“些”、“点儿”。但是许多表抽象事物的名词在语法上是个体或物质名词。“两个学说”、“一个梦”、“三场戏”里边的“学说”、“梦”、“戏”是个体名词,“四年工夫”、“三分力量”里边的“工夫”、“力量”是物质名词。

抽象名词的例子:病:“他的脾气不好是一种病”;祸:“我怕你要惹出一场大祸来了”;累:“一个人身体不好也是一种累”;礼:“礼到了,人家就不能再怪你了”。总的说来,单音节的抽象名词是不多的。较长的抽象名词:成绩,道理,患难,交情,火气,人生,可能(性)。

抽象名词常常跟别的词类跨类:福气 N～A,争执 V～N,亏空 V～N,迷信 N～A～Vt;希望 V～N,羞耻 N～A。

7.2.1 名词和通用 D-M。通用 D-M“一个”、“这个”、“那个”不但修饰个体名词,也修饰所有名词。“这事情咱们得有个商量。”“这个酒醇(shún),你那个酒太新了。”

7.3 专 名

专名不受 D-M 修饰。我们用“专名”这一名称而不用“专有名词”,因为我们规定名词可以受 D-M 修饰。地名不算专名(照我们的意义),因为地名是一种处所词,可以做“在”、“到”的宾语,专名不能。

从语义上讲,专名大多数是人名。专名应该只指一个人。当然,有名字相同的人。但是在一次出现的时候,听到这个名词的人总是知道指谁的,用不着用 D-M 或其他区别修饰语来加以区别。但是这不同于个体名词由于处于主语位置而取得的有定性。例如“人来了”里边的“人”是确有所指的,但是这不足以使“人”成为专名。

7.3.1 专名的自由与否和音节多寡。

单音节除特殊情况外总是黏着的。比如有人姓“黄”名“松”,你既不能单喊他“黄”,也不能单喊他“松”。甚至夫妇之间都得连姓带名地说。

双音节的姓可以单说。单音节的姓,如果不在后面加“先生”

什么的，就在前边加个“老”［或“小”］。

“字”或“号”。（略）

把单音节的姓或名视为黏着形式的倾向如此坚强，以至于把外国的单音节人名翻成两个音节，如 John 约翰，Dean 迪安。

7.3.2 单音节专名的特殊用途。

（a）中国古代史籍中单用名字，省去姓氏。如“操”＝曹操。

（b）跟亲属称谓合用，如“巧姐”。原来也许单名“巧”，或双名“巧□”或“□巧”，都可以省为“巧”。

（c）写信的时候，称自己的名字，如果是双名也可只用一个字。

（d）非常亲近的人，如父母对子女，夫妻之间，可以只用一个单音节相称，不管原来名字是单音或双音。

兄弟或姐妹或兄弟姐妹一块儿排行，“老大”、“老二”等。这个“老”只有形式，没有“老”的意义。“小”可不一样，“小二”、“小三儿”还是只用于小的。

7.3.3 专名的意义。（略）

7.4 处所词

处所词指可以用在下列位置里的体词：

在……	到……	到……去
上……去	从……来	望……走

例如：（名词、代词）　　（处所词）

*到门去	到门那儿去
*从老张到我来	从张家到我这儿来

处所词既然是体词,就具有体词一般所具有的功能,即做主语,做宾语,做修饰语。处所词做主语的一种特殊用处是给谓语提供一个背景,谓语可能是动词性的,也可能是一个 S-P 谓语。如“锅里没饭了”,“我们家里大人做事,小的上学”。

处所词包括:(1)地名,(2)某些 D-M 复合词,(3)某些 N-L 复合词以及有方位词在内的复合词,(4)指处所的名词用做地名。

(1) 地名。地名跟专名一样,不受 D-M 修饰。

地名的音节数和自由与否。跟专名一样,单音节地名是不自由的,也得结合一个类名造成一个地名。如“欧洲”、“美国”。双音节的就不需要加类名,如“日本”。比较少用的地名总是用全名:“荷兰”、“挪威”。中间状态的例子:“意大利～意国”。

比国名小的例子:苏州,定县;但天津,上海。译名:加州,麻省。外国的单音节地名,或者加类名,如“关岛”,或者拆成两个音节,如“波恩”。

从语义上看,地名有(1)地理单位,(2)政治单位,(3)机关学校等用做地名,如“在一中念书”,“从美国领事馆出来”。

山、水的名称需要带上方位词“上”、“里”才构成地名,如:“住在台山”(地名),但“住在泰山上”(山名)。可以说“从太湖到黄河有多远?”但是“有个小船儿在黄河上走呐。”

(2) 位置词。表示事物的相对位置。是处所词里边可以列举而结合面很宽一个小类。例如:里头,右边儿,背后,这里,别处。位置词可以单用,如:“里头的声音外头听不见”。位置词常常有别的体词做修饰语,表明这位置是对什么而言,“身上的哪儿疼?”如果位置是一个黏着形式,就成为一个 N-L 复合词,见下(3)。

大多数位置词是双音节的，由一个区别字加一个后缀或结合力强的末尾语素构成。下面先讨论单音节的位置词。

(2.1) **单音节的位置词**为数不多，出现受限制。除“这儿”、“那儿”、“哪儿”这三个(见下2.2)外，单音节的位置词都是方位词：

上，下，前，后，内(非“里”)，外，左，右，东，南，西，北。

它们大都出现在某些文言性质的现成语句里，在文言里当然大多数语素都是自由的，例如：

上有天堂，下有苏杭。　　左也不是，右也不是。

前不见古人，后不见来者。　东张张，西望望(～东张西望)

注意：“里”虽然跟“内”是同义词，可不能在后边跟一个动词。

第十一表　介词后的单音节区别词

		1 在	2 望	3 向	4 到	5 从	6 以	7 之
a	上	在上	望上	向上	*	从上	以上	之上
b	下	在下	望下	向下	*	从下	以下	之下
c	前	在前	望前	向前	*	{从前}	{以前}	之前
d	后	在后	望后	向后	*	*	{以后}	之后
e	内	{在内}	*	向内	*	*	{以内}	之内
f	里	*	望里	向里	*	*	*	*
g	外	{在外}	望外	向外	*	*	{以外}	之外
h	左	(在左)	望左	向左	*	从左	*	之左
i	右	(在右)	望右	向右	*	从右	*	之右
j	东	(在东)	望东	向东	(到东)	(从东)	以东	之东
k	南	(在南)	望南	向南	(到南)	(从南)	以南	之南
l	西	(在西)	望西	向西	(到西)	(从西)	以西	之西
m	北	(在北)	望北	向北	(到北)	(从北)	以北	之北

除出现于动词前外,第十一表里表示单音节分疏区别词出现于介词或动词后的情况。* 号表示不出现,()是少见或有特殊意义,{}表示非位置的意义。没有包括“之中”,因为是文言。没有包括“之间”,因为虽然口语里有,可是它是一个位置词,其中的“间”不是区别词而是方位词(7.10,L13)。

首先,总说几句。只要把后边的单音节区别词改为双音节的位置词(加“头”、“边儿”等),大多数 *,(),{}的例子就成为意义明显的短语,例如:* 到前→到前头 {在外}→在外头

(从东)(到西)→从东头(,)到西头。

其次,单音节的位置词的前头不能用“的”,后头也不能用“的”,而相应的双音节位置词都可以。例如:

* 书的上:书的上头　　* 上的书:上头的书

* 房子的东:房子的东边儿　　* 东的房子:东边的房子

第三,“向”、“以”、“之”是从文言里借来的,现在还带文言色彩,因而较易跟单音节结合。“内”比“里”文,因而有“以内”、“之内”,没有 *“以里”、*“之里”。但“向内”、“向里”都有,大概由于“向”的同化较深。

就表内的个别项目来说,“在内”和“在外”分别有“包括”和“不包括”的意思。2e *“望内”不出现,因为文言白话不混。5c“从前”只用做时间词,处所意义只能用“从前头”。同样,“以前”和“以后”只用做时间词。6e“以内”和 6g“以外”一般用于抽象意义,指在不在名单或类别之内,不用于空间位置。

(2.2) 现在讲**双音节形式**。双音节形式全都是自由的位置词,并且照字面的意思讲。我们在第十二表里列出方位词加后缀构

成位置词，然后指出一些位置词的形式是复合词，不是加后缀的派生词。

第十二表 双音节的位置词

		1 ·头	2 ·边(儿)	3 ·面(儿)	4 ·里～儿
a	上	上头	(上边(儿))	(上面(儿))	*
b	下	(下头)	(下边(儿))	(下面(儿))	*
c	前	前头	(前边(儿))	(前面(儿))	*
d	后	后头	(后边(儿))	(后面(儿))	*
e	内	*	*	*	*
f	里	里头	(里边(儿))	(里面(儿))	*
g	外	外头	(外边(儿))	(外面(儿))	*
h	左	*	左边(儿)	(左面(儿))	*
i	右	*	右边(儿)	(右面(儿))	*
j	东	*	东边(儿)	*	*
k	南	*	南边(儿)	*	*
l	西	*	西边(儿)	*	*
m	北	*	北边(儿)	*	*
n	这	*	这边(儿)	(这面(儿))	这里～这儿
o	那	*	那边(儿)	(那面(儿))	那里～那儿
p	哪	*	哪边(儿)	(哪面(儿))	哪里～哪儿

1b“下头”放在括号里，因为虽然吴语里用的多，普通话里最常用的却不是“下头”而是“底下”（这是 N-L 型的位置词，见下(3)）。

第一栏的后缀“·头”应当跟位置词“头儿”区别开来，后者如“东头儿路北”。北京话里还有个“头儿里”，跟“前头”同义。

后缀"·面"(第三栏)不如"·头"或"·边(儿)"普通,如表里所表明。第四栏的后缀"·里"和它的不成音节的形式"儿"不跟从 a 到 m 的项目结合,只跟 n 到 p 的"这"、"那"、"哪"结合。它们的语音形式如下:

	这里～这儿	那里～那儿	哪里～哪儿
较正式	zhè·li	nà·li	nǎ·li
较随便	zhèr～zhàr	nàr～nèr	nǎr

因为 e 这个元音在去声比较开,接近 a,所以"这儿"、"那儿"各有两个形式。

没有*"内·里",但是有"内里",这是一个同义结合的复合词,其中的"里"不是轻声,不是后缀。

有某些双音节的位置词没有包括在表里头,因为它们的成分不跟别的成分积极结合。表示中间(middle,between)的意思的有四个形式,都以"中"和"间"为基础:"当中","当间儿","中间儿","中间",其正式性递升,其出现频率递降。都可以用"正"修饰:"正当中"等等。表示旁边(beside,by the side(of))的意思的有"旁边儿",没有收入第十二表是因为里边的"边儿"不是轻声,不是后缀。跟"后头"同义的有"背后",这是一个 N-L 形式。除了非常通用的"里头"和较抽象的"内里"之外,还有一个"内中"。

量词"处"构成四个复合词和一个重叠式作为位置词:"远处","近处","别处","到处(儿)"和"处处"。[似应加"各处"]"到处"和"处处"不用在"在"字之后,因为"到处"里边已经有了个"到","处处"总是出现在动词之前。相反,这些位置词很自然地出现在主语位置上:"到处有烟","处处有毛病"。

由区别词结合而成的双音节，有的是自由的位置词："东南"，"东北"，"西南"，"西北"（"别对着西北看"）。有的是黏着或半黏着："左上"，"左下"，"右上"，"右下"（"中国文字是从右上望下写"）。但是除在"从"、"望"等后头，这些形式就只在复合词里才出现，因此可以叫做半黏着，意思是它们占据自由形式的位置。

（3）**N-L复合词作为位置词。**例如：

心里　　山上　　海外　　身边　　手下

在专名和代词之后，不能用别的方位词，只能用两个通用方位词"这儿"和"那儿"："笔记本也不在我这儿，也不在老三那儿。"

N-L复合词的性质在6.4.4节已经详细讲过，而方位词又将在下面第10节列举，这里就不需要多讲了。

（4）**指地的名词用作地名。**指地的名词不是必然的处所词，一般需要加上方位词才构成处所词（参上（3））。其他指地的名词不作处所词的例子：

江　　河　　湖　　城　　路　　街　　房子　　宝塔

可是有些指地的名词因为常用，说的人听的人都知道指的哪一个特殊的地方，因而取得了处所词的地位。例如，不但可以说"在一个邮政局里做事"、"走到了一个邮政局那儿才回来"（有方位词"里"、"那儿"），也可以说"走到了邮政局才回来。"同样能不加方位词就当处所词用的例子：

家（不及"家里"常见）　　学校　　铺子　　客厅　　书房

饭厅　　厨房　　车站　　飞机场　　教堂　　电报局

7.4.1　处所词和处所短语：处所词语。例如：

左边儿（处所词）：那位戴黑眼镜儿的先生的左边儿（处所短

语）

江北（处所词）：（长）江的北边（处所短语）

一般说，处所短语的句法功能跟处所词一样，只是不像处所词往往有专门化的意义。

7.4.2　带"地方儿"的短语。除用做处所词外，还可以有引申义"在……方面"。"在能够帮你的地方儿，他没有不帮你的。"

［按："上，下，前，后……"等，本书里边有三个名称：(a)位置词 position word，(b)方位词 localizer，(c)分疏区别词 specifying determinative，在什么地方适用哪一个名称，三者的成员是完全相同还是有出入，读者最好把本节和7.8(2)节，7.10节一块儿研究。］

7.5　时间词

时间词和处所词一样，能够放在下面的位置上：

在……　　到……

但是跟处所词不同，不能放在下面的位置上：

到……去　　上……去　　从……来　　望……走

另一方面，时间词能放在下面的位置上：

等到……　　从……V起

"到……为止"和"从……起"的里头，处所词和时间词都能用，还可以用表数量的词。"到北纬二十三度半为止"，"到五点为止"，"到十磅为止"。

"长针慢慢儿的望十二点走"好像是个例外，实则这里的"十二点"指钟表面儿上某处，因而不是时间词，是处所词。

不是所有表示时间的词都是时间词。时间副词如“马上”、“立刻”、“随时”、“已经”、“本来”、“起初”、“忽然”——没有一个能放在上述位置上，因而不是语法意义的时间词。

表示时间长短的词，一般是 n-M 形式，不是时间词。例如“月”、“礼拜”、“三年”都不是时间词。

跟处所词一样，时间词可以做主语、宾语、修饰语：“今天晴天”、“我一直醒到天亮”、“将来的事情有将来的人问”。时间词做主语，常常是提供一个背景，跟着一个 S-P 谓语：“今天我们过年。”如果又有时间词又有处所词做主语，一般是(但不必然是)时间词在前：“今天海上风浪很大。”但是主要的话题决定主要的主语：“我们家里今年过年，可是去年没有。”

在语义方面，时间词或者表示从古到今的时间之流上的某一处，如“周朝”、“一九六七年”，或者表示相对于说话的时间的一个时间：“古时候”、“明天”。

在内部结构上，时间词总是复杂的，包括五个单音节在内：“前儿”、“昨儿”、“今儿”、“明儿”、“后儿”；那里边的“儿”是“日”的弱化形式。“今日”、“明日”等等是确定无疑的文言，而“今天”、“明天”则不像“今儿”、“明儿”的随便，在风格上是无色彩的。下面分别讨论(1)时间名称，(2)相对时间词，(3)某些 N-L 复合词和其他涉及方位词的复合词。

(1) 时间名称。时间名称是表示历史上一定位置的时间的名词，包括朝代、年号、其他时代名。朝代名称总是单音节，不自由，因此总带一个“朝”字构成一个时间词：“从商朝到周朝有多少年？”但是加上区别词“前，后，东，西”之后，成了双音节，自由了。[“朝”

字也不要了,并且不能要了。]

以年号为其形式的时代名一般要带上"年间"、"(的)时候"或"(的)时代"构成一个时间词或时间短语。

干支作为时间词。有的意义已经专门化:"庚子"=1900。"元年"=第一年。(一九)四九(年),"年"可省,"一九"也可省。

四季名称:春天,夏天,秋天,冬天。

月份名称:正月,二月……十二月。像,但不是 n-M 复合词。"月"一般不是量词,是普通名词,可以用量词"个",如"三个月"。"三月"的"三"是序数。

星期七天名称:(通用)礼拜天(~日~ø),礼拜一,……礼拜六。 (较正式)星期日(~天)

一年里的特殊日子:春分,夏至,清明……(廿四节气)

(大)年初一~元旦。

一月之中的日子:初一,初二……初十,十一……(用于阴历)

一号,二号……十一号……(用于阳历)

一天里的时间:早晨,早起,早.qin,晌午,晚上,夜里,白天,黑下,上午,下午,上半天,下半天,晚半天儿,中午,正午,半夜,五点(钟)。(n-M N 复合词)五个钟头(~小时),七点(零)三分。

(2) 相对的时间词。一般是复杂结构,多数是多音节,通常为 D-M 复合词形式。少数情况,时间词和处所词是跨类的:"这会儿"间或是"这里"的意思,而"这会儿"的变体"这·her"用于处所比用于时间更多。"这地儿"也用于"现在"的意义。一般说,处所词和相对时间词是分清的,而且时间词的区别词跟处所词的区别词也只有部分重复("上"、"下"、"前"、"后")。

大多数相对时间词是D-M形式，其中D和M的结合是宽泛的，但不是无限制的，因此有列表表明出现不出现的需要，见第十三表。

第十三表里的区别词按时间顺序排列，除了“那”（一般指过去，但非必指过去）和“哪”（过去，现在，未来）。除量词（M）外，我们加进一个后缀（-x）“儿”和一个名词（N）“月”以资比较。“礼拜”、“学期”、“世纪”是M兼N，作为N，可以带M“个”。跟第十二表一样，* 表示不存在，()表示少见，L表示文言。

注意：“前”有两个意思，例如“前天”跟“今天”隔着个“昨天”，但“前个月”紧挨着“这个月”。“这”的形式中，“这会儿”一定指现在，“这天”就不一定指今天，可能指上文提到的一天。“这年”也一样。“这”和别的量词结合也都可以有两种意义。

为了不让这个表太烦琐，没有列入“大前天～大前儿”，“大前年”，“大后天～大后儿”，“大后年”，“上上礼拜”，“下下礼拜”。

“上学期”有两个意义：(a)＝上(一)(个)学期，是相对时间词。(b)＝第一学期，是时间名称。“下学期”同。见第十四表（略）。

“上礼拜”和“下礼拜”没有歧义。但是“下礼拜六”，虽然语法结构是区别词“下”加时间名词“礼拜六”，可是语义结构是“下礼拜”加“(的礼拜)六”。“上礼拜……”的情形相同。因此跟英语的next-和last-有时候一致，有时候不一致。

有许多时间词不是由区别词加量词或时间单位名词构成的。指示过去的有“过去”、“从前”、“当初”、“起初”、“起先”、“起头儿”、“先头”、“以前”。它们都是体词，可以跟在“从”后头，连“从前”在内，例如可以说“从从前到现在”。以上这些时间词，可以在前头用“从”，但不能用“到”。

"近来"、"刚才"、"现在"，以及第十三表里的"这会儿"、"那会儿"、"哪会儿"，既可以用"从"，也可以用"到"。

指示将来的有"以后"、"后来"、"将来"。这些只能用"到"，不

第十三表

	1 M 天	2 M 日	3 -x -儿	4 M 回	5 M 次	6 M 会儿
a. 前 （早于今昨）	前·天	L	前儿	—	—	—
前 （早于某一）	—	—	—	前回	前次	前一会儿
b. 去	*	*	*	*	*	*
c. 上	*	*	*	上·回	上。次	*
d. 昨	昨·天	L	昨儿	*	*	*
e. 今	今·天	L	今儿	（今回）	（今次）	*
f. 这	这天	（这日）	*	这。回	这。次	这·会儿
g. 本	*	L	*	*	*	*
h. 明	明·天	L	明儿	*	*	*
i. 下	*	*	*	下·回	下·次	*
j. 来	*	L	*	*	*	*
k. 后	后·天[注]	L	后儿	（后回）	（后次）	*
l. 那	那天	（那日）	*	那。回	那。次	那·会儿
m. 哪	哪天	哪日	*	哪。回	哪。次	哪·会儿

[注：按"前"字例，"后天"、"后年"和"后回"、"后次"也应分两行。]

能用"从"。

注意:上面提到的时间词有的不一定是拿说话的时刻做标准,也可能拿谈论的某一时间做标准。例如"以前"可以指此刻以前,

相对时间词

7	8	9	10	11	12	13
M～N	N	M	M～N	M	M～N	M～N
礼拜	月	季	学期	年	年度	世纪
—	—	—	—	前·年	—	—
前礼拜	前个月	前一季	前学期	—	*	前一世纪
*	*	*	*	去·年	*	*
上礼拜	上个月	上一季	上学期	*	上年度	*
*	*	*	*	L	*	*
*	*	*	*	今·年	*	*
这个礼拜	这个月	这一季	这个学期	这年	这个年度	这个世纪
L	本月	(本季)	本学期	L	本年度	本世纪
*	*	*	*	明·年	*	*
下礼拜	下个月	下一季	下学期	下年	下年度	*
*	*	*	*	L	*	(L)
*	*	*	*	后·年	*	*
那个礼拜	那个月	那一季	那个学期	那年	那个年度	那个世纪
哪个礼拜	哪个月	哪一季	哪个学期	哪年	哪个年度	哪个世纪

可以指过去某事以前,还可以指将来的某事以前。“以后”可以指过去某事以后;事实上,“后来”用于过去比用于未来的多。

某些表示相对时间的词不是语法意义上的相对时间词,因为它们的功能不是时间词的功能。例如,虽然“刚才”是时间词,跟它意思差不多的“刚”和“刚刚”就是副词,只能放在动词前头,不能放在“在”、“从”、“到”后头。有少数表示相对时间的词具有动宾复合词的功能:“过会儿”、“等会儿”、“呆会儿”、“过天”、“赶明儿”。这些都不用在“在”等等后头。因为它们大都出现在连动式的前段,它们的功能是副词,除了“等会儿”、“呆会儿”可以兼做主要动词以外。

(3) **N-L 复合词作时间词。**跟同类型的处所词相似。多数方位词既可以出现在处所词里头,也可以出现在时间词里头。例如:“前”、“后”,既构成处所词“门前”、“门后”,也构成时间词“饭前”、“饭后”。此外如:

早上,中上,晚上,黑下,午前,午后,日后,事后,日里,夜里,二月里,月中,日内(文)。

复合方位词“前后”、“上下”、“左右”也是处所词和时间词里都用的,如“下午六点前后(～上下～左右)”。

方位词“先”、“初”、“底”、“末”只用在时间词,例如“事先”、“月初”、“年初”、“月底”、“年底”、“周末”。

两事之间的时间跟两地之间用同样的词:“当中”、“当间儿”、“中间儿”、“中间”、“之间”(文)。

时间词和时间短语。情形跟处所词和处所短语相同。

7.6 D-M 复合词

第六章(6.4.3)里已经简单地谈了谈 D-M 复合词,现在要把它作为一个词类来详细地讨论一下。

一个 D-M 复合词是一个体词,可以做主语、宾语、修饰语,如:“三块[糖]太甜了”(主),“我忘了那次了”(宾),“十斤的肉有十斤的价钱”(饰)。

一个 D-M 复合词经常修饰一个名词,一般不修饰另一个 D-M 复合词,例如“这个三年”不如“这三年”普通,“这三年”是一个复杂的 D-M 复合词,是 d-n-M 型。

7.6.1 复杂的 D-M 复合词。 往后有两节分别列举区别词和量词,在这以前让我们先看看几种类型的复杂 D-M 复合词,由一个以上的区别词和/或一个以上的量词构成的。例如:“这十万卷书”,这里头“这”是一个指示区别词,“十”是一个数量区别词(数词),“万”是一个数量量词,“卷”是另一个量词,“书”是一个名词。在第十五表里列举各种结构类型,有一个固定系列的例子,配合一系列加以变化的例子。这个表的用意说明不是所有的结合都出现,例如没有*“些人”(除非在指示词或动词之后),没有*“三人”(除非文言)。

7.6.2 D-M 复合词的一些句法性质。

(1) D-M N 结构中修饰语的位置。 由于D-M是一个复合词,拒绝别的成分插入中间,所以修饰语一般在 M 之后,N 之前。因此只有“一个好人”,没有*“一好个人”。但如果修饰语是修饰M的,当然就得放在M之前,如“一大张纸”。如果两种次序都讲

第十五表　复杂的 D-M 复合词

固定例						变化例					
(V)	Dd	Dn	Mn	M	N	(V)	Dd	Dn	Mn	M	N
	这						这	(不行!)			
	这	三	百				那	两	千		
	这	三	百	·个			前	二	·十	年①	
	这	三	百	·个	人		那	五	百	枝	蜡
	(这	三	百		人)②		(每	两	万		兵)
	这	三		·个			哪	几		种	
	这	三		·个	人		下	一		·个	礼拜
	这		。些				这		。些(够了)		
	这		。些	·个			那		。些	家	
	这		。些	·个	人		那		。些	家	饭馆儿
	这		。些		人		前		。些		时候儿
	这			·个			哪			本?	
	这			·个	人		全			部	书
	这				人		那				玩意儿
		三	百					五	十		
		三	百	·个				二	千	两	
		三	百	·个	人			几	万	块	钱
		三	百		人			两		打③	鸡子儿
		三		·个				半		天	
		三		·个	人			一		磅	肉

续表

固　定　例						变　化　例					
(V)	Dd	Dn	Mn	M	N	(V)	Dd	Dn	Mn	M	N
(找)			·些			(拿)			·些		(去!)
(找)			·些	·个		(买)			·些	·个	(吧)!
(找)			·些	·个	人	(问了)			·些	·个	谁?
(找)			·些		人	(找)			·些		绳子
(找)				·个		(吃)				·块	(吧)!
(找)				·个	人	(沏)				·碗	茶

① "前二十年"有两个意义:(a)以前的二十年时间,(b)二十年前那个时候。

② 这个结合有限制,"人"、"兵"特殊,一般名词不行。

③ 原列入 Mn 行,但"打"是 M,例如"二十打铅笔"。

得通,并且是同义的,修饰语在前的形式显得更生动些,如"一大块石头"比"一块大石头"生动。

(2) M=一 M. 在动词之后,量词前的"一"常常省掉,量词不带重音,宾语的中心词带重音。如"来。一。碗汤!"常常缩短为"来。碗汤!"同样,"说(。一)。句话","吃(。一)。点儿点心"。我们说过,汉语里有一种强烈的倾向,把所指有定的词语放在主语位置上,所指无定的词语放在宾语的位置上。在后者省去"一"的时候,那么在后的位置就是强制性的了。换句话说,不能在一句话的头上用 M 代替"一 M"。惟一的例外是广州话,例如可以说"条绳唔够长","啲人重未嚟"。可是这里省去的区别词不是"一"而是"嗰",这两句话相当普通话里的"那条绳子不够长","那些人还没来"。在前的位置包含所指有定的意思。

(3) D-M N 和 D-M 的 N。一般说,个体量词(类词)不能加“的”,如 * “两枝的笔”。度量衡量词之后,两可,如“两升(的)米”。“点、分、秒”和“钟”之间不加“的”,因为“点钟、分钟、秒钟”几乎已成一个量词,如“几分钟(的)工夫”。“块、毛、分”的情况与此相似,如 * “三块的钱”,“买了三块钱(的)肉”。

临时量词,以及在较少情况下容器量词,一般带“的”,用以表明用名词做量词。“一碗汤”,“一杯酒”,不加“的”,因为一般用这些容器做这些物质的量词。但是“洒了一地的糖”,“引了一厨房的蚂蚁”,一般带“的”。

(4) “三十间房子”和“三十间的房子”。有没有“的”意思不同。讲房子的数量,是 D-M 的一般用法,中间不加“的”。“三十间的房子”讲房子的大小,“三十间”是修饰语的性质,所以加“的”。

“两样(儿)菜完全一样”,前一个“样(儿)”是量词,后边的“一样”是一个形容词,不儿化。

(5) D-M N 和 N D-M。“方桌一张,藤椅六把”这种格式用于发票、账单等。这种 N D-M 的次序可以看做 N 是主语,D-M 是谓语。事实上,在清点物资(盘货等)的时候,常常由一个人喊出名目(N),由另一人回答数量(D-M),这一问一答恰好构成一个句子,正如我们在第二章里已经讲过的(2.6.2 节)。

(6) D-M　D′-M′形式。

(a) 简单的并列:“两个办法简直是半斤八两”,“这家儿那家儿的菜都贵”。

(b) 主谓关系:“八块八块十六块”。主语和谓语合起来表示一种比率:“一点钟二十英里”,“一块钱三个”。次序可以颠倒:“二十英里一点钟”,“三个一块钱”。

(c) 构成生动式副词和形容词:“一句一句的说”,“三步两步的跑”,“一座一座的海岛”。

(7) D-M 复合词作为数量词。本节讲 D-M 复合词是从这种复合词的内部结构着眼。但是我们已经讲过的体词各类都是依据它们的功能来分的,因此 D-M 复合词有跟别的类部分重复的可能。例如处所词“南边儿”、“两头儿”,时间词“这回”以及第十三表里其他例子。有些 D-M 复合词是代名词性质,如“十个梨太多了,我只要五个”。常用的指示代名词“这个”、“那个”和疑问代名词“哪个”也是 D-M 结构。除这些以外,还有大量的 D-M 复合词(大多数由数词做区别词加量词构成的,即 n-M),既不是名词,也不是处所词,也不是时间词,也不是代名词,只是数量词(Q)。例如“三年”、“五尺”。“三年”不是时间词,因为不能放在“在”的后头,“三年内”才是时间词,“三年以内”是时间短语。

从句法上讲,一个数量词可以放在下列格式里:

(a) 比 Q A	例:比一寸长。
(b) 有 Q(那么)A	有十斤重。
(c) 没(有)Q(那么)A	没一年那么长。
(d) 不到 Q	不到两瓶。
(e) 不止 Q	不止十把。
(f) 从 Q_1 到 Q_2	从四尺到六尺。
(g) 在 Q 以上	在十年以上。
(h) 在 Q 以下	在三岁以下。
(i) 在 Q 以外	在一百万光年以外。

(j) 在 Q 以内　　　　　　　　在八丈以内。

注意:(f)项 Q 可以用在“从……到……”里,但是 Q 不能单独用在“在”字后头,必得加“以上”等等。

跟处所词和时间词一样(7.5(3)),数量词之后可以加复合方位词“上下”、“左右”。例如:“六尺上下”、“十年左右”。但是只有时间名词可以加“前后”,如“春分在三月二十一日前后”。

7.7 N-L 复合词

D-M 复合词可以是处所词、时间词、数量词,或代名词,N-L 复合词却大多数只是处所词和时间词(“心里”,“墙上”,“夜里”,“饭前”)。只有少数是名词、专名或者代名词,如“陛下”、“阁下”是代名词,“门下”(学生)是名词,“王家里”(苏州话)是专名。这些 N-L 复合词为数不多,都有专门意义。

对于 N-L 复合词,我们已经讨论过它的结构(6.4.4),作为处所词(7.4(3)),作为时间词(7.5(3)),而方位词又将在下面(7.10)列举,这里不再讲什么了。本章头上第十表里也没有把 N-L 复合词列进去。

7.8 区别词(D)

大多数区别词(D)、量词(M)、方位词(L)是黏着的单音节的语素。区别词是黏着于后,量词和方位词是黏着于前,构成 D-M 和 N-L 复合词,有的是临时词,有的是词汇词。我们把它们列入词类，理由之一是它们大多数的结合面无限制，可以构成非词汇性的临时词，如“那片”、“三课”、“门上”。有特殊的、词汇性的例子，但是其比例不比自由词组成的短语中的惯用语的比例为大。另一个理由是D，M，L跟句末的助词一样，常常跟短语结合。例如“两大箱子的衣裳”，“两”跟“大箱子”(临时量词)结合，“他住的那所房子里有暖气”，“里”在语音上附着于“房子”，但语法上不是跟“房子”结合，如果是跟房子结合成为“房子里”，那是一个处所词，不受D-M“那所”的修饰，D-M只修饰名词。甚至不是跟“那所房子”结合，而是跟“他住的那所房子”结合。那里边“他住的”是一个小句做修饰语。

如果一个D或M或L不止一个音节，带重音[＝非轻声]，那么它就是自由的，可以不构成D-M或N-L复合词而单独出现。例如，不但可以说“你要多少个？”也可以说“你要多少？”可是只能说“你要几个？”不能说“你要几？”双音节的量词常常兼属名词，如“三星期”～“三个星期”，“两对周”～“两个对周”。

有**四种区别词**：(1)指示区别词(Dd)，(2)分疏区别词(Dc)，(3)数目区别词(数词)(Dn)，(4)量度区别词(Dq)。

(1) 指示区别词。指示区别词有三个：

这 zhè～zhèi　　那 nà～nèi　　哪 nǎ～něi

它们也做代名词用(自由)，语音变化详下7.11.4(4)节。

它们跟各种量词都可以结合。跟度量衡量词或临时量词结合的时候，一般(但不是必然)在中间插入一个数词：“这一天”、“那一地的泥”。

指示区别词跟方位词“里”和后缀“儿”构成处所词。

（2） 分疏区别词（specifying determinatives）。

每，各，别，另，旁，本，某，上，下，前，后，今，明，昨，去。

这里边只有“每”的结合面接近指示区别词“这”、“那”，其余的都有这样那样的限制。

（3） 数目区别词（数词）。它的范围比起算术意义上的数目字来，一方面宽些，一方面又窄些。宽些，因为包括不定数“几”。窄些，因为“二”和“两”都指的是2，可是用法不同。

数词一般用来指基数，表示序数在数词前头加“第”。直接用数词表示序数的例子：一月，二月……。二哥，四妹。

歧义：“三条”（序数为胡同名），“一千九百六十五年”。

（a） **简单数目。**一，二，三，四，五，六，七，八，九，十，零。

电话里为了避免听错，这样说：

	1	2	3	4	5	6	7	8	9	0
第一声	幺		三				乖	八	勾	
第三声		两			五					
第四声				四		六				洞

“一”的特殊情况。变调：一、二、三声之前用四声，四声之前用二声，停顿之前用一声。“第一中学”、“一九一一”等处“一”不变调。

带重音，如“只喝了一杯酒”（强调数目）。不带重音，“喝了·一。杯酒”（不强调数目）。进一步弱化就完全丢掉（7.6.2（2）节）。但是临时量词、准量词前头的“一”在动词之后也难得省去。

“二”和“两”。“二”用于：（1）数数（此时是名词）。（2）二两，（3）二寸，二三十。（4）序数：二月，七回，二次（二次革命）。

“二”或“两”用于：（1）两位～二位。两成～二成。（2）一块两毛～一块二毛。(3)两寸(长)～二寸长。(4)两三磅～二三磅。其余地方都用“两”。

“两”不带重音时[＝轻声]可有“儿”的意思。

“俩”、“仨”。“两个”、“三个”合音。“四呃”,“五呃”。

“七”、“八”的变调。同“一”。

(b) 复合数目(100 以内)。多音节,因而自由,“他今年十七”。

11—19 的说法是“十”加简单数词。但如前头还有数目,“十”的前面可以加“一”,也可以不加:五百(一)十九。用“一五,一十,十五,二十……”点数的时候,“一”变调为第四声,这里的“五”和“十”应该认为是量词。

“十”的倍数是“二十、三十……”。后面有量词时,“十”轻声,后头完了就不轻声。“二十三、三十四”里边的“十”总是轻声。

(c) 复合数目(100 以外)。四位一段。

九千一百二十三(9123×1)

五千六百七十八万(5678×10^4)

一千二百三十四亿(1234×10^8)

数目中间的 0,说成零。有几个 0 的时候,从前是有几个说几个,现在只说一个。

(d) 分数和小数。

十分之一,百分之一,千分之一。

七成,八成。十二分。万一。

十尺又百分之二十五～十又百分之二十五尺。

零点儿零零三。

九十八点儿六度～九十八度六(比较:一尺二,两毛五,三百六，一千二）。

一年（又～零～ø）五个月。

（4）**量度区别词。**介乎分疏区别词和数目区别词之间，不给出确切的数目，但表示相对的数目或未知的数目（用于问话时）。

（a）一。一脸的脏。一屋子的烟。一路下雨。

意思是"全"、"满"。这个"一"非轻声（不同于"要（一）块布"的"一"），但变调（不同于"只要一块布，不要两块"）。不用于个体量词、标准量词，但用于临时量词、容器量词。一般带"的"。

（b）满。也是限用于临时量词和容器量词：满天的霜。满肚子的不高兴。梨花开的满树。准量词不跟"满"结合：* 满国。

（c）全。主要用于准量词：全国。全课的生字。也用于集合量词：全副。全套。用于临时量词：全身子的……。

（d）整。多种量词都适用：整条。整瓶。整课。

（e）半。作为区别词（不作为量词），"半"的用法跟"整"一样：半个。半张。半寸。半分钟。半箱子。半辈子。一半天（结构同"两三天"）。两本半。

（f）几？跟数目一样，除临时量词外都可以结合。几件？几师？几县？几下儿？疑问义不轻声，不定义可轻声。不定义必须在动词或指示区别词之后："有几个人"，"那几部书"。

（g）多（众多义和疑问义）。很受限制，主要只有：

多年。多会儿？多咱？

（g′）几、多、来作为不定的加量（尾数）。

十几双鞋。二十几个人。这房子卖五万几呐？

一百多（个）人。 三百来块钱（$300 and something）。

三者的数量范围：

十几：11—19

十多：11—15

十来：10—15

以下是双音节的。除"好几"以外，都兼属数量词(Dn-M)和量度区别词(Dq)：作为数量词，可以单用，也可以修饰名词(不另带量词)。如：买了许多；许多衣裳(数量词)。许多件衣裳(量度区别词)。这些双音节区别词可以跟临时量词以外的各种量词结合。

(h) 多少(众多义和疑问义)。"多"有一声、二声两读，"少"疑问义不轻声，不定义可轻声。

与"几"区别：(1)"几"限于十以下，"多少"无限制。(2)"几"限于可以计数的，"多少"无限制。

"多。少"(区别词)和"多少"(副＋形)。

能给多少就给多少。(两解)

(i) 许多。(j) 好些。不用于疑问。可计数和不可计数的都适用。"好些"的"好"有三声、二声两读。

许多根糖棍儿；许多糖。　　　好些道菜；好些菜。

(k) 好多。只用于可计数的。好多种烟：屋子里有许多烟。

(l) 好几。除不用于疑问外，用法与"几"相同。

(m) 很多。作为区别词，意义和用法跟"许多"、"好些"相同。但可用做谓语，以上讲过的区别词，除"多"外，都不能做谓语。

"很多"的反义词"很少"不是区别词。它是一个形容词短语，可做谓语和修饰语。

椅子很少。很少人知道。

第十六表 量度区别词和量词

量词 \ 量度区别词	1—4 Mc 个体量词 Mc′同上（v-o） Mg 集合量词 Mp 部分量词	5 Mo 容器量词	6 Mt 临时量词	7 Mm 标准量词	8 Mq 准量词	9 Mv 动量词	作形容词
a.一	*	一屋子	一 脸	*	*	*	*
b.满	*	满肚子	满 树	*	*	*	可
c.全	全 套	*	（全身）	（全年）	全 国	*	可
d.整	整 条	整 瓶	整桌子	整 匹	（整课）	*	*
e.半	半 张	半箱子	*	半 寸	（半辈子）	（半回）	*
f.几（疑、不定）	几 件	几盒儿	*	几 师	几 县	几下儿	*
g.多	*	*	*	（多年）	*	*	可
h.多少（疑、不定）	多少本	多少罐	*	多少岁	多少县	多少趟	*
i.许多	许多根	许多盘	*	许多两	许多国	许多下儿	*
j.好些	好些道	好些匣儿	*	好些斤	好些处	好些次	*
k.好多	好多种	好多杯	*	好多里	好多年	好多回	*
l.好几	好几个	好几桶	*	好几尺	好几幕	好几遍	*
m.很多	很多件	很多碟儿	*	很多磅	很多国	很多次	可
x.少	*	*	*	*	*	*	可
y.很少	*	*	*	*	*	*	可

但是*很少把椅子。(比较:很多把椅子)

第十六表总括了各个量度区别词跟各类量词结合的情况。

7.9 量 词(M)

量词九类:

(1) Mc 个体量词(类词)	(6) Mt 临时量词
(2) Mc′同上,V-O 中	(7) Mm 标准量词(度量衡等)
(3) Mg 集合量词	(8) Mq 准量词
(4) Mp 部分量词	(9) Mv 动量词
(5) Mo 容器量词	

同一语素兼属两类量词:刺一刀(Mv),一刀皮纸(Mm)。一口饭(Mp),一口钟(Mc)。

许多量词兼属名词:一刀纸(M),一把刀(N)。一床被窝(M),一张床(N)。

(1) 类词(Mc)。每一个名词都有专用的类词。另外有一个通用的类词“个”。有些名词有不止一个量词,按名词意义的不同分别应用。

一扇门,一道门,一个门。　这本书,这部书,这个书。

一副对子,一个对子。　一块手巾(～手绢儿),一条手巾(～毛巾)。

类词和名词中间不加“的”。只有数量词(n-M)做限制性修饰语的时候才用“的”:“两面两面儿的镜子”,“一部十本的书”。

在底下的名单里,任何一个类词的前头都可以加指示或数目区别词，后头可以用举例的名词。类词可以重叠表示遍指（例如“盏盏灯”）。

多数类词在翻成外语的时候，不必翻，也不好翻。

举例的名词后头的（方），不是指这个名词是方言词，是指这个名词用这个类词是方言用法。

Mc1. 。个：人，问题，学校，机会。

Mc2. 位：先生，来宾。

Mc3. 只：手，鹅，狗，船。

Mc4. 件：事（情），东西，家伙，衣裳。

Mc5. 枚：奖章。

Mc6. 朵（儿）：花儿，云彩。

Mc7. 尊：佛像，大炮。

Mc8. 所（儿）：房子，公寓。

Mc9. 座：洋房，自鸣钟，山，[桥，宝塔，碑，坟]。

Mc10. 家（儿）：铺子，人家儿。

Mc11. 架：飞机，机关枪，望远镜，[钢琴]。

Mc12. 辆：车。

Mc13. 艘：军舰（口语用“只”或“个”）。

Mc14. 盏：灯。

Mc15. 匹：马，驴，骡子。

Mc16. 头：牛。≠Mt（b）或Mq12。

Mc17. 口：井，钟（bell，非clock）。≠Mc′2，Mp37，Mq39，Mv25。

Mc18. 封：信（但：一个信儿）。

Mc19. 顶：帽子，轿子。

Mc20. 本（儿）：书，账（本儿），日记，画儿。≠Mq41。

Mc21. 床：被（窝），被单（儿）。

Mc22. 面：旗（子），镜子，锣。≠Mq45。

Mc23. 张：床，桌子，椅子（方），凳子，纸，薄饼。

Mc24. 扇：门（比较：一个门）。

Mc25. 幅：画儿。

Mc26. 堵：墙（比较：一道墙）。

Mc27. 把：刀，斧子，扇子，椅子，剪子，夹钳。≠Mp16，

Mv14。

Mc28. 牙儿:橘子,[西瓜]。

Mc29. 瓣儿:花瓣儿。

Mc30. 根儿:棍子,绳子,香烟,根儿。

Mc31. 枝:笔,箭,枪。

Mc32. 杆:枪。

Mc33. 棵:树,草,花儿。

Mc34. 管:笔。

Mc35. 条:蛇,鱼,狗(方),尾巴,绳子,腿,裤子,河。

Mc36. 道:河,桥,线,菜,[命令]。

Mc37. 颗:珠子,[米粒儿]。

Mc38. 粒(儿):米,沙子。

Mc39. 处:地方(儿)。

Mc40. 笪 dá(方):地方。

Mc41. 桩:事情。

Mc42. 门:科学,功课,学问,[亲(事),亲(戚)]。

Mc43. 行:买卖,本事。

Mc44. 部:书(著作或书本,"这部书我有两部")。比较 Mg31,≠Mq27。

Mc45. 篇:文章,[游记,等]。≠Mp22。

Mc46. 首:诗,歌,[七律,等]。

Mc47. 卷:杂志,××杂志。

Mc48. 期:杂志,××杂志。

Mc49. 出:戏,空城计。比较 Mc′16。

Mc50. 幕:话剧,喜剧。

Mc51. 顿:饭,点心。≠Mc′21 或 Mv17。

(2) V-O 中间的类词(MC′)。上一类类词跟名词结合成 D-M N 形式,做主语、宾语、修饰语的频率大致可以相比。现在这一类类词则主要出现在宾语里,但是跟动量词又有所不同,后者不特别联系宾语名词,并且也出现在不及物动词之后。Mc′量词可以重叠,这时候它必须在动词之前。

Mc′1. 句:说……话,问……话。

Mc′2. 口:说……好英文。≠Mc17,Mp37,Mq39,Mv25。

Mc′3. 手：写……好字，打……好牌。≠Mv19。

Mc′4. 笔：写……好字。≠Mp39 或 Mq14。

Mc′5. 票：当……当，赎……当。≠Mq36。

Mc′6. 届：开……会议，召开……国会。

Mc′7. 任：做……官。

Mc′8. 盘：下……棋。≠Mo(aa)。

Mc′9. 局(文)＝Mc′8 盘。

Mc′10. 桌：请……客，打……牌。≠Mg29 或 Mt(i)。

Mc′11. 圈：打……麻将。≠Mv12。

Mc′12. 将：同上，旧。

Mc′13. 台：}唱……戏，演……戏。

Mc′14. 场：}惹(～闯)一场祸。

Mc′15. 堂：

Mc′16. 出：}[上一堂课。]

Mc′17. 班：}开，搭，坐，趁……火车，船，

Mc′18. 趟：}飞机，公共汽车。

Mc′19. 水：洗……衣裳。

Mc′20. 炉：烧……陶器。

Mc′21. 顿：捱……骂，欠……打。≠Mc51 或 Mv17。

(3) **集合量词(Mg)**：跟 Mc 不同，多数能带“的”。不能带“的”的用 * de 表示。

Mg 1. 对(儿)：鸽子，眼睛，夫妻。* de

Mg 2. 双：眼睛，筷子，鞋，袜子。* de

注意：哪些名词用“对”，哪些名词用“双”，各地方不一致，例如广州话用“对”比普通话多。

Mg 3. 打：鸡子(儿)。

Mg 4. 十：既是 D，又是 M，除在复合数词中不带“一”，而在复合数词(如“一百一十辆汽车”)中“十”应是数目区别词，不是量词。只有像“八十

人"中间的"十"才是这里讲的集合量词。* de

Mg 5. 百：五百罗汉。* de

Mg 6. 千：三千学生。* de

Mg 7. 万：十万兵。* de

Mg 8. 亿：二亿居民。

Mg 9. 行：字，柳树。

Mg 10. 身：新衣裳。

Mg 11. 槽：牙，窗户。

Mg 12. 列(文)：火车。* de

Mg 13. 系列：问题。

Mg 14. 排：桑树，子弹。≠Mg45。

Mg 15. 副(～付)：手套，首饰，棋子儿，神气。

Mg 16. 套：家伙，玩意儿，把戏，[制服，军装]。

Mg 17. 堂：家具。≠Mc′15。

Mg 18. 沓儿 dár：纸。

Mg 19. 串：珠子。

Mg 20. 挂：佛珠，念珠。

Mg 21. 帮：工人。

Mg 22. 房：亲戚。

Mg 23. 批：货，学生。

Mg 24. 组：人员。

Mg 25. 窝：蜜蜂，耗子。

Mg 26. 捆：柴火，稻草。

Mg 27. 群：人，羊。

Mg 28. 胎：小猫儿。

Mg 29. 桌：菜，酒席。≠Mc′10 或 Mt(i)。

Mg 30. 进：房子。

Mg 31. 部：书(如只一本，就＝Mc44)。≠Mq27。

Mg 32. 种：东西，动物。

Mg 33. 类：东西，货物。

Mg 34. 样：菜，人。

Mg 35. 派：文章。

Mg 36. 流：人物。

Mg 37. 路：军队，服装。

Mg 38. 号儿：料子，苹果。

Mg 39. 师：
Mg 40. 旅：
Mg 41. 团：
Mg 42. 营：
Mg 43. 连：
Mg 44. 班：
Mg 45. 排：
} 兵。≠Mg14。

Mg 46. 队:学生,兵。

(4) **部分量词(Mp)。**形式特点同 Mg,只一点不同,很少能重叠表遍指。语义上与 Mg 相反。可是这种相反只是一个观点问题,因为一群个体可以同时是一个更大的群的部分。

Mp1. 些:事情,东西,粮食,麻烦。只有“一些”,没有*“两些,三些”。

Mp2. 份(儿):礼,钱,[功劳]。

Mp3. 部分:人民,原因。

Mp4. 半(儿):工夫,力量,钱。[只有“一半”;“两半”的“半”是 Mq。]

Mp5. 团:泥,乱纸。

Mp6. 块:石头,布,云彩。比较 Mm43。

Mp7. 堆:土,雪。

Mp8. 下子:汽油。≠Mv6。

Mp9. 挑(子):炭,水果。

Mp10. 担(子):水,活鱼。≠Mm33。

Mp11. 攒 zuán:毛,乱草。

Mp12. 子儿:绒线。

Mp13. 轴儿:线。

Mp14. 绺儿:头发。

Mp15. 掇 do'(方):泥,漆。

Mp16. 把(儿):筷子,花生。Mc27 或 Mv14。

Mp17. 卷(儿):胶片,纸,铺盖。

Mp18. 摊子:旧货,水果。

Mp19. 滩:水。

Mp20. 股:热气,劲儿。≠Mq37。

Mp21. 栏:新闻。

Mp22. 篇儿:书(=页,叶)。≠Mc45。

Mp23. 页～叶:书。leaf 或 page,后者印刷工人和编校人员称“面”。

Mp24. 片:面包,云。

Mp25. 层:楼,缘故,馅儿。

Mp26. 重 chóng:山,理由。

Mp27. 带:地方。

Mp28. 截儿:竹子。

Mp29. 节儿:竹子,甘蔗。

Mp30. 段(儿):故事,文章。

Mp31. 丝儿:肉。

Mp32. 点儿:面粉,东西,知识。只有“一”。≠点儿~点子(名词),≠Mq25 点(儿),≠Mq26。

Mp33. 滴:雨,眼泪(儿),药水(儿)。

Mp34. 剂:药。

Mp35. 帖:药。

Mp36. 味:药,菜。

Mp37. 口:饭,气。≠Mc17,≠Mc′2,≠Mq39,≠Mv25。

Mp38. 客:点心,汤面。

Mp39. 笔:款(子),债。≠Mc′4 或 Mq14。

(5) 容器量词(Mo)。后头总是可以带“的”的。它们跟 Mt 临时量词一样,基本上是名词(有自己的量词“个”等),是开放的类。底下的名单里不用号数,改用字母来辨别。注意,有些名词有后缀“子”、“儿”,用做量词时可以不带后缀(b,c,i,j,r,s,t,aa)。

Mo(a) 盒儿:洋火。

Mo(b) 匣(子,儿):首饰,宝贝。

Mo(c) 箱(子):书,衣裳。

Mo(d) 架子:古董。≠Mc11。

Mo(e) 书架(子):小说(儿)。

Mo(f) 柜子:瓷器,字画儿。

Mo(g) 橱:同上。

Mo(h) 抽屉:文件。

Mo(i) 筐(子,儿):菠菜。

Mo(j) 篮(子):梨,脏衣裳。

Mo(k) 篓子:炭,鲤鱼。

Mo(l) 字纸篓儿:废纸。

Mo(m) 炉子:灰。

Mo(n) 包:书,糖,香烟。

Mo(o) 袋~口袋:干粮,水泥。

[原有 Mo(p)窝:小猫儿,与 Mg25 重复,今删,字母递升。]

Mo(p) 池子:水。

Mo(q) 缸:金鱼。

Mo(r) 瓶(子,儿):醋,花儿。

Mo(s) 罐(子，儿)：荔枝。

Mo(t) 坛(子)：酒。

Mo(u) 桶：汽油。

Mo(v) 吊子：开水。

Mo(w) 盆：洗澡水。

Mo(x) 壶：茶。

Mo(y) 锅：面。

Mo(z) 笼：包子。

Mo(aa) 盘(子，儿)：水果，点心。≠Mc′8。

Mo(bb) 碟儿：小菜。

Mo(cc) 碗：饭。

Mo(dd) 杯：茶。

Mo(ee) 盅：烧酒。

Mo(ff) 瓢：汤。

Mo(gg) 勺子：汤。

Mo(hh) 勺儿：酱油。

Mo(ii) 调羹(方)：同上。

(6) 临时量词(Mt)。临时量词跟容器量词一样，基本上是名词。它跟容器量词不同在于它是较多地用范围或幅度来量度，难得是用容量来量度。它们后头带“的”的时候比容器量词多。它们跟别的量词的形式上的特异之处是不允许“一”以外数词做它的区别词，而用“一”的时候也是取它的“全”、“满”的意义(7.8(4a))。临时量词不能重叠起来表示遍指。

Mt(a) 身(子)：雪。

Mt(b) 头：白头发。≠Mc16 或 Mq12。

Mt(c) 脸：汗，脏。

Mt(d) 鼻子：碰了一鼻子的灰。

Mt(e) 嘴：粗话。

Mt(f) 肚子：不高兴。

Mt(g) 手：疤瘌，油。

Mt(h) 脚：泥。

Mt(i) 桌子：剩菜，没回的信。≠Mc′10 或 Mg29。

Mt(j) 院子：树叶子。

Mt(k) 地：玩意儿。

Mt(l) 房顶(儿)：霜。

Mt(m) 世界：漆，泥。

Mt(n) 事情(?)：意义同上。可能就是“世界”说别了。“事情”的写法没有在书面上见过，这里是记音。

(7) 标准量词(Mm)。 标准量词是名副其实的量词。大多数能重叠表遍指，能带"的"。它们跟(8)准量词不同在于后头跟名词，而准量词后头不能跟名词。跟别类量词一样，双音的不重叠。

标准量词的形式特点很像 Mc′和 Mg(见第十七表)。它们之间的分别是，第一，Mc′跟一定的 V-O 结构联系，而 Mm 不；第二，Mm 可以有 n_1-M_1 n_2-(M_2)的格式，如"六尺三(寸)"，而 Mg(g 不是标准单位)不能有这个格式；第三，Mm 后边带"的"的时候比 Mc′或 Mg 多。

标准量词是可以列举的，意思是非专门性的标准量词的名单是不长的。至于各种科技术语，虽不在本书讨论范围，但是可以指出，大多数单位名称是双音的，因而有名词功能(只做名词或也做名词)。例如说"一光年"或"一个光年"，"一米突"或"一个米突"或"一米"(但不说*"一个米")。

为简单起见，下面名单里只收口头说的，例如"市尺"收，"市寸"就没收。"英尺"、"英寸"、"公尺"收，"英分"、"公丈"就没收。"方尺"、"立方尺"等，除多音节性质外没有别的问题，也都不收。

Mm 1 尺。
Mm 2 寸。
Mm 3 分。
Mm 4 丈。
Mm 5 里。
Mm 6 公尺。
Mm 7 米(突)。
Mm 8 公寸(少用)。
Mm 9 公分(cm)。
Mm10 生的(cm)。
Mm11 公里。
Mm12 市尺。
Mm13 英尺。(呎、哩等字有两种念法，我们照口头说法收。）

Mm14 英寸。

Mm15 码。≠Mq94。

Mm16 英里。

Mm17 海里。

Mm18 光年。

Mm19 亩。

Mm20 顷。

Mm21 升。

Mm22 斗。

Mm23 斛。

Mm24 加仑。

Mm25 品特。

Mm26 西西（cc）。

Mm27 刀：纸。≠Mv26。

Mm28 匹：布。

Mm29 斤。

Mm30 两。

Mm31 钱。

Mm32 分。≠Mm3 或 Mm41。

Mm33 担：米。≠Mp10（分量不定）。

Mm34 克（gr）。

Mm35 公斤。

Mm36 磅。

Mm37 英两。

Mm38 吨。

Mm39 点。
Mm40 刻。
Mm41 分。
Mm42 秒。
注："两点钟"、"三分钟"的结构是 D-Mm N，但因后面的名词几乎只有一个"钟"，因而特别是"点钟"已将取得准量词的地位（如"年级"）。

又"两点钟"有 two hours 和 two o'clock 两义，但"两个钟头"无歧义。

别的时间单位是准量词或名词，见下面（8）。

Mm43 块：钱。注：（a）钱币名的语法性质可以是量词、准量词、名词。有时同一名称具有几种性质。（b）"块"在书面是"元"（Mq73）。（c）"块钱"有变成复合词的趋势，如"一块钱美金"（比较

"点钟")。

Mm44 毛:钱。注:(a)这是钱币单位,不是钱币本身,那叫"毛钱"。"两毛钱":"两个毛钱儿"。(b)旧称"角",长江一带还用。广州称"毫(子)",北方借用它的简笔"毛",并读为 máo。

Mm45 分:钱。注:(a)没有"二十五分"之类,只有"两毛五分"。(b)钱币名称是"铜子",更早是"钱",现在都不用了。(c)文言的"文"是钱的小单位,是 Mm。广州话用来指钱的大单位,"四文"="四个银钱"。

Mm46 镑:钱。注:别的外国钱币单位都是双音,因而是准量词或名词。

(8)准量词(Mq):准量词或者叫自主量词,它是量词,因为直接跟在数词或其他区别词之后,可是又跟别的量词不同,它是自主的,是不属于任何名词的。不错,有"两国的人"等等,但这跟"两锅的饭"不同:"两国的人"是属于两国的人,"两锅的饭"不是属于两锅的饭;"两锅的饭"说的是饭有两锅之多,"两国的人"不是说人有两国之多。所以下面名单没有名词做例子。准量词往往也是名词,用"~N"表明。多数准量词跟多数标准量词一样,后头可以跟形容词,中间有时候夹一个"那么",如"两年(那么)长","三站(那么)远","一指宽"。

Mq 1 国。~N

Mq 2 省。~N

Mq 3 州。~N

Mq 4 县。~N

Mq 5 乡。(N 是乡下。)

Mq 6 村。(N 是村子。)

Mq 7 区。

Mq 8 站。~N

Mq 9 面(儿):四面被包围。

Mq10 方面。

Mq11 边(儿):两边儿讨好。

Mq12 头(儿):两头进行。

Mq13 格儿。

Mq14 笔:人字两笔。

Mq15 划(儿)。

Mq16 横(儿)。

Mq17 竖(儿)。

Mq18 直。

Mq19 撇(儿)。

Mq20 捺。

Mq21 挑。

Mq22 剔。

Mq23 钩(儿)。

Mq24 拐。

Mq25 点(儿)。

从 Mq16 到 Mq25 都是笔形。

Mq26 点:他的回答有两点。

Mq27 部。～N

Mq28 司。

Mq29 课。两义,(a)行政单位,(b)上了两课。

Mq30 院。

Mq31 科。

Mq32 系。

Mq33 等。

Mq34 级。(N 是等级,年级)

Mq35 名:合格的只有四名。[但:五十名(Mc)新生。]

Mq36 票:投一票。≠Mc′5。

Mq37 股。≠Mp20。(N 是股子。)

Mq38 族。

Mq39 口:一家五口。[但:五口人。]

Mq40 版:印了五版。

Mq41 册。

Mq42 编。

Mq43 回。

Mq44 章。

Mq45 面(page)。

Mq46 小节(音乐)。

Mq47 拍。

Mq48 板。

Mq49 眼。

Mq50 世纪。～N

Mq51 世。

Mq52 生。

Mq53 辈子。注：虽有后缀“子”,不是名词。

Mq54 辈：长一辈。

Mq55 代。

Mq56 轮：小他一轮。

Mq57 年。

Mq58 载(文)。

Mq59 岁。

Mq60 学期。～N

Mq61 季。

Mq62 月。～N

Mq63 周。

Mq64 礼拜。～N

Mq65 星期。～N

Mq66 天。

Mq67 夜。

Mq68 宿。

Mq69 更。

Mq70 会儿。

Mq71 阵(子)。

Mq72 程(子)。

Mq73 元～圆。(钱)

Mq74 换：金子今天五十换。

Mq75 开(carat)。

Mq76 先令。～N

Mq77 便士。～N

Mq78 法郎。～N

Mq79 方(＝法郎)。

Mq80 马克。～N

Mq81 卢布。～N

Mq82 卢比。～N

Mq83 工。～N

Mq84 作：一年两作。

Mq85 倍。

一倍＝×2

两倍＝×2

三倍＝×3

Mq86 番(翻)。

	旧义	今义
一番	$=\times 2^1$	×2
两番	$=\times 2^2$	×2
三番	$=\times 2^3$	×3
四番	$=\times 2^4$	×4

Mq87 成：九成新。

Mq88 分。1/10 或 1/100

Mq89 厘。1/100 或 1/1000

Mq90 毫。1/10000

Mq91 丝。1/100000

Mq92 庹：一庹长。

Mq93 围：树大十围。

Mq94 码。大指尖和小指尖距离。

Mq95 抱。

Mq96 指。指头宽度。

Mq97 象限。1/4 圆。

Mq98 度。角，温度等。

Mq99 分。1/60 度。

Mq100 秒。1/60 分。

（9）**动量词（Mv）**。动量词表示动作的次数。它可以是专用的字眼（Mv1—18），或者身体的部分（做这个动作的）（Mv19—25），或者工具（Mv26—40）。

动量词是动词的自身宾语。如果有别的宾语，看它是名词还是代词，名词在动量词之后，代名词在动量词之前。

Mv 1V（动词本身做量词）：看一看。（由此产生“看看”。）

Mv 2 回 } 这两个一般可以互换，只是“回回”常说，“次次”少说。
Mv 3 次

两回～两次：基数意义。

二回～二一回：序数意义。

Mv 4 遍。

Mv 5 趟。

Mv 6 下儿。（“下子”方言里多，普通话少。）

Mv 7 遭。（现已罕用。）

Mv 8 番。

Mv 9 着（招）zhāo。

Mv10 声（儿）：叫一声。言语一声儿。

Mv11 响：响了三响。钟打了六响。

Mv12 圈儿：转了一圈儿。

Mv13 步：走了几步。

Mv14 把：拉一把。帮一把。

Mv15 仗：打一仗。

Mv16 觉：睡一觉。

Mv17 顿：吃，打，骂。≠Mc51，Mc′21。

Mv18 关：过五关。～N 过五道关。

Mv19 手儿：来一手儿。

Mv20 脚：踩，踢。

Mv21 巴掌：打。

Mv22 拳头：打，捶。

Mv23 拳：三拳两胜。划两拳。

Mv24 眼：看，瞅，瞟，瞪。

Mv25 口：吃，咬。

Mv26 刀：扎，刺，剌 lá，切，砍。≠Mm27。

Mv27 剪子：铰，剪。

Mv28 钳子：夹。

Mv29 斧子：砍。

Mv30 槌(子)：打。

Mv31 板(子)：打。

Mv32 鞭(子)：打，抽。

Mv33 棒：打。

Mv34 棍(子)：打，杵 chǔ。

Mv35 锥子：锥。

Mv36 针：扎，戳。

Mv37 箭：射。

Mv38 枪：扎，戳。

Mv39 枪：打，放。

Mv40 炮：放。

第十七表　量词类型

	不限于一	量词	重叠	的	名词	可列举
(1)Mc 个体量词	√	个	(√)	*	人	√
(2)Mc′V-O 中量词	√	句	(√)	( )	话	√
(3)Mg 集合量词	√	行	(√)	( )	字	√
(4)Mp 部分量词	√	堆	(*)	( )	土	√
(5)Mo 容器量词	√	锅	(*)	( )	面	*
(6)Mt 临时量词	*	地	*	√	东西	*
(7)Mm 标准量词	√	尺	(√)	√	布	(√)
(8)Mq 准量词	√	课	(√)	*	*	(√)
(9)Mv 动量词	√	趟	(√)	*	*	√

7.10 方位词(L)

方位词或者是一个语素,如“上”,或者是一个语素组合,如“上头”,跟它前头的从属于它的体词合起来构成一个处所词,如“桌子上”,或者一个时间词,如“晚上”。

一个单语素的方位词(我们不说单音节,因为“这儿”、“那儿”是单音节方位词,可是双语素的)总是黏着于前,而双语素的方位词是自由的,一般本身就可以作为一个处所词或时间词。双语素方位词的构成:单语素方位词加“头”、“边(儿)”、“面(儿)”(后两个后缀在普通话里不及头一个普通)。见第十二表。从文言里借来的“以”和“之”放在单语素方位词的前头,也构成双语素的方位词,也可以做处所词和时间词。

一个自由的处所词可以扩展成一个复杂的处所词或处所短语,看是否加进一个“的”并且/或者引进一个重音或轻声。例如“纸·上”和“纸·上·头”是处所词,“纸上·头”、“纸的上·头”是处所短语。一般说,在这里以及在多数例子上,词和短语的意义无分别;在有分别的场合,词有较专门的意义,短语是照字面的意义,如“墙上”和“墙的上头”,“在政治上”和“在政治的上头”,“月·亮·那·边儿”和“月·亮(的)那·边儿”。

即使是一个黏着的方位词,也可以跟一个短语结合,例如“在一个新买的手提包里”。

方位词表示事物的位置(包括时间上的),本身是体词性,但是翻成外语往往跟一个介词相当,因而有人管它叫“后置词”

(postpositions)。

多数单语素方位词也是区别词(跨类)。例如“上回”的“上”、“前天”的“前”是区别词,“山上”的“上”、“饭前”的“前”是方位词。

方位词的结合面一般都很宽(这是尽管它是黏着的,我们还是把它认为是一个词类的主要理由),但一对反义的方位词的结合面常常不相等,例如“上”和“里”比“下”和“外”宽。

方位词是一个可列举的类。复杂的方位词同时是处所词或时间词,7.4 和 7.5 两节已经讲过,这里只需要列举单语素的方位词,指明它们的结合面、重音特点以及其他特点。这里列举的惟一比单语素长的是“这儿”和“那儿”,都是单音节的。

L1。上:重读形式的意思是 above,结合面远不及轻声形式的宽,后者的意思是 on:街·上,柜·上,晚·上,马·上。

L2。下:天下,陛下,目下,地·下,底·下(dǐxia～dǐxie)。

L3。前:饭前,人前,面·前,跟。前～跟。前儿。

L4 先:事先。(“先”作为方位词少用)

L5 后:书后,身后,事后,午后,饭后。

L6 内:关内,国内,分内。

L7。里:城里,家里,心里。注:自由形式“里·头”比带重音的粘着形式“里”结合面宽,但是轻声的“·里·头”和“·里”都宽。

这·里,那·里。口语形式是“这儿,那儿。”

疑问式“哪儿”没有相应的“哪里”,除了读书或跟方言区的人说话。

L8 外:国外,郊外,分外,此外,格外,紫外线,门外汉。

L9 左:江左。

L10 右：府右街。

L11 旁：道旁，路旁。

L12 中，L13 间：这两个方位词在文言里用得宽，但在现代口语里只有少数残留形式：其中，关中，世间，人间，忽然间。

<table>
<tr><td>L14 东：关东，山东。
L15 南：江南，河南。
L16 西：[山西，陕西。]
L17 北：江北，湖北。</td><td>}</td><td>路东，路南，路西，路北。
以东，之东（范围之外）。
东部（范围之内）。
东边儿（歧义）。</td></tr>
</table>

L18 ·这儿：在我·这儿。

L19 ·那儿：在我·那儿（指不在说话的地方，在他住家或工作的地方）。“这儿、那儿”加在原非处所词之后，构成处所词。原是处所词，后头不能用“这儿、那儿”：* 我家里那儿（“我们家那儿”）。

7.11 代名词

7.11.1 代名词和别的替代词。代名词跟别的词类不同有两点：(a)不直接指人或物，而是指词语或说话环境。(b)另有一些词像代名词，但是所代的不是体词性词语而是动词性（包括形容词）或副词性词语。

因此另立“替代词”一类，横切别的词类。我们把别的替代词跟代名词连在一起讨论，不分别在别的词类里讨论。

7.11.2 代名词和名词。两类不同有以下六点。

(1) 代名词是可以列举的一个很小的类，名词是一个开放性的类。

(2) 代名词一般不受 D-M 修饰。“有两个我，一个我在这儿，一个我在镜子里”——两个我的形象。这是“准引语”。比较：“两个王先生”——两个姓王的先生，专名一般也不受 D-M 修饰。“我当着是个生人来打门，一看原来是个你”——是一个像你这样的熟人。

(3) 代名词一般不受形容词性词语的修饰。白话文里偶然有：“一个无家可归的可怜的我”。

(4) 名词修饰名词的时候必须加“的”[除非构成复合词]，代名词可以不加“的”直接修饰(1)亲属称谓，(2)处所词，例如“我姐姐”，“我后头”。可以加“的”，但不是必须。

一个代名词和一个 D-M 复合词同时修饰一个名词的时候，代词在前，例如：“我(的)一个朋友”，“你(的)那些学生”。

(5) “我(们)”，“你(们)”，“他(们)”作宾语的时候不带重音[＝轻声]，跟名词不同。当然，可以有对比重音，例如“可别送‖我们东西！”又，“他”字两见，指的不是一个人，不轻声：“这两个人弄僵了，他不让他，他也不让他。”

(6) 代名词做宾语时轻声的结果是在语音上附着于动词，因而位置在自身宾语(如果有)之前，名词宾语则在自身宾语之后。例如：

请了他三次。　　　　请了三次客。

动词带结果补语的时候，代名词补语可以插进去，名词不能，例如：

骂他骂的很厉害。　～骂的他很厉害。

骂人骂的很厉害。　～*骂的人很厉害。

7.11.3　代名词和专名。代名词和专名不同在于可以列举，专名是个开放类。二者相同在于指出一个人而不是说明一个人。有人说代名词和专名在语义上是空虚的。这个话不确，它们的意义是实在的，只是直接指点不再描叙而已。

7.11.4　代名词分述。

（1）普通的人称代名词：我，你，他。

（1.1）并列和次序。并列出现时只有三种形式：

你我。　　你我他。　　我你他（较少）。

当中不停顿，不用标记。如果有停顿或者有标记（连词），任何次序都行。

我跟他一块儿到了。 * 我他一块儿到了。

如果"你"或"他"用上几个，指不同的人，就得用上标记和/或停顿。

你先来，你（，）跟你顶好等一会儿。

（1.2）复数形式。加后缀"们"。根据说话的快慢以及后头的声音，-men 常缩短成-m 或-me（较少）。在唇音之前，-men 一般缩短成-m，如"Tam 不来。"注意：这跟"您不来"不是一回事，虽然"您"tan 受"不"bu 的同化说成 tam。

（1.3）"我们"的语音形式。（略）

（1.4）"他"的用法限制。"他"指物大多数做宾语，做修饰语少得多，极少用做主语。

让他去吧！（"他"指人或物）　他不在这儿。（"他"只指人）

凡是听了一个消息，你得知道他的来源，才能断定他是真的还是假的。（"他的"是"来源"的修饰语。"断定他是"是兼语式，"他"是"断定"的宾语、"是"的主语。）

底下两句里的"他"可说是半人格化了的：

　　这个调儿真讨厌，他老在你脑子里转的不停。

　　这局面不好。你要是不早想法子，他会越变越糟的。

在白话文里，指物的"他"用得没有限制。

"他"用做无意义的虚指宾语见 5.4.6.5 节。

（1.5）"他们"用法的限制。宾语位置上的"他"可以指物，任何位置上的"他们"都不指物。说到不止一个事物的时候，代名词仍然是"他"，主要用在宾语位置，间或在修饰语位置。

　　这些梨烂了，把他扔了吧。

有一本初级汉语课本里的句子，"这两个字你不细细儿的看，你就要把他们念错了"，显然是欧化的汉语。真正说汉语的人在这里还是说"他"。

（1.6）复数后缀"·他·们"。

　　你怎么先到了？李四他们呐？

　　二姐他们不去了，他说他们都累了。

（1.7）领属代名词的省略。在这一点上，汉语像法语、德语，不像英语。

　　他戴上帽子走了。　　　　我碰了头了。

领属代名词的一项特殊用法是表示不耐烦或不以为然。

　　快做你的功课去。　　　　让他们散他们的谣言去。

所谓"领属宾语"见 5.3.6.5(1.1)，5.4.6.6，6.5.7(4)等节。

（2）特殊的人称代名词。

（2.1）第一人称复数的包括式**咱们**和排除式**我们**。

　　你们是南方人；我们是北方人。咱们都是中国人。

（2.2）“我们”当“咱们”用。在较正式的说话如公共集会上讲话，以及在白话文里边，常常只用“我们”，不管意思里是否包括听者在内。

（2.3）“咱们”当“我们”用。在非常不拘形迹的说话中。例如：

这饭得让咱们来请啊！（＝我（们））

（2.4）“咱们”当“你”用。在更亲密的口气中。

那类地方儿咱们不去。

咱们饿了吧？（小孩儿哭了，于是对他说）

（2.5）“咱们”的语音形式：zánmen，zámmen，zám，zán。

［写法：{咱／喒}{们／ø}］

（2.6）**谦称和尊称。**旧时多，现在少。

（a）第一身。“兄弟”、“鄙人”等不用了。表示谦虚的办法是尽量少用“我”，用也尽量避免用在主语位置上。

（b）**您。**用在陌生人之间；用于对长辈，或弟、妹对兄、姐。口语里没有“您们”。说“您二位”或“你们二位”。

（c）**怹。**用得比“您”少。

（2.7）代名词的性别（外来影响）：“他，她，牠”。五四时期开始，一度试图在读音上分化：他 tā，她 yī，牠 tō，无效。“它”是后起的写法。

（2.8）有人在书信中把第二人称女性代名词写做“妳”，读音大概还是 nǐ 吧。

（3）**通用的人称代名词。**或单用，或用做“你、我、他”或名词

(较少)的同位语。

(3.1) 指自己的代名词: 自己。

自己有钱的时候儿,就应该用自己的钱。(单用)

你应该问问你自己。(与“你”同位)

老王自己不知道,他太太知道。(与“老王”同位)

口语色彩较重的有“自各儿”、“自己各儿”。

自我。自我检讨。

自;己。文言。现在只见于复合词(“自己”就是一个)。文言中“自”做宾语必在前,现在复合词仍如此。

自满。自命不凡。自杀。自主。

克己。知己。

(3.2) 指别人的代名词。文言中与“己”相对的是**人**(“己所不欲,勿施于人”),现代还用。

骗人骗自己。 自己做错了事,不应该怪人。

人·家(动词后:·人·家)。跟名词“人家”分别,后者不轻声,可儿化。

人·家的事情咱们用不着管。

人·家给了你东西,得谢谢·人·家。

“人”和“人家”都可以指单数或复数。

“人”和“人家”一般指“我(们)以外的人”。一种特殊的用法是用于“你以外的人”的意思,由此变成“我”的婉转的说法。

别拱人! 你来的那么迟,叫人家等了这么半天!

底下两句里的“人”是名词,不是代词,不过意思跟“人”的通常意义不同。

只要他人好,聪明不聪明没关系。

他发烧发的人都糊涂了。

别·人,别·人·家跟“人”和“人·家”意思一样,有“别”字更明确罢了。

(3.3) **指单独的代名词:一·个。人。**跟 D-M N“一个人”分别。

那个厨子一·个·人能做一桌酒席。

(3.4) **指两个人的代名词:两·个。人~俩。人儿。**

(3.5) **指所有的人的代名词:大家~大伙儿~大。家伙儿。**(频率递降)

也可以用副词“都”来表示。“都”可以跟“大家”等同时用。

大家的事情大家做。 我们大家都这么想。

其他的代名词有:人人,个个(儿),每个,每人,各人,各个。

(3.6) **非人称的“你”。**

这种问题啊,你得想好久才想得出办法来呐。

那些小孩子闹得叫你不能专心做事。

(4) **指示代名词。**一般是 D-M 形式,如“这个”、“那位”。“这”和“那”不结合量词单独做代名词用,有特殊条件,如下。

(4.1) **这**(zhè,长而开的后元音)。做主语:这也不要紧。这把我难住了。这我不大懂。不做宾语:* 我要这。不做修饰语(带“的”):* 这的价钱是三毛。只能用“这个”:我要这个。这个的价钱是三毛。

(4.2) **这**(zhè,央元音)。后头紧跟“·是”或单音副词。

这是王先生。这就难说了。

(4.3) 这(zhèi)。原是“这”加“一”,但现在已经不限于单数,作为代名词,用法跟(4.1)(4.2)相同,只是比较少些。

(4.4) 那(nà)。“那”跟“这”所指远近不同,用法一样。(4.4)跟(4.1)相当。

“那”作为第一主语,后头用 S-P 做谓语,“那”有“要讲那个”的意思;像个连词。

那我就没办法了。　那我就不去了。

(4.5) 那(nè)。与(4.2)“这”相当,但用的比“这”少。

(4.6) 那(nèi)。与(4.3)“这”相当。

(5) 疑问代名词。“谁”、“什么”及其变体和复合形式。我们没有把“哪”算在代名词之内,因为它永远是黏着的,并且不让“是”附着在后,这些都不同于“这”和“那”。虽然方言里有“哪有?”“哪能?”“哪会?”等说法,普通话里是“哪儿有……?”“哪儿能……?”等等。

所有疑问代名词,跟别的疑问词一样,都能用于非疑问的场合:

(a) 不定指示,轻声:“找个谁来帮帮你。”

(b)“任何一个”的意思,不轻声,前置,有“也”或“都”跟它配合:“我谁也找不着”。

(5.1) 谁 (shéi~shúi 较正式)。指人的疑问代名词,可以出现于各种位置。

我也不知道谁是谁,谁跟谁好,谁是谁的朋友。

“谁”可以指不止一人,但有个更明确的表示法,用“。些谁”,可是限于动词后位置。

叫些谁来帮忙呐？　　　昨儿晚上的客人都有些谁？

“谁”的任指用法：

谁都来了。　　　他谁的话都不信。

任指的“谁”必须前置，但如果另有主要动词，“谁”可以放在非主要动词之后。

你求谁也没用。

“谁”的不定指示用法（轻声）：

咱们走错了路了，得问问谁才行。　他戴错了谁的帽子了。

“谁”不用在一句的头上。至少得加个“有”或“是”：“有谁来看你来着”。

方言里相当于“谁”的有：“哪个”，“边个”，“什么人”，“啥人”等。

(5.2) **什么～甚么**（后者今已少）。指物的疑问代名词。出现于各种位置。

你听！什么响？　　你在那儿想什么？

在修饰语的位置上，有没有“的”意思不同。没有“的”是描写性的，是“什么样儿的”的意思。有“的”表示领属关系。

什么书？什么东西？什么的速度比光的速度还快？

“什么”（带全重音）用于修辞性的斥问：

什么“声光化电”？我不懂你说的什么。

什么好消息?！骗人！

（有人说“睡觉了！”）什么睡觉了?！晚饭还没吃呐！

“什么”的不定指示和任指用法跟“谁”相同。

我想吃点儿什么。（吃点儿什么呐？）我什么都吃。

“什么”放在一串并列词语末了，有“等等”的意思。

纸啊，笔啊，笔记本儿啊，什么的，我都买了。

常常散散步，打打球，浮浮水什么的。

也可以搁在前头：

什么纸啊，笔啊，笔记本儿啊，我都买了。

搁在名词前头还可以有知道的不太清楚，或者不以这名称为然（近于“所谓”）的意思。

说什么山珍海味，哪儿有这个好吃？

有人认为是什么“指示形容词”。

有什么A？没（有）什么A。这都是兼语式结构。意思是否定那个形容词。“那有什么稀奇？”“那没（有）什么稀奇”。可是“没什么”做谓语是表示没什么不好，还不错。“这个画儿倒还没什么。”

嘛。“嘛”作为“什么”的同义词，只用在“干嘛”里。“干嘛”可以做谓语，也可以做连动式第一部分，等于“为什么”。“你干嘛呐？”“他干嘛不等我就走了？”在某些方言里（如天津），“嘛”是“什么”的缩短形式，出现在各种位置上。但在北京只用在“干嘛”里，并且不能离子化，例如不说 * “干过嘛？”，只能说“干过些什么”。

7.12 别种替代词

代名词以外的替代词大多数是从指示区别词“这”、“那”，疑问/无定代名词“什么”和疑问/无定副词“怎么”派生出来的。

(1) 代副词：这么 zèmme～zhèmme（较正式），**那么** nèmme～nàme（较少），**哪么** němme（无 * nǎmme），**怎么** zěmme，**多(么)**。

这些词用于方式和程度的情况不完全相同，出现频率也大有高低。

“这么”和“那么”分别指近和指远，但都是既用于方式也用于程度。

“哪么”用于方式，用得少（天津用得多），一般只在已有两种选择的场合才用：“这么做你也不要，那么做你也不要，你要哪么做呐？”“哪么”从来不用于程度，表示程度用“多”或“多么”：“多（么）大”。表示方式用得多的是“怎么”，上面例子里的“哪么”一般用“怎么”。

“那”nà 很少有副词用法，除了用在句子头上的“那”或“那么”。其后常常有一个停顿或停顿助词，这就使它成为一个连词而不是副词了。

“这（么）”、“那（么）”、“怎（么）”之后可以加“样（儿）～（子）”，用法和意义没有多大分别，只是那些较长的形式更明确些，而不带“么”或“儿”的形式略微正式些。以“那”为例，有这些个形式：

> 那么 nemm(e)，那么样 nemmyang，那么样儿 nemmyangr，那么样子 nemmyangzi，（较正式些：）那样（子）nayang(zi)。

带“样”的形式主要用来修饰动作动词，不大用来修饰形容词，例如“这么样儿好”更容易理解为一个主谓结构，不理解为如此之好。

（2）**代形容词。**没有以替代形容词为其主要功能的词。最常用来替代形容词的是指示区别词**那个**（nàge，不是 nèige），用“这个”的时候很少。“那个”只用做谓语，如“这位先生很有点儿那个”。这是为了避免说出不好听的字眼。也有形容词已见上文，后边用“那个”替代的，如“他弟弟很奸诈，可是他自己一点儿不那个～那样。”［似只说“那样”。］

替代性的“那个”不能用在修饰语位置上，因为无法跟指示词区别。在那个位置上一般用“这（～那）么（样儿的）”[并且后头常有数量词]，如“他就是这么样儿的一个人”，“完全不是那么一回事儿”。

（3）**代动词。**最常用的代动词是**来**。“你画的不像，等我来！”这里的“来”还可以解释为“来画”之略。但是“来”这个用法已经一般化，可以替代任何动词，例如讲到“玩儿牌”，可以说：“他不会，不能让他来”。甚至可以带宾语，例如说“你来两牌”。

弄（nòng～（口语）nèng，nòu～（文）lòng）。**搞**（从方言“搅”来）。**整**（方言）。这些都用来泛指具体动作。常常带结果补语[本身就只有“使得”的意思了]，例如“弄错了”，“搞不通”。但是这些词还是应该认为是意义广泛的普通动词，还不是代动词。

代动词的最常见的类型是跟代副词相同的那些词，就是**这么**、**那么**、**怎么**（各种变体）以及加“样儿”、“样子”的形式。作为动词，它们可以在前头加助动词，在后头加后缀甚至宾语。

别那么呀！你得这么着才行。

他要怎么你就怎么你。[你能把他怎么样？]

“什么”不用做代动词。在“你要我什么他？”里边，“什么”是个准引语性质的词，等于一个待填补的空白，不过这个空白恰好在动词的位置上罢了。这个空白也可以在别的位置上，例如有人说“这消息不很确实”，你没听清楚末了两字，你就问“不很什么？”意思是要他再说一遍。可是如果你字眼是听清楚了，可是要澄清这个字眼的意思，你就问“不很怎么？”

（4）**代句词。**有些叹词有代句子的作用。在已经说了的一句话之后，停顿一下，再来一个叹词，作用等于把这句话重复一遍。在命令句之后常用的代句叹词是“啊”(à)，例如：别动，啊！（不同于“别动啊！”。两个“啊”轻重不同。）这个分别在句子末了是一个开元音的时候就很清楚了，因为如果是句末助词，a得变ia，如果是后加叹词，就仍然是a。例如：

别怕，啊！　　　　　别怕呀！

在问句之后，代句叹词是“嗄！”(á)：你去不去，嗄？如果是句末助词“啊”：“你去不去啊？”这个“啊”就不是第二声，也轻得多。

在陈述句之后，也用这个“嗄？”，等于“是不是”(n'est-ce pas?)：

今天天气很好，嗄？

第八章　动词和其他词类

8.1　动词(包括形容词)

8.1.1　动词分类。这里的“动词”这个名称用于广义,即任何可以受“不”或“没”修饰,可以做谓语或谓语中心成分的词。这个广义的动词也可以称为谓词,包括狭义的动词和形容词,因为汉语的形容词也能做谓语或谓语中心成分。

我们分别及物动词和不及物动词。不是按照能否带宾语来区分,而是按照带什么种类的宾语来区分。不及物动词只能带自身宾语,即第十八表内的(e)和(f)两项,以及可以倒过来做“倒装主语”的宾语(如“下雨”——→“雨下了”,见5.4.7.2节)。反之,及物动词可以带任何宾语。

下面我们把动词按照它们出现的环境分为九类:

1. 不及物动作动词(Vi)　　2. 不及物性质动词,即形

容词(A)
3. 不及物状态动词(Vst)
4. 及物动作动词(Vt)
5. 及物性质动词(VA)
6. 分类动词(Vc)
7. “是”
8. “有”
9. 助动词(Vx)

8.1.1.1 用来分类的特点。在下面的表里,我们列举了十二个特点。具备这个特点的,用√为记;不具备的,用 * 为记。加括号的是在有限制的条件下具备或不具备某一特点。

(a) 一般否定副词“不”。适用于一切动词,除“有”字。

(b)“没”有两个功能。一个功能是主要动词“有”的否定式,下文8.1.9节讨论。另一个功能,“没有”(“有”轻声)是表示未完

第十八表

分类	举例	(a) 不	(b) 没	(c) 很	(d) 别
不及物					
1. 动作(Vi)	来	√	√	*	√
2. 性质(A)	大	√	(√)[b]	√	*
3. 状态(Vst)	病	√	(√)[b]	√	(√)[d]
及物					
4. 动作(Vt)	吃饭	√	√	*	√
5. 性质(VA)	爱财	√	(√)[b]	√	√
6. 分类(Vc)	姓李	√	√	*	(*)[d]
7. “是”	是人	√	*	(√)[c]	*
8. “有”	有书	(*)[a]	√	√	*
9. 助动(Vx)	会飞	√	(√)[b]	√	(*)[d]

成的助动词;“没 V”是“V 着”、“V 过”、“V 了”的否定式,如:“别老站着!”——“我没老站着”;“你到过中国没有?”——“我没到过”;“他走了没有?”——“他没走”。注意:否定式里,“着”和“过”保留,“了”不保留。

(c) 程度副词“很”、“最”等。修饰“是”字很受限制:“很是一个问题”。(又参看饶继庭“很+动词结构”一文,见《中国语文》107期(1961))

(d) 助动词“别”、“肯”、“敢”等。在状态动词前受限制:“会病”。在分类动词前也受限制:“老八,你要姓什么都行,就是别姓王!”在另一个助动词前较比自由:“得会说中国话”(参 8.1.10(d))。

动词分类

(e) 三尺	(f) 一回	(g) 走走	(h) 着	(i) 过	(j) 了	(k) 来!	(l) 来不来?
(√)[e]	√	√	√	√	√	√	√
√	*	*	(√)[h]	(√)[i]	(√)[j]	(*)[k]	√
(√)[e]	√	*	√	√	(√)[j]	*	√
√	√	√[g]	√	√	√	√	√
√	√	*	(*)[h]	√	√	*	√
*	*	*	*	(√)[i]	(√)[j]	*	√
*	*	*	*	(√)[i]	*	*	√
*	(√)[f]	*	(√)[h]	√	√	*	(*)[l]
*	*	*	*	(√)[i]	*	(*)[k]	√

(e) 数量词做宾语,在不及物动作动词之后和状态动词之后多少有些限制,如“走两步”,“麻了一阵”,不及在性质动词(形容词)之后自由,如“大几岁”,“好一百倍”。

(f)表示次数的宾语在“有”字后少见:“有过一次钱。”“有一回”的“一回”是直接宾语,不是自身宾语。

(g) 及物动作动词,重叠在宾语之前。古白话有在后的例子:“你也照顾猪八戒照顾!”“八戒,你过来,一发照顾你照顾”(《西游记》85 回)。

(h)“着”一般不用于性质动词(2 类,5 类)。“阔着呐”、“喜欢他着呐”又当别论,“着呐”是复合助词,不是表进行态的后缀,它可以让宾语把它跟动词隔开。

(i) 表示无定过去态的后缀“过”,用于形容词后受限制:“从来没有这么好过”。用于分类动词后也受限制:“从小儿就没像过他爹”。用于“是”后极为罕见:“我从来没是过谁的人”。在助动词后也少:“英文我会说过,可是现在忘了”。

(j) 表示完成态的后缀“了”出现在 2.形容词和 3.状态动词之后,以同时有自身宾语(e,f)为条件:“大了三寸”,“病了一场”。这有别于表始现的助词“了”,如“现在大了”。跟“过”一样,“了”也很少用于分类动词:“他姓了王才怪呐!”

(k) 这一行表明各类动词能否用于命令句。命令形式多用于动作动词,即 1.(Vi)和 4.(Vt)。形容词用于命令句,如“快!”,不多;多数只用于重叠形式,如“好好儿的!”或比较形式,如“小心点儿!”“慢着点儿!”

能用于命令式的助动词只有“别……!”和“甭……!”

(l)“V 不 V”的问话形式，不适用于“有”，要说“有没有”。但是“有没有”作为助动词，如“你有没有看完这部书？”只有广州话和福建话有这种说法，普通话是“你看了这部书(了)没有？”不过最近有引进“有没有……”的说法的趋势。对于这个问话的否定答话是“没有”，但肯定的答话必须是“看完了”。闽粤语的肯定答话“有”，还没有被引进普通话。

8.1.1.2 动词跨类。有些语法学家的动词分类有超出上述各类的。我们的处理：所谓“后动词”如“住在这里”的“在”我们认为是分类动词，碰巧用做另一动词的补语(5.6.3)。所谓“连系动词”如“劝他买”的“劝”，我们认为是及物动作动词，这里处于兼语式第一动词的位置(2.13.1)。所谓“结尾动词”如“买东西去”的“去”(以及“来”)，我们认为是表目的的助词，总是轻声(6.6.8(7))。“给他买书”的“给”，用在连动式的第一动词位置，因而是介词，跟 4.(Vt)的“给”是跨类。

8.1.2 不及物动作动词(Vi)。

下面分项举例。标目虽从意义，大都也有形式特征，如表存在、出现、消失的动词允许“倒装主语”(见 8.1.2.2(4))。

8.1.2.1 Vi 动词举例。

(1) 表示“来”的动词：

来　上来　出来　过来　……

(2) 表示“去”的动词。有两个简单的动词：

走(表示离开一个地方)　去(表示往一个地方去)

比较法语 { s’en aller / aller }

这个分别在华中、华南方言里不存在。复合的动词：

进去 过去 ……

(3) 表位置变化或行动的动词。多为复合式：

起来 站起来 坐下来 躺下来 停下来 ……

(4) 其他表行动的动词：

走 跑 爬 滚 飞 摔 掉 落 下 降 倒(车)

流 出溜 溜达

(5) 表运动的动词：

动 活动 转ˇ 转ˋ 扭 摇 摆 摇晃 晃悠 抖

哆嗦 倒ˇ 长ˇ 涨 缩

(6) 表存在或静态位置：

呆 等 住 歇 休息 躺着 睡着 坐 蹲着 站

活着 醒着

(7) 表出现：

生 到 出现

上面(1)的动词，都允许倒装主语，因而都可以算表出现。

(8) 表消失：

死 逃 跑

上面(2)的动词，都允许倒装主语，因而都可以算表消失。

(9) 表发声动作：

哭 笑 叫 嚷 嚷嚷 喊

(10) 其他：

踌躇 进行 完

以上动词，如果是表静态的，重叠时常带儿尾；如果是动态的，不带。

歇歇儿 走走

8.1.2.2 Vi 的宾语。不及物动词所带宾语,限于以下几种:

(1) 表动量、时量的自身宾语:

哭了一天 跑了几趟

(2) 行动的目的地:

飞上海 开纽约 走江湖 来这儿 去美国(较老但仍然较常见的说法是"上(～到)美国去")

(3) 行动的出发地:"上"、"下"、"出"("进"不然)所带宾语可以表示目的地,也可以表示出发地,由词汇决定。

(目的地)上山 上船 下船(旧时船比岸低) 上岸 出洋 出世 (出发地)下山 下船 出门 出家 出院

所有用"出"的例子以及表出发地的"上"、"下",都有词汇限制[=有熟语性]。

(4) 表存在的"倒装主语"。我们认为"倒装主语"是语法上的宾语(见 5.4.7.1)。

地下睡着两只狗。 墙上挂着一幅画儿。

"挂"最好认为是 Vt。

(5) 表来到和出现的"倒装主语":

起了(～下了)大雾了。 来了一个客人。 跑进来两个贼。

可以说"起(～下)雾","来客",但不能说 *"把雾起(～下)了", *"把客人来了"。

(6) 表离开和消失的"倒装主语":

跑掉了两个贼。 走了水了。 这产妇死孩子死怕了。

"我掉(～丢)了钱包了"里的"掉"或"丢"应认为 Vt,因为可以说"把钱包掉(～丢)了。"不及物动词的这种用法,如"把个父亲死了",毕竟是罕见的。

8.1.2.3 跟及物动词以及别的词类的跨类。

虽说很多动作动词是兼属及物、不及物两类,但是跨类的幅度还不是大到足以使及物不及物的分别不重要。因此词典里应分别标注。尤其是近义词和反义词的用法不一样的场合,这个分别的用处还是明显的。例如说"要睡好床",但不说*"要躺好床"。所以"睡"是及物、不及物两属,"躺"只是不及物。

(1) 不及物动词带补语——→及物动词。

哭哑了嗓子。 笑疼了肚子。 跌伤了腿。

全都能用"把"字式:"把嗓子哭哑了"等等。

(2) 使动动词:

上菜 上螺丝 下蛋 下棋 起螺丝 出钱 出粮食

出疹子 出汗 跑马 来点儿茶 去皮

(3) 其他及物不及物两属的动词:

等等儿:等他不等? 笑:笑他。

小心别摔[着]:摔东西小心别打了人。

8.1.3 不及物的性质动词,即形容词。

8.1.3.1 形容词的分类。

(1) 简单形容词和复杂形容词。(参朱德熙:《现代汉语形容词研究》,见《语言研究》1期)前者包括单音的如"大"、"红"、"多",双音的"干净"、"糊涂"、"伟大"。后者包括(1)重叠式:"小小儿"、"老老实实"、"糊里糊涂";(2)带"生动后缀",如"乱哄哄"、"灰不溜秋";(3)带类似前缀的强势字眼:"冰凉"、"通红"、"喷香";(4)带程度副词或构成并列式:"挺好"、"又高又大"。

(2) 可比较的和不能比较的形容词。(参 Malmqvist《四川话里黏着形式的语法》)这种分法跟(1)差不多,Malmqvist 的"不能比较"类跟朱的"乙"类完全一样。

朱和 M.两人的分类,在数量上是不均衡的,前一类(甲类,可比较类)极多,后一类(乙类,不能比较类)是很有限的,除非连"又高又大"这类短语也算上。

(3) 绝对性质形容词(不受程度修饰)和相对性质形容词(受程度修饰)。这是龙果夫的分类,前者例如"圆"、"空"、"对"。从逻辑上讲,可以这样分,一个东西或者是圆的或者是不圆的,一句话或者是对的或者是不对的。但一般说话不是这样截然分开的,人们说"很圆","最新","你真对!"

(4) 修饰形容词和表述形容词。[多数形容词可以修饰名词,也可以做谓语]只能修饰名词,不能做谓语的形容词,严格说,没有。有少数形容词只能,或主要,做谓语。

够(我们人多茶碗少,茶够了碗不够)　行　成　对

悬(＝险)　乏　诡(＝鬼)

8.1.3.2 形容词的比较等级。汉语没有形态意义的比较形式,一切比较采取程度副词和连动式。最近似比较级后缀的是"(一)点儿"。注意区别:"好(·一)·点儿"(稍好些)和"只好一点儿"(动宾结构,正如"短三寸")。

形容词的比较可以是明的,可以是暗的。

这个比那个好。　还是这个好。

形容词的比较可分五级：(1)同等，(2)较胜，(3)较差，(4)最高，(5)反最高，以及它们各自的反面。这五级的表现形式不怎么整齐。这不足为奇，因为语法形式通常总是不能跟它们表达的逻辑—数学概念丝丝入扣的。（参 Sapir：Grading，a Study in Semantics，见 Selected Writings 122—149。）

(1) 同等。明比的形式：

x 跟 y 一样 A

“跟”也可以说“同”、“和”(hàn，hài，hé)。“一样”也可以说“一般”。

可以有两种 IC 分析：(a)“跟”作为介词，“跟 y 一样 A”是一个连动式；(b)“跟”作为并列连词，“x 跟 y”是主语。

否定形式不同：(a)x 不跟 y 一样 A。(b)x 跟 y 不一样 A。

跟“同等”的意思差不多可是不完全一样的一种比较形式可以叫做“**企及**”，x 从低处往高处爬，爬到跟 y 一样高。它的形式是：

x 有 y(那么)A

例如“大车宽的有小车那么长”。

“有”也可以说“像”，多用于从属小句：“像他那么聪明的一个人”。

“企及”比较的否定式见下(3)。

(2) 较胜。前面讲到形容词加“(一)点儿”，但这不是强制性的，不论是明比或暗比。例如：

　　北风说：“我的本事比你(的)大”。(明比)
　　到底是太阳的本事大。　　　　　(暗比)

如果加上“点儿”，倒是把胜过的程度降低了。

有两种不太正规的说法：

这个"品"那个长。(我把它写做"品"的字可能是"比"的音变。这样写法没在书面上见过,连老舍作品里也没有。)

我比你尖(=我的铅笔比你的尖)。

较胜的否定式是在"比"字前边加"不":

我不比他懒。

如果"不"加在形容词前边,就跟它组成复合词:

这个比那个不好。[?]

暗比的较胜级没有一种简单的否定式,得在整句前边加"不是":

他们谁高?——老二高。——不,我想不是老二高。

如果只在形容词前边加个"不",那就不是否定较胜级,而只是否定作为谓语的形容词。"他不高"否定的是简单的"高",不是比较的"高"。

(2.1) 强调的较胜。副词"更"强调较胜。例如:

这个比那个更好。

说话的人生怕听话的人会以为不比那个好,要强调一下比那个好,虽然不一定好得多。除"更"外还可以说"还"、"还要"、"还更"。在暗比的句子里不能单用"还",因为它另有表程度不高的用法("这个书还好")。所以只用于明比的句子:"比冰还冷"。

(2.2) 加强的较胜。采取谓语性补语(5.6.4)的形式:……(的)多。

今儿比昨儿热,热(的)多了。

否定式有两个:(a) 他不比我高的多。

(b) 他比我高的不多。(他比我高,但是不多)

没有这种说法：* 他比我不高的多。但是如果有复合词“不 A”，那就可以这样说：“他比你不快活[不通、不自由、不稳定]的多”。

双重加强较胜：

今年的雨量比去年的大的多的多。

（3）**较差。**较差级不是较胜级的反面，也不是同等级的反面，而是“企及”级的反面。

x 没（有）y（那么）A

例如：“我没有你那么聪明。”

也说“不如”、“不及”（都较少，但“不及”不如“不如”用的那么多）。

（4）**最高。**用副词“顶”或“最”。如果要指明比较的范围，一般用表处所的词语：“天下最要紧的事”，“咱们当中最年轻的”。

最高级形式常常用于一般的、绝对的意义（即无明显的比较）：

这是位脾气最好的先生。

那是一件顶麻烦的事儿。

前边用上“一 M”（量词），可见不含比较的意思。

有时候用最高级或者较胜级意思差不多：

咱们顶好等会儿去。　　　咱们等会儿去好（点儿）。

最高级的否定形式是名词化的形式“不是最……的”：

落基山不是西半球最高的山。

“不顶”只用于一般的、非比较的意义：

这儿冬天不顶冷。

（5）**反最高。**“最（～顶）不 A”这个形式的 IC 有两种。拿“最不聪明”做例子：

(a) 最不+聪明	(b) 最+不聪明
least wise	most unwise
最不+客气	最+不客气
least polite	most impolite

大概而论,作为"最+不……"较好,不管"不"是否跟后边的形容词造成一个复合词。

8.1.3.3 形容词用做修饰语。多少有点限制(参朱德熙文)。例如说"短袖子",不说*"短沉默",要说"短短的沉默"。朱文举了好些例子,但是只能说是一种倾向,不算规律。例如朱文说:不说*"重箱子",只说"很重的箱子"。这也不是绝对的,比如说:"你不累吗,老提溜着那么个重箱子?"似乎也很自然。[又如:"把重箱子搁后头,轻箱子搁前头。"]这问题可以从几方面看。

(1) 音节。撇开主从式复合词其中有一个黏着成分或第二字轻声的不论,一个自由的单音形容词加上一个自由的单音名词一般可以造成一个主从短语。但是由于同类型的复合词特别地多,因而这种短语也往往被视为复合词,不管它是否意义专门化了。从语音上讲,"薄纸"(短语)跟"薄饼"(复合词)一个样儿。就因为这样,说话的人对于制造双音节的形名短语不免有点踌躇,宁可加上一个助词"的"或者把形容词改成乙型再加个"的",用以使修饰关系更为明显。例如"凉水"常说,"凉脸"少见,说"冰凉的脸"。然而"别拿你那凉脸挨着人!"不算不合语法。如果两个部分之中有一个是双音,加"的"的倾向极大,因为这可以使节奏平衡。当然,词汇性的例子又当别论,见下节。

(2) 词汇的和非词汇的例子。不加"的"的形名结构可以有也可以没有专门意义，如“老松树”跟“老朋友”；加“的”的形式总是照字面讲，没有词汇意义，如“老的朋友”（年老的），又如“香水儿”跟“香的水”。

有时候，形名结构的结果是一个外中心的复合词，如“热心”（形容词）。

词典里应当把常见的这种形名短语收进去，即使意义专门化不多，如“大街”、“凉水”、“穷人”。

（3）**限制性和描写性。**“白纸”区别于“黑纸”，这里的“白”和“黑”是限制性的。“黑墨”、“酸醋”、“咸盐”，这里的形容词显然没有区别的作用，只是加以描写而已。一般说，描写性的形容词带“的”不如限制性的多，比较“青天”和“黑暗的天”。但是这个倾向还不成为规律。

乙类（不能比较类）形容词一般是描写性的，但是也不是绝对的。例如“我只要小小儿的一块糖，不要那么大一块”，“小小儿的”显然是限制性的。有时候，D-M 复合词的位置不同表示是不是有限制作用，比较“那个疯疯傻傻的人又来了”跟“疯疯傻傻的那个人又来了。”

（4）**形容词的次序。**A_1A_2N 一般应分析为 A_1+A_2N，如“大黑狗”。但形容词也可能是并列的，即 A_1A_2+N，如“甜酸排骨”。“大黑狗”，“细长白毛”，形容词的次序不能改换，似乎有道理可说，实际是词汇事实，是经验主义的。

用“又……又”把形容词并列起来，并且加“的”，结果是照字面讲的短语，其中形容词的次序就自由的多了。比较“酸辣汤”跟“又酸又辣（～又辣又酸）的汤”。

名词前有 D-M 的时候,甲类形容词一定要放在 D-M 之后,如“一个好看的女人”。但是乙类形容词就可以或前或后,如“一个那么好看的女人”,“那么好看的一个女人”。

8.1.3.4 形容词做谓语。形容词做谓语时的主要语法特点在第十八表里已经标明,这里只补充三点。

(1) **形容词带自身宾语以外的宾语。**如“姐姐大我三岁”,“大”除带自身宾语“三岁”外还带一个在位置上类似间接宾语的宾语“我”。同样,“我小爷爷两辈”。“高”的类似的用法比较少:“老张高我三寸”,“矮”就更少这样用了。

这少数形容词似乎不必另立一类(Malmqvist),可以作为跨类处理。如“短”在“短一尺”里是不及物动词带自身宾语,在“我还短一百块钱”,“我还短你一百块钱”里是及物动词。上面“大”、“小”两例也是及物动词,不过用法跟“短”不同。跟这两种用法都不同的还有“我并不多他一个人”,“多”是嫌他多,以他为多余的意思。

这类例子在方法论上的意义在于:如果作为跨类,只要为数不多,可以在词典里解决,比较省事;如果遇到这种例子就建立一个小类,那么有几个大类就会有 n(n-1)个小类,因为我们能找到任何类跨任何类的例子——孤立的例子。甚至 n(n-1)这个数目还打不住,因为还有兼属三类、四类的例子。

(2) **形容词后出现助词“了”。**第十八表里(j)项的“了”是词后边的“了”,后缀“了”。短语之后的“了”,助词“了”,是另外一回事。谓语形容词后边出现助词“了”有几种用法,都是以表示情况的变化为基本。一种是表述一个新的情况,如“昨天冷,今天暖和了。”这里,如果没有“了”,两个小句可以颠倒,意思不变。有了

"了"字，表明昨天和今天之间的变化，两个小句的次序就必须按时间的次序。可是如果是动作动词，可以用助词"了"表示过去的事情，那就可以这样说："今天天晴；昨天下雨了。"在常说的表示同意的话"对了！"里边，"了"字来源于"现在你开始对了"，"了"相当于"现在"。因为极度常用，"对"也变成轻声，跟真正有认可的意思的"对！"不一样了。别的表示新情况的例子："东西贵了"，"他身体好了"，"汤凉了"。

第二个用法表示超过预料中的某一标准。比较：

东西贵了。（原来便宜。贵是一种新情况。）

这东西贵了。（别人买了东西或者给东西标价，你这样说，意思是太贵了，超过应有的价格了。）

同样的例子：对厨子："汤咸了。"对饭馆服务员："汤冷了。"对裁缝："袖子长了。"

在最高级形容词之后用"了"字，含有在若干可能的候选者之中选定一个的意思："这儿的医生当中，牛医生最有名了"，"他自己做错了又怪人，最讨厌了"。

(3) 形容词前边用"是"。汉语形容词是一种动词，做谓语无须用系词"是"。但是跟别的动词一样，在下列情况下可以在前边用"是"字：

(a) 形容词加"的"而名词化："这瓜是甜的。"

(b) 有两个形容词对比："他是笨，不是坏。"

(c) 强势肯定（"是"重读）："他‖是傻嘿！"

(d) "A 是 A"表让步："热是热，可是不潮湿。"

注意：这几种用法的"是"都不限于形容词，也适用于别种动词。如：

(a) 名词化："这瓜是从哈密来的。""我是去买东西的。"

(b) 对比："我是问问他，不是骂他。"

(c) 肯定："他们那儿‖是卖旧货嘿！""我‖是打算去。"

(d) "V 是 V"表让步："跑是能跑，可是一跑就累。""到会是到会，可是不发言。"

8.1.3.5 形容词做补语。见 6.6.2(2)。

8.1.3.6 形容词跟别的形类跨类。主要是跟(1)名词，(2)及物动词，(3)副词。

(1) 形容词和名词。一个词前边可以加"一种"，就合乎名词的定义。表示颜色和味道的字眼一般是形容词兼名词："我不喜欢那种甜"，"你分得出几种红来？"

有些特殊的例子，一个颜色字既可以用来表示一种性质又可以用来表示具有这种性质的东西："鸡子儿的白儿"，"鸡子儿的黄儿"。有个别例子形名兼类不涉及特殊词义范畴："散"，药面儿；"小"，小老婆；但"大"大老婆，限于上下文有"小"的场合。

有时候，由名词产生形容词，如："你这法子很不科学"——"我觉得很科学嘿！"从"不科学"里去掉"不"，一个名词变成一个形容词。这是一种逆派生现象(back-formation)。同样，由"不规则"产生"规则"，"很规则"。但"规矩"作为形容词是资格很老的，无须上下文有"不规矩"才能说。

(2) 形容词和及物动词。形容词——→及物动词，或是使动意义，或是意谓意义(少数)。把汤热一热。烫酒。螺丝太紧，请把它松一松。螺丝太松，请你把它紧一紧。

一对形容词里边，一个跨类，另一个不一定也跨类。例如：忙（但*闲、*空）。明白（但*糊涂）。短（但*长）。

（3）**形容词和副词。**形容词兼副词的太多了，以致有的语法学者宁愿把修饰动词（包括形容词）作为形容词的正常功能之一，除非意义改变。朱德熙分两类。A类："静养"，"横写"，"长住"，意义基本上未变。能这样用的形容词很多，但每一形容词所能修饰的动词极有限。如"细"只有"细看"，"细想"，"细说"；"粗"只有"粗看"（没有*粗想、*粗说）。这一类在词汇上有限制的形动组合可认为复合词。

朱的B类是意义有改变的，他列了一个单子，他认为基本上"尽在于此"了。（参看傅婧：《副词跟形容词的界限问题》，《中国语文》29期（1954））

光：光说不做。
白：白担心。
老：老打架。
直：直哭。
硬：硬要去。
多：多想想。
少：少吃点儿肉。
迟：迟到了。
全：全看见了。
晚：晚出来一步。
怪：怪好的。
难：难解决。
准：准答应。
快：快到了。
早：早死了。
真：真相信。
　　真好。
假：假生气。
穷：穷折腾。
乱：乱动。
干：干着急。
满：满不在乎。
好：好厉害。
大：大气。

我们为了使副词意义更明显,换了一些例子。

朱还列了"好"的另一用法:"好商量"。但这个"好"最好认为是助动词,因为可以说"好不好商量?"

8.1.4 状态动词(Vst)。与形容词相近而又不同。因为状态动词常常含有从另一状态进入这状态的意思,所以常常跟着助词"了"。

我饿了。 现在饱了。 管子塞(住)了。 现在通了。

8.1.4.1 状态动词和形容词。在第十八表里这两类的语法特点差不多,但是即使在共同的特点上,相对的频率可不一样。例如形容词带"了"以及用"没"来否定,是相当偶然的,如"你的表慢了"——"没慢。"但是状态动词就经常这样用,如"饭煳了。"——"没煳。"

在(d)栏,助动词,特别是"要"和"会",常常出现在状态动词之前,如"别病!""你的饼干要僵了!""这料子洗了不会皱。"

在(f)栏,状态动词可以带表次数的宾语,"腿麻了好几回",形容词不能。

在(i)栏,形容词带"过"是很少见的(见前),状态动词则极常见,"我从来没醉过"。

8.1.4.2 状态动词作修饰语。可以不加"的"直接修饰名词。

饿鬼。 绉绸。 漏斗。 漏勺儿。 僵尸。 散沙。

但这种结构在词汇上受限制,超出这些就得加"的":

别用那个疼的指头。 他挑了两块脆的饼干。

漏的房顶挡不了雨。

8.1.4.3 状态动词做补语。状态动词表示状态变化,特别适宜做补语,比形容词和不及物动作动词都多。

急疯了。 哭哑了。 睡醒了。 吃饱了。 玩儿迷了。

打通了。 骂皮了。

8.1.4.4 状态动词跟别的形类的跨类。

状态动词常跟形容词、动作动词等跨类，意义稍有不同。“这句话不通”的“通”是形容词，“鼻子不通”的“通”是状态动词。“我今天乏了”的“乏”是状态动词，“这便宜酒真乏”的“乏”是形容词。“他病了”的“病”是状态动词，“他有病”的“病”是名词，因而“他没(有)病”有两解。

8.1.5 及物动作动词(Vt)。除了可以带范围广泛的宾语这个特点之外，及物动作动词跟不及物动作动词的语法特点基本相同(见第十八表)。

8.1.5.1 及物动词的宾语。

(1) **宾语省略。**及物动词的宾语，如果见于上文，可以省略；如果包含在说话时的环境里，也可省略。一个人在洗碗，另一个人说“让我来擦”擦什么不言而喻。

有时候，一个动宾结构表示一般性的动作，如果只有动词，就暗含着省掉一个特定的宾语。比较：

别说话！别说！

别吃东西！别吃！

他在那儿想事情呐。他在那儿想呐。

(2) **V-O形式的及物动词。**参5.4.6.4节和6.5.3(1)节。

事情坏了别抱怨我！

出版过一部书。

(3) **过去之事，宾语有数量。**不论及物动词还是不及物动词，

如果讲的是过去的事情,而宾语带数量,必须加"了"或"过"(以及其否定:"没"):

我昨儿买了一件贵东西。 他只念了三年的大学。

他一辈子没上过十年的学。

8.1.5.2 及物动词动作方向。

(1) **被动语态。**房子被(火)烧了。

"被"字句的动词一般限于有处置意义的,并且是属于不利的一面的。但近来这个限制已被打破,主要由于受外语影响,如"那封信还没被他收到。"习惯的说法是"那封信(他)没收到。"

(2) **"中间语态"动词。**有些动词的动作方向是两头的,最好是认为它们是不及物动词而不是及物动词被动语态,除非表明主动者,如"锁被贼给开了。"比如"门已经开了",可以认为"开"是不及物动词,跟"花儿已经开了"的"开"一样。同样的例子:"水泼得一地","画儿挂的不正","一根儿长枝子一直挂到地"。比较"我走不动,你扶着我"跟"你走不动,你扶着我吧!"语法上的动作方向都是"扶着——→我",而物质上的方向两句正好相反。别的方向不能决定的例子:"火灭了","风浪平了"。"吾辈数人定则定矣"第一个"定"字是及物动词省略宾语,第二个"定"字就属于这里说的及物(被动)跟不及物两可的动词。参任铭善文(《主宾语讨论集》231—232)。

8.1.5.3 及物动词分类。

(1) **处置动词和非处置动词。**

(a) **可以用在"把"字句里的动词:**

做 干 搁 安 动 甩 拿 打 切 弄 叠 拆 修 归置 摩 刷 洗 送 害 杀 责备 称赞 告送

忘了

（b） **可以用在"被"字句里的动词。** 基本上跟可以用在"把"字句里的相同，只有某些表示感觉的动词，如"看见"、"听见"、"觉着"，是可以用在"被"字句但是不能用在"把"字句的。

（c） **不能用在"把"字句、"被"字句的动词。** 例如"发烧"的"发"，不含处置的意思，不能说*"我把烧发高了"或者*"烧被发高了"。但是可以说"我的烧发的很高"。这一类不如处置动词的数目多，但也不少。

表出现和消失（"主语倒装"）的动词也是非处置动词。

下雨：*把雨下了。　　来碗汤：*把汤来了，*汤被来了。

湖南出米：*湖南把米出，*米被湖南出。但可以说"米出在湖南"。

（2） **带兼语的动词跟表思想的动词：**

我让他来。（兼语式）

我想他一定来。（小句作宾语）

两者的区别："我想他一定来"⟶"他一定来，我想"。前一句不能这样改变。跟"想"同类的动词：以为，觉着，忘了，疑心，盼望，指望。

8.1.5.4 及物动词跟别的形类的跨类。

如果一个处置动词碰巧也是一个能带处所宾语的不及物动词，二者的分别可以用能否用"把"字来鉴定。

{ 出国。出院。出洋。——不能用"把"。
你把气出了就舒服了。病人把汗出了就退烧了。

{ 去上海。走右边儿。——不能用"把"。
把脏去了。把卒子走一步。

及物动词跟形容词的跨类,已见 8.1.3.6(2)节。别的例子:

平(形):把乱平了(及物)。

疼(状态动词):把孩子疼的不像样(及物)。

跟名词跨类。文言多(人其人,火其书)。现代少:鼓着嘴。

把脸背过去。

8.1.6 及物的性质动词(VA)。 及物性质动词跟及物动作动词相同在于能带范围广泛的宾语;跟它不同在于(c)能受程度修饰(见下),(g)能重叠,(h)没有进行态,(k)没有命令式。及物性质动词也不能用"把"。

(1) 狭义的及物性质动词。 前边讲过的形式特点,可以是适用于动词本身,也可以是适用于整个 V-O 结构。如果适用于动词本身,那么像(c)程度副词就可以加在动词前边,即使宾语不紧跟在后边。如"鬼我不很怕,可是贼我最怕了","财他不大贪,可是酒他贪的很","他最爱(～顶喜欢)的是小儿子"。

(2) 性质 V-O 短语。 一般有专门化意义,动词本身不受程度副词修饰,但是整个短语受修饰。如"很放心"(*心很放)。整个短语的活动像一个形容词,但同时内部保持动宾结构,动词之后可以加动态后缀,宾语之前可以有修饰语。如:"省事","很省事","省了我许多事"。别的例子:"太费事","怪费心的","最伤脑筋"。动词为"有","没有":"很有意思","太没礼貌了","没规矩","有道理"。

性质 V-O 短语的性质不仅仅系乎动词,也系乎宾语。例如可以说"很伤身体","很伤脑筋",但不说*"很伤风",只能说"伤风伤的厉害"。"伤风"是一般 V-O 结构。

有少数性质 V-O 短语,其中的 V 有致使意义。如"这件事真恨人”,“那脸看了真怕人”。同样,“气人”、“恼人”。

有不少性质 V-O 短语里的宾语是形容词。“吃香”,“贪凉”,“要强”,“怕凶”。

(3) **性质 V-O 复合词。**V 或 O 是黏着形式,V-O 是复合词。但即使离子化了[=拆开],整个 V-O 的性质[=表示性质,可受程度修饰]仍然存在。如“很吃过点儿亏”,“这样太吃亏了”。同样,“上算”、“上当”。

紧密的复合词不但不能离子化,甚至还可以重叠。如“合合式式的一身衣裳”,“像像样样儿的一堂家具”。但不是所有地道复合词都能重叠,“知趣”、“无味”就不能。不论能否重叠,紧密的性质 V-O 复合词都是形容词。

8.1.7 分类动词(Vc)。分类动词为数不多,它们的词义特点是表示主语属于宾语的那个类。它们的形式特征(第十八表)是:(a)(b),可用“不”也可用“没”否定;(c)除 Vc7 外不受程度修饰;(d)(g)(k),除 Vc5 和 6,不用于简单的或重叠的命令式;(e)(f),除 Vc5 和 6,不带表幅度或次数的自身宾语;(h)(i)(j),一般不带后缀“着”、“过”、“了”;(l)适用 V-不-V 的问话形式。

Vc1:**等于。**

Vc2:**叫。**“我叫小毛莨”。这不是“叫”的被动用法,由下例可见:

(分类动词)我叫小毛莨。

(及物动作动词)我叫小毛莨,小毛莨不答应。

Vc3:**姓。**极少跟“没”、“过”、“了”结合。

我们这一族从来没姓过李。

这位太太姓张姓了三年,现在又姓王了。

“姓”,“名”,“字”,“号”原来都是名词,用做主谓谓语里的主语:“此人姓关名羽字云长”。在现代口语里只有“姓”取得了完全的动词身份。

Vc4:**号称。**

Vc5:**做。**

做好人。 做东。 做官。 做贼。

他可以给你做个挡子。

末例有歧义。意思或者是他可以掩护你,“做”是这里说的分类动词;或者是他给你制造一个挡子,“做”就是及物动作动词。

Vc6:**当。**“当兵”,“当伙计”。跟去声的“当”区别:“我拿你当好人”,“茶可以当药”。

Vc5 和 Vc6 可以带“了”、“着”、“过”,在这一点上像及物动作动词,但是不像处置动词能用于“把”字句。

Vc7:**像。**介乎 VA 跟 Vc 之间,受程度修饰:“阳货很像孔子”,但不能带自身宾语:* 像一倍,* 像两次。

8.1.8 “是”。“是”的语法特征,如表十八所列。

(a) 用“不”否定。此时“是”轻声,除非特别强调。

(b) (i)“是”极少用“没”否定。在“我从来没是过谁的人”这个例子里(见 5.4.5(3)),“是”重读应当理解为把“是”当做引用语,意思是有人说我是谁的人,我反驳他。

(c) “很”和“最”可以修饰“是”。这种句子可以不用“是”,“很”或“最”直接修饰后边的词语。“那种办法最(是)会出危险的。”

(d)“是”字前边用助动词,颇有限制。有“会是”,没有 *“肯是”（只能说“不肯做奴隶”）。命令助动词“别”用于假命令形式“别是出了事了吧？”真正命令只能说“别做（～当）奴隶！”助动词“得”的例子：

是他也得是他，不是他也得是他（老舍，《语法讲话》引）。

(e)(f)(g)(h)都不适用。“是”没有进行式，因为本身有持续意思。

(i) “是”加“过”，见上(b)。

(j) 完成态只适用于作为形容词的“是”（见下(11)分节）。

(k) “是”没有命令式。只能用“做”。

(l) “是不是”适用于“是”的从(1)到(12)一切用法。

(1) “是”作为系词，表示主语跟宾语相等。“明天是端阳。”

(2) “是”表示属于哪一类。“他是回民。”“那是（一）个难题。”宾语带“一个”时，“一个”轻声，“一”常被省掉，这说明“是”后边的词语应当视为宾语，不是谓语的中心成分。

(3) 主语和谓语的关系松散。

他是十岁。我是五尺八。我们是两个男孩儿一个女孩儿。

我是一片热心。他是一肚子的气。

这些例子里的“是”都可以不用，直接用名词性词语做谓语。这也说明汉语里主语跟谓语的关系松散。

(4) “是”表存在，一般用处所词或时间词做主语。

到处是水。　明年是大选。　后头是个金鱼池。

这种“是”也可以不用。这种地方用“是”和用“有”的分别：“是”有“有一个东西，这个东西是……”的意思。“后头是个金鱼池”＝后头有个东西，这个东西是金鱼池。

(5)“是……的”用做名词化的特定化标志(nominalizing specifier)。“他从中国来了”,“他”可以是一个凑巧从中国来的人。“他是从中国来的”就表示他是一个中国公民或者中国居民,或者表示他不是从别处而是从中国来的。别的例子:“我是昨儿到的”,“那是他说的”。

“我是昨儿去看的医生”——关于这种显然不合逻辑的句子,前边5.3.6.5(2.6)已讲过:V-O的⟶V的O。

(6)主语带对比重音,可以再在谓语前用一个轻读或轻声的“是”来加强一下,后边可带可不带“的”。‖我不去。‖我。是不去(的)。如果对比的词语同时出现,对比重音就不是必需的,这时候那个轻读或轻声的“是”就有跟主语的特重音相同的效果。

他的个儿。是很大,不过身体不太好。

人家。是丰年,我是。歉年。

一种特殊的对比主语见于这样一种格式:把一个谓语先用做主语,然后在谓语里“是”字之后重复一下,结果造成一种让步形式。例如:

我去。⟶我去是去。

如果是一个V-O结构,可以不全部重复。下面四种格式都行。

(a) VO是VO　　吃饭是吃饭,可是不喝酒。

(b) VO是V　　吃饭是吃,可是不喝酒。

(c) V是VO　　吃是吃饭,可是不喝酒。

(d) O是V　　饭是吃,可是酒不喝。

这种让步形式也适用于名词谓语:

好人是好人,就是不太聪明。

(7) 对比谓语(不含让步意)。重音在对比的谓语上,不在“是”字上。

他·是‖累,不·是‖困。　　我·是‖劝你,不·是‖骂你。

(8) 强势肯定谓语。“是”重读。

‖是累,不·是不累。

(9) “是”引进一个小句,对它加以肯定。“是”和“不是”连用有辩白的意思。

是怎么啦?是马惊了。

不是我不要来,是他不让我来。

(10) “A是B的。缘·故”这个公式实际的意思是“因为B,所以A”。

地下湿是下了雨的缘故。

同样,“A是B的意思”实际等于“A的意思是B”。

英文“good”是“好”的意思。

关于这类例子及其分析,见5.3.6.5(1.1)节。

(11) “是”作为形容词。

是的,你说的是,你说的很是。

承认我的不是。　对他赔个不是。

这跟一般系词后省宾语要区别开。

这是真花儿不是?——我想是。

(12) “是”表示所有的。

是字典都查了。

(13) “是”作为后缀。

要是　若是　凡是　都是　就是　只是　还是　或是　可

是　但是　原是　硬是　愣是　横是(←横竖)

(14) 龙果夫引陕甘方言“这个茶是不是好茶”,“是”作为主语的标志,谓语是“不是”。龙果夫没有说这个“是”是不是轻声,也没有说这种句子出现的多不多。

(15) 无意义的衬字(吟诗时):

黄河是远上白云间啊——,一片孤城是万仞山呕——。

(16) 对命令的恭恭敬敬的回答:

把这个拿走!——是!

8.1.9 动词“有”。“有”的语法特征,如第十八表所列。

(a)和(b)“有”的否定式是“没有”或“没”,后者不用在末了。

(c)“有”前边加程度副词。程度副词修饰的是整个“有”+宾语。

最有耐性——→*耐性最有　很有钱——→*钱很有

比较:他最爱小儿子→小儿子他最爱。他很相信算命→算命他很相信。

(d)大多数助动词可以用在“有”前头。

会有　　能有　　得有　　但:*肯有　*别有　*甭有

(e)和(f)“有”不带幅度或次数的宾语。

“有过一次猩红热”,“一次”修饰“猩红热”。

(g)“有”没有重叠式。

(h)“有着”正开始见于书面。

(i)和(j)“有”加“过”或“了”极自由。

(k)“有”没有直接的命令式,得用助动词:“你得有忍耐。”

(l)“V-不-V”只能是“有没有”。

有人没有人？

有人没有　？

有　没有人？

“有”的主要用途有二：(1)表领有(广义)，(2)表存在。(3)这两种意义的“有”都可以有兼语式。(4)“有”用做助动词。(5)“有”用做复合词第一成分。(6)“有”用做叹词。

(1)“有”表领有，适用的范围很宽。

有父母　有儿女　没有钱　有债　有烧(fever)　有希望　有办法　有脸

在少数成语中“有”带动词做宾语。

有吃有穿　有说有笑　有商量　有救儿　没救儿

表领有的“有”一种特殊引申用法是表示从下往上达到一定数，见8.1.3.2.(1.1)节。

他走了有三天没有？没有，他走了没那么久。

(2)表示存在的“有”见于两种句子。一种是无主语的V-O句，如“有雾”、“有人”。一种是有时地词做主语的句子，这种时地词翻成英语一般成为副词性短语。

天下没有那种事。　　今儿晚上有客。

(2.1)上面的例子里，存在的事物都在宾语位置上，但在主语位置上的也不少见。

好人也有，坏人也有，什么样儿的人都有。

这种不带宾语的“有”可以放在“是……的”里边使它名词化。

这种事常有；这种事是常有的。　那种错误是很会有的。

(2.2)“有的”做名词的修饰语，意思是some。“有的东西”，

“有的时候儿”。后者常常弱化成“有·时·候儿”,成为一个副词(语音甚至变为 yǒu.shour)。

(2.3)“有的是”这个惯用语也是从“有”表存在的意思得来的。

钱有的是。 有的是钱。

(2.4)助词“了”表情况的变化,因而“有了”可以表出现,“没(有)了”可以表消失。

有了,找着了。 汽油完全没(有)了。

(3)兼语式的例子。

有人来看你。 没人在家。

(4)“有”做助动词不用于肯定式,见下文 8.1.10.3 节。

下面几项“有”的用法在这里讲,是因为从动词“有”转化而生,虽然在这些用法上“有”已经不是动词了。

(5)“有”用作一个 V-O 复合词的第一个成分是结合能力很强的,它的宾语或者是一个黏着成分,或者是一个自由成分而结合之后意义专门化了。

有用(处) 有毒 有意思 有意 有效 有限 有声有色 有声电影

否定式(多为“没”一个字)的用法比肯定式受限制些。

没用 没准儿 没法子(~儿) 没什么 没头没脑的

文言味的“无”比“没”的结合能力强。

无数 无线电 无谓 无味 无机(化学) 无名氏 无条件的 无效 无缘无故

(6)从(2.1)的用法派生出来的“有”,用于点名应到。现在学校里用“到!”

有一种近似这种用法然而明显地还是动词的用法，是在问题已经找到解决办法或者谜语已经猜出来的时候说：“（我）有了！”

8.1.10　助动词（Vx） 助动词拿别的动词做宾语，不拿名词做宾语。它和别的及物动词不同在于不能带“了”以及下面要讲到的另一些方面。助动词的语法特点如第十八表所列。

（a）助动词否定用“不”，助动词的宾语动词也可以受“不”修饰，因而有：

能去　　不能去　　能不去　　不能不去

（b）“没”用于助动词有些限制，即只适用于Vx1，2，3（“能”义），4，5，6，7，14，23（但不适用于24），30，31。“没”和“不”的分别不在于时态而在于“没”表示一件事儿没能实现。

他昨儿不能来。——说明一种静止的情况。

他昨儿没能来。——说明他昨儿没来成或者发生了什么事阻碍他来。

同样：他不肯告送。　我不敢试。　他不好意思要。

他没肯告送。　我没敢试。　他没好意思要。

（c）“很”适用于大多数助动词，但也不是适用于所有助动词。不带“很”的助动词是Vx10，11，12，20，21，22，27，28，30，31，38到48。［按：下面共只43个，因此（b）和（c）列举的号码都可能有误］

（d）助动词可以连用。如：

会要　会能　会怕　会肯　可以会　（应）该要

（应）该可以　（应）该会肯　不会不敢不愿意去

有些连用形式不出现，由于意思讲不通，如*“肯得ᵛ可以”。

“要想”、“想要”是并列复合词，不是助动词连用。

(e) 表幅度的自身宾语属于第二个动词,不属于助动词。“能去三年”,“三年”属于“去”。没有*“能(了)三年”。

(f) 表次数的自身宾语也是属于第二个动词或者整个短语而不是只属于助动词。“肯玩儿过三次”,但没有*“肯过三次”。

(g)(h)(i)(j)没有重叠式*“能能”,没有进行式*“能着”,没有完成式*“能了去”。“他早能去了”,“了”是整个短语的助词。“你会忘了”,“了”是“忘了”这个动词的一部分。

(k) 没有命令式“能!”

(l) V-不-V 的问话式适用于所有的助动词。

8.1.10.1 助动词和类似的动词的区别。

(1) 能带兼语式的动词可以在它后边插入一个名词而助动词不能。“不叫(他)吃他不敢吃”,所以“叫”不是助动词。

(2)“想”类动词以小句为宾语,不是助动词。“我希望(他)来”,如果省了“他”,是另外一种意思。如果省了第一个动词,甚至毫无意义,如“我希望下雨”→*“我下雨”。

(3) 拿动词做宾语的动词跟助动词不同,有及物动词的一般特征,这是助动词所没有的。例如可以说“答应了走”,“决定了来”,“继续着做”,“准备了去”。后两例的动词有人认为是助动词(Hockett 与房兆瀛合编《中国话词典》)。[除第三例外似都不说。]

(4) 动词前边的副词跟助动词不同有几点,首先是“V 不 V”的问法不同:

还吃不吃?　　　　能不能来?

答话可以是“能来”或者“能”,但是不能是*“还”。

“恨·不·得”是一个包含一个助动词在内的副词。在文言“恨不得烹而食之”,“得”是助动词,以“烹而食之”为其宾语,但在现代话“恨不得现在就走”里,“恨不得”只是一个副词。

8.1.10.2 助动词跟别的形类的跨类。助动词有时候跟及物动作动词、能带兼语动词以及其他形类跨类。跟一般跨类情形一样,上下文可以决定属于哪类,虽然间或有两可的例子。

想来(助动词)。 我想你(及物动词,名做宾)。 我想你应该来(及物动词用小句做宾)。

不用印:(a)Vt + N。(b)Vx + V(=不需要印刷)

下面列举助动词,凡是跨类的用法都加上一个“+”号。

Vx1 **能。**(1)能够,有能力。能来就请来。

(2)可能,=可以。能不能走啦?

“能”比英语 can 用得少,因为凡是可以用动补式的都倾向于用动补式。“看得见”比“能看见”用得多,“动不了”比“不能动”用得多(后者常是(2)义,=不可以,不该)。

Vx2 **能够。**同上。

Vx3 **会。**(1)能,知道怎么样……。会浮水,会说广东话。

(2)可能。你不会忘了吧?

Vx4 **要。**(1)意欲。你要干嘛?

(2)将要。要下雨了。 要坏!

(2)的否定式不是“不要”而是“不 V”或是“不会 V”:不下雨~不会下雨。“V-不-V”也用“会”:会下雨不会?

(3)用于比较句。比墨还要黑。英国比瑞典要小点儿。

(4)必得。你的头发要剪了。

+VA 要得到。要钱不要命。 这孩子很要好。

+ Vt 要求,索取。问他要点儿开水。

兼属助动词和及物动词的动词似不及一般及物动词那样容易重叠,但不是不可能,如"你问他要要看!""他没得过奖,让他常得得奖就知道了。"

Vx5 **想。** 他想做圣人。

+ VA 思念。我想你。　不应该想人家的钱。

+ Vt 思索。想法子。　想了个主意。　想不到……。

想起来了……。

+ Vt 带兼语。快想个人帮忙。

+ Vt 带小句宾语。你想要下雨吗?我想不会。

Vx6 **想要**
Vx7 **要想**
} Vx5"想"的同义词,但限于做助动词,不做 Vt。

Vx8 **爱。** 他净爱跟人打架。这孩子净爱摔跤。

+ VA　最爱小儿子。

Vx9 **愿意。** 有的愿意出钱,有的愿意出力。

+ Vt 带小句宾语。我愿意一年到头是春天。

+ Vst 高兴。他听了那个话很不愿意。(注意:一般只用"否定"式,并且"意"不轻声。)

Vx10 **情。愿。** 情愿死,也不投降。

+ Vst 可以同意。只要不给他,你给了谁我都情愿。

注意:"宁可"和"宁愿",虽然意思跟"情愿"相同,但不是助动词,是副词。不能说*"宁可死不宁可"或*"宁可不宁可死",也不能单独做答话:*"宁可"。

Vx11 **乐意。**(例略)

Vx12 **喜欢。**(例略)

+VA 喜欢花儿。吴语用"欢喜"做助动词,传入北方话,只做 Vst。

Vx13 **高兴。**我很高兴跟你见面。 高兴不高兴出去野餐去?

+VA 你什么事不高兴他了?

+Vst 今儿大家都很高兴。

Vx14 **肯。**(例略)

Vx15 **可以。**可以进来吧? 怎么可以说那个话呐?

双重否定式常用"不可不","不可以不"少用。

Vx16 **许。**只许进来,不许出去。 你们不许在这儿玩儿。

+Vt 带兼语。我不许你走(Vt),你就不许走(Vx)。

+副词。=也许。

Vx17 **准。**不准抽烟。

"准"跟 Vx16"许"是同义词,但不做副词。另有一个从"準"简化的"准"可以做副词[意思跟"许"相反],"他准来"是一定来,也说"一准儿"。否定形式"没准儿"跟"(也)许"同义。

Vx18 **应该,**Vx19 **该,**Vx20 **应当,**Vx21 **该当。**——使用频率递减。"该"另做 Vt,=欠。

Vx22 **得**(阳平)。(1)可以(文)。得委托代表出席。否定式"不得"表禁止:不得超过三十人。跟"可"和"不可"一样,"得"和"不得"口语不说;可是跟"不可不"一样,口语说"不得不"。

(2)能。不得了。 没得见着他。 不得下台。 难得去看电影儿。

+Vt 得到。得了一笔奖学金。 得便给我带个好儿给他。

Vx23 **得(děi)。**必须。 我得告送你一件事。 得不得带钱?

Vx23 跟 Vx22 语源相同,字形相同,但意思不同。Vx23 比 Vx22 口语性强,地理分布较窄。作为一个词,不是太自由,例如一般多带动词说,少单独说"得":得不得等?回答是"得等"。[似乎也可以回答"得"。]

否定式"不得"基本上只用于"得不得……?"单独用,"不得"不如"不用"多。你不得老跟着他(更常见的说法是"你不用老跟着他")

注意:没有 * "不得(děi)不。"

+Vt 这个得十三天的工夫。

Vx24 **须得ˇ**,Vx25 **必得ˇ**,Vx26 **须要**,Vx27 **必须**——同义。都类似 Vx23"得",但用于较正式文体。

"必"和"须"口语不单用,但否定式可单用:"不必","不须"。

+VA 须="需"。

Vx28 **不用。**除在"V 不 V"问话中,不用肯定式。用不用写个收条?否定回答:"不用"。肯定回答是:"要",或"要写",或"得写一张"。

Vx29 **敢。**(例略)

Vx30 **好意思。**否定式"不好意思"比肯定式用得多。

+A(只否定式) 他闹的大家都不好意思。

Vx31 **怕。**怕见生人。 怕伤了风。 不怕不成功。

+VA 怕鬼。怕生。你最怕什么?又义,**敏感**:怕吹风。

+Vt 带小句宾语。(1)担心:我怕他得了伤寒了。(2)也许:怕要下雨了吧?这个用法的"怕"="恐怕"。

Vx32 **值得。**这书很值得看看。 你值得跑那么远吗?

Vx33 **懒得。**(例略)

Vx34 **省得。** 那我就省得自己去了。

+J(连词)。我躲的远远的,省得他来麻烦我。与"免得"同,后者不做助动词。

Vx35 **乐。得~"乐得儿"。** 横是不要钱,咱们乐得儿拿几个。

Vx36 **不便。** 你不便问他太太还在不在吧?

肯定式不用,除了在"便不便……?"问话里。答话,否定用"不便",肯定只能说"好,不要紧"。

Vx37 **好。** (1)为了使得……可能:我开着门,你们好进来。

认识字,好读书。你闹的我不好用功。

(2)可以(原为吴语):好不好出去? 不好那样子!

(=顶好别那样子!) 我又不好不告诉他。

+H(副词)。(1)容易:这事情好做不好做? 这个"好"不是助动词,从答话里可以看出来:只能回答"好做",不能回答*"好"。问话"好做不好?"跟"好不好做?"都少见。这是因为单音副词黏着于后边的动词,不如助动词自由。这也适用于否定式"不好",以及反义词"难"。(2)好看,好吃。这个"好"的意思跟形容词"好"一样,但是它的反义词不是"坏"而是"难"或"不好":难看,不好看。由于副词"好"和"难"有这两种意义,有时引起歧义,例如:这螃蟹难吃和这碗饭不好吃都有两解。注意:两种意义的"好"加 Vt 的结果都是一种形容词性的词语。

Vx38 **不配。** 他不配当先生。

肯定式只见于"V 不 V"问话或修词性问话:他自己净念白字,还配笑话别人吗?

Vx39 **不要。** 用于否定性命令,与 Vx4 有别。你不要来! 有别于你不要来[就别来]。

Vx40 别。这是“不要”的融合，阳平声是由于“不”在去声前变调。苏州话“嫑”之为融合，语音上更清楚。

Vx41 **甭。**这是 Vx28“不用”的融合。口气比“别”软和。

Vx42 **冇** moo！是(广州话)“唔”mu +“好”xoo 的融合。这是广州话平常应用的禁止之辞，比“咪”mae 和缓。

Vx43 **没(有)。**(1)过去或完成：我没(有)看见他。(2)正在：你别

老瞪着眼睛！——我没老瞪着眼睛。

(1)义的肯定形式不是一个助动词而是后缀“了”。所以“V 不 V”的问话采取“V 了没有”的形式：吃了饭(了)没有？回答：吃了或没有(或“还没呐”)。

从广州话(以及台湾闽南话)传入普通话的一个新用法是用“有”作为“没有”的肯定形式。你有看见他没有？在跟南方人接触多的人中间已经相当被承认为合法，虽然答话“有”还是刺耳。[按：问话似以“有没有看见他？”为较多。]

8.2 介词(K)

8.2.1 介词作为一个单独的词类。有若干及物动词常常用在连动式的第一个动词位置上，可以称为副动词(coverb，因之用 K 做代号)。其中有几个只出现在这个位置上，在别的位置上不出现，那是地道的介词。但是介词的最重要的特征是没有态的变化，并且一般不用做谓语的中心。

由于汉语介词，无论在分类上或是在历史上，都有一种过渡的

性质，所以上面所说的特征只能大致地这样说，不能作为严格的定义。我们对于介词采取列举的方法。

8.2.2 介词的形式特征。

(1) 关于缺少态的变化。介词一般是，(a)没有表尝试的重叠，(b)不能带表开始的“起来”，(c)不能带表不定过去的“过”，(d)很少带完成态的“了”，(e)少数带进行态的“着”，下面逐条指明。有些介词的后缀可以认为是它固有的，不是临时加上去表示动态的，例如“为着”、“为了”。

我们认为用和不用表动态的后缀是个程度问题，甚至一般不带动态后缀的介词在一定场合也可以带上这种后缀。正如史振晔在《也谈关于介词结构做谓语》(《中国语文》1957 年 6 月)里所举的例子：“风向标的箭头正朝着南呢”，“风向标的箭头已经朝了南”，“这家的大门以前朝过南，后来改朝了北”。

在意义有分别的场合，我们认为是跨类，如“比”，在“比比”，“跟这个比起来”，“跟他比过本事”这些句子里，“比”是动作动词，不是表示比较的介词。

(2) 介词一般不做谓语中心。(a)难得作为主要动词。像“你为谁呐？”“我谁也不为”，是极其少见的。像“你得从这儿走”在合适的场合说成“你得从这儿”，也是不多见的。(b)“你从不从檀香山走？”“从”当然还是介词，但是最好认为它是连动式里的“V 不 V”形式，这种形式里的重复总是重复第一个音节，不管是什么性质的东西，如“你经不经过檀香山？”(c)介词不单独成句，即使是回答问话也不成。例如不能说“从”。对于问话“你跟我去吧？”或“你跟不跟我去？”不能回答“跟”，除了小孩儿有时候这样说。(d)介词除非用在连动式里不能跟在助动词之后。“只能往上,不能往下”这样的例子不多。

8.2.3 介宾短语的功能。有四种。

(1) 在连动式里作为 V_1,修饰 V_2,这是介宾短语的主要功能。

在床上睡。 到七点吃饭。 跟他要好。 于我方便。

对人太不客气。 离家很远。

(2) 修饰名词,中间插入“的”。

对朋友的态度。朝西的窗户。沿海的几省。在家的日子。

临动身的两个钟头。

(3) 做主语。

关于那个问题,我还没打定主意呐。

至于念书写字,还没找到个清静的地方呐。

“关于”、“至于”都可以省掉,那就是名词或动词做主语。例一的“我”可以省,例二也可以加个“我”;有“我”字的时候,是S-P做谓语。

(4) 介宾短语做补语,限于“到”、“在”、“给”。

走到家里。 等到天亮。 说到他信。

借给我钱。 借钱给你。

坐在椅子上。 住在上海。

“到”和“在”的混合物 de,见 5.6.3 节。

8.2.4 介词的意义。见第十九表。在图解栏,一个点儿代表主语,如果有主语的话;一个圈儿代表介词的宾语;箭头代表运动、面对或动作的方向;虚线圈儿代表宾语被替换。意义栏只是用一个字提示一组意义。

第十九表 介词图解

编号	图解	简示意义	时间处所意义	其他意义
1		at	在(～待～挨～捱)	in,on 在……上(头)
2—4		with	跟,和,同(方)	
5—6	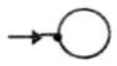	to by(the time when)	到,上 到	
7—9		just before	临,趁,赶	
10—19	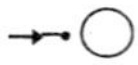	toward	望,冲(着),朝(着),对(着),向	对,于,对于,关于,至于,为(着～了)
20—26		from	从,打,解,起,自从	因为,由于
27—31	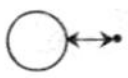	(static) from	离(开)	比,比较,较比,像
32—42		along	沿(着),顺(着)	照(着),按(着),按照(着),依照,据,根据,凭(着),靠(着),论

编 号	图 解	简示意义	时间处所意义	其他意义
43—44		by means of		用,拿
45—49		taking hold of		把,给(1),将,管,叫(1)
50,46(2) 49,51		by		被,给(2),叫(2),让
52,46(3)		for		替,给(3)
53		except		除了,除去,除……(以~之)外
54—57	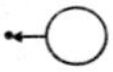	through		归,由,连,连……带

8.2.5 介词列举。每个介词的用法没有全举例,有的在别处已详细谈过就只注明章节。跨类也没有全讲,只把有可能误解的情形讲了讲。

K1 **在。**有三个地方性的变体:待 dài,挨 āi,捱 ái。这些变体不能用在补语位置上。

动词前:他们在(~待~挨~捱)家里玩ル呐。

动词后:住在(~得 de)家里。

"在"的后边一般是一个方位结构(N-L),方位结构详见 7.10 节。

+Vc(分类动词):在家。在礼。

+Vst(状态动词):王先生不在。 王先生不在了(=死了)。

K2 **跟。**别跟他开玩笑。

这是北方话里表示 with 和 and 的最常用的字。

+J(连词):张三跟李四是两个人。

+Vt(及物动词):老跟着人就不能独立了。

K3 **和**。hàn～hài～hé。跟"跟"的用法相同,但是较少。

+J(连词):就是你和我俩人在这儿。

K4 **同**。

+J(连词)。

这是中部和广州方言里跟"跟"相当的字,既用做介词,也用做连词。

我们没有列出"与"和"及",这两个字是纯文言字。

K5 **到**。(1)你到我们家来,还是我到你们家去?　　走到天边。

(2)到熟了就停火。　　一直等到天黑。

+Vi,Vt(动词):春天到了。　　我预备六点到家。

K6 **上**。=K5(1)请你上我这儿来。

K7 **临**。你临走怎么没谢谢主人?　　临上轿扎耳朵眼儿。

这个介词可以拿任何动词做宾语,至于名词宾语则限于少数黏着形式:临时。临阵脱逃。

+Vt 临帖。

K8 **趁**。趁早预备。　　趁他没走问他。　　趁机会逃吧!

+Vt 你趁哪班飞机?

K9 **赶**。你得赶天黑以前到。　　赶暑假时候做得完吗?

+Vt 赶车。　　赶工。　　赶不上这趟火车。

K10 **望**。望前头看。　　望左边儿倒。

+Vt 你干吗老望着月亮?

+N 我怕这事儿没望了。

K11 **冲(着)。**(1)别冲着人打喷嚏！开香槟得把瓶子冲(着)上(头)开。(2)我冲着你的面子才借这钱给他的。

+Vc(分类动词)枪口一齐冲(着)外(头)。

K12 **朝(着)。**朝南走。　朝后头看看。

+Vc 这窗户朝北。(参 8.2.2(1))

K13 **向。**向右看齐。

+VA 你向着我还是向着我的仇人？

K14 **对(着)。**这些话是对(着)谁说的？　他对你并不坏 ê。
我对你说的都是真话。　他对人很和气。

+Vt (1) 倘有人害他，你如何对他？
(2) 酒里对水。

+A 对。　对了。

K15 **于。**于事情没有帮助。　于身体有害处。

K16 **对于。**他对于那件事情很生气。
我对于打球一点儿没兴趣。

K17 **关于。**关于国外的情形，他一点儿不熟悉。　我只问你关于技术方面的问题。

K18 **至于。**至于课外的活动，他们就不管了。　至于酒钱给多少，要看客人的高兴了。

注意："不至于"不是介词，是副词。

K19 **为(着～了)。**为国牺牲。为着(～了)这点钱不值得跑那么一趟。　为什么呐？　为了什么呐？　为的是什么呐？

K20 **从，**
K21 **打，**
K22 **解，**
K23 **起。**
病从口入，祸从口出。
从（～打～解～起）这儿到那儿有多远？
从（～打～解～起）圣诞到新年有一个礼拜。

K24 **自从。** 自从一九零零的庚子到最近的庚子足足有六十年了。
自从他走了以后我一直老不放心。

K25 **因为。** 他因为什么原故不能来？ 因为重伤风不能来。

+J 因为下雨了，所以不能打球了。

K26 **由于。这是相当于"因为"的文言字眼。**

K27 **离(·开)。** 这儿离镜头不够远。 现在离(·开)暑假只一个月了。

+Vt 这小孩儿从来没离（开）过家。

K28 **比，**
K29 **比较，**
K30 **较比。**
频率递降。 他比你高。 ["比较"只做动词或副词，"较比"只做副词。]

+Vt（限于K28，K29）

K31 **像。** 像他那么高。 像我这么做。

+VA 像他父亲。

K32 **沿（着）。** 你得沿着槽儿擦，才擦得着脏呐。
沿海。 沿江。 沿岸。 沿街。

K33 **顺（着）。** 你得顺着毛儿刷他。 别光顺着我说话呀！
顺那边儿走！

+Vt 别光顺着我呀！

+A 我今儿的牌很顺。

注意:“倒着”只做副词,不能带宾语。

K34 **照(着),**
K35 **按(着),**
K36 **按照(着),**
K37 **依照。** 正式性递升。照规矩红灯不能拐弯儿。你们都得照(着)(～按(着)～按照(着)～依照)一定的时刻表做事。

[“按着”、“按照着”似不说。]

K38 **据,**

K39 **根据。** 你不能(根)据一个人的报告就决定方针。

[此句似非“根据”不可。]

K40 **凭(着),**

K41 **靠(着)。** 我就凭(着)～靠(着)两只手过活。

凭良心说话。　　靠(着)右边儿开。

+Vt 别靠(着)墙!　　你不能靠他。

K42 **论。** 论磅卖。

K43 **用。** 用左手写字。

+Vt 用钱。　　用人。

K44 **拿。** 我不会拿左手写字。　　你得拿话慢慢儿地劝他。

+Vt 拿稳了!

文言里跟 K43,K44 相当的字是“以”。

K45 **把。**

+Vt 别老把着门。

K46(1) **给。**

+Vt 给酒钱。

K47 **将。** 文言和广州话里跟 K45 相当。

K48 **管。** =K45,用于第二动词为“叫”的句子。

K49(1) **叫**。方言里＝K48。

K45—49是前及物动词，把宾语引到意义具体的第二动词的前头。详见5.5.2(3c)节。

K50 **被**，
K46(2) **给**，
K49(2) **叫**，
K51 **让**。
（以上四词）频率递减，虽然相差不多。

这几个介词都是在被动句里引进主动者的，详见5.5.2(3b)。

K52 **替**。我不能到会，请你替我出席吧。

吴语里常在普通话用“给(3)”的场合用“替”。

K46(3) **给**。别把这新衣裳给我弄脏了。请你给我说几句好话。

K53 **除(了～去)……(以外～之外)**。除了你以外没人会。除了逃走只有打。　他除去小说以外，什么书都不看。

“除了”作为连词见2.12.7(3)和8.4.2(3.2)节。

K54 **归**。归谁给费？　　这事情归他管。

K55 **由**。由主席召集会议。

K56 **连**。连你都不懂？　　他连你都不怕。

K57 **连……带**。他连汤带水都喝了。　　连兵带将都到了。

8.3 副词(H)

8.3.1 副词的形式特征。

(1) 副词主要修饰动词。副词修饰动词，动词里边包括形容词。副词也修饰副词。

先走。　最美。　不一定。

H_1H_2V　这种结构里的 IC 是 H_1+H_2V，不是 H_1H_2+V。例如：

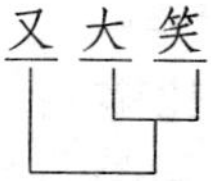

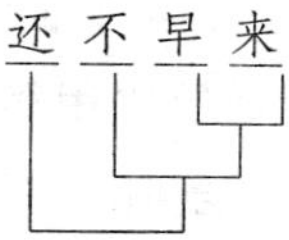

“不大懂”的 IC 是“不大”+“懂”，“不大”是一个复合词。

副词一般不修饰名词。副词修饰名词的时候，实际是修饰名词或名词性词语作为谓语，或者作为主语（这还有点疑问）。换句话说，副词修饰的是句子成分，不是把词作为词、短语作为短语来加以修饰。

这人够朋友。　你简直傻子嘿！　那一定好消息。

他太浑蛋了！

文言：不亦君子乎？　皆薛居州也。

副词修饰主语的例子：

文：凡人皆有死。话：凡是人都有死（“凡是”是一个副词）。

要是我就不那样。（要是我，我就不那样：“要是”就是正规的连词了）

这两句的相似不是偶然，我们前边讲过，汉语的从属句是很像主语的（2.12.5）。

名词做动词或介词的宾语的时候是不受副词的修饰的。

（2）副词能否单说。副词一般是不能单独成句的。单音副词中惟一的例外是“不”，这可以认为是叹词（跨类）。多音节副词有几个可以单说：“一定”，“也许”，“并不”，“不至于吧？”

有些从动词性词语构成的副词，单独用的时候恢复了动词性，不再像个副词了。例如：

差一点儿摔了。 摔了没有？——没有，差一点儿。

没准儿会下雨。 会下雨不会？——没准儿。

一个单独的副词用做命令句比用做陈述句较比多些。例如：快！慢！生动重叠加“的”就更多些：慢慢儿的！好好儿的！

命令句里常常加个比较级后缀“点儿”：慢着点儿！正一点儿！

值得注意的是这些副词都是形容词跨类。绝对是副词的很少，下面是几个例子：大声儿！ 大声点儿！ 一块儿！

“使劲！”“赶紧！”等等由动词性词语构成的副词，单独做命令句的时候应该看做恢复了动词性。

(3) 副词不做主语，谓语，宾语。“这儿有人”的“这儿”是处所词，是体词不是副词。“等到现在”的“现在”是时间词，也是体词。

(4) 副词作补语。副词一般不做动词的补语。仅有的例外是“很”和“极”。“好的很”比“很好”强，“好极了”不如“极好”强。

8.3.2 副词短语。

(1) V_1 短语。最常见的副词短语是连动式的第一部分，如“用心做事”。这里边的一个特殊类型是介宾短语，如“从这儿走”。有少数情形，宾语被省略，动词(介词)本身用做副词，如“他在玩儿呐”，“在”字后边省了“那儿”，“玩儿”不是“在”的宾语。(事实上，口语里是“他在那儿玩儿呐”说的多。)别的例子见5.5.2(3)。

由一个以上的副词组成的副词短语是少见的。前边已经说过，一个动词前边有两个副词的时候，IC一般是 $H_1 + H_2V$。即使是 $H_1H_2 + V$，H_1H_2 一般也是一个复合词，不是一个短语。

(2) 副词短语带同位性的“那么”。

拼着命(那么)跑。瞪着眼睛(那么)看。手不扶着那么骑。

一只脚(那么)站着。直着嗓子(那么)叫。半醒半睡那么说话。

“那么”前边可以加个“的”,或者用“的”字代替“那么”:拼命的(那么)跑。

(3) 副词短语用“在”或“当”或不用。时间和处所词语可以做主语,前边有“在”或“当”等词的时候就构成连动式的第一部分,修饰后边的部分。

学校里有学生。“学校里”主语。

在学校里有学生。“在学校里”副词短语。

太阳下去的时候儿停工。“太阳下去的时候儿”主语。

当太阳下去的时候儿停工。“当太阳下去的时候儿”副词短语。

(4) 其他用“的”做标记的副词短语。见 5.3.6.5(3.5)节。关于“的,底,地”的写法,见 4.4.6 节。

8.3.3 “HA 的 N”公式。形容词可以直接修饰名词,但是如果形容词已受副词修饰,就得在后边加“的”才能修饰名词。

好人:不好的人。　　红花:很红的花。

别的需要有“的”的例子:

太舒服的日子。　　最便宜的货。

真厉害的药。

上面这条规则好像是专断的、经验性的,其实是可以理解的。形容词是一种不及物动词。不及物的动作动词(Vi)不是都能随便直接修饰名词的，比较“来人”和“来的人”，“逃兵”和“逃的兵”，“跑道”和“跑的道儿”，就知道不带“的”的形式是复合词，意义专门化了。形容词修饰名词也是这样。比较“贵处”和“贵的糕”，“宽街”和“宽的床”。即使没有意义专门化，如“高山”、“小国”，我们也觉得是复合词，因为里边的形容词不能自由地受副词修饰了。这就是为什么不能说*“最小国”只能说“最小的国”的缘故。

8.3.4　音节数和自由与否。所有单音节副词都是黏着于后边的词语的，惟一的例外是“不”。多音节(绝大多数是双音节)的副词有少数能单独成句，如“几乎”、“的确”，但是大多数是半自由的，即允许后边有停顿助词，但是仍然必须有被修饰的动词语。例如在“这个人啊，□□啊，喜欢说话”这句话的空格里可以填上“本来”、“一向”、“居然”、“尤其”等等副词。

有些多音节副词，尤其是跟形容词跨类的，连这种停顿都不允许，例如“他坚决(的)不去”，“你得细心检查”。

那些允许停顿的副词，一般能搁到主语前头，行使连词的功能(见 8.4 节)。这也就是 Harry Simon 所说的 clause words(见 Verb Complex，560 页)。

8.3.5　副词跟别的词类跨类。

(1) 副词和形容词。我们在 8.1.3.6(3)节已经看到很多形容词也是副词，以至于似乎不妨把修饰动词列为形容词功能之一。但是因为不是全部形容词，甚至不是大多数形容词都能这样用，所以还是作为跨类看待较好(参 6.4.5(2))。一种测验是比较反义词。例如有“大骂”、“大笑”、“大吃”，没有*“小笑”、*“小骂”，而“小吃”是名词。即使一对反义词都能修饰动词，也仍然可以认为是形容词和副词跨类。如："我不能多说话，多说了话睡不着觉"，"我不能少睡觉，少睡了觉做不了事"。一个形容词是否兼做副词是一个词汇事实，应该在词典里标明。

一个词作为形容词和作为副词，常常，虽然不是一定，在意义上有些差别。如"老话"和"老说话"，"快马"和"快到了"，"早点儿起来"和"我早起来了"。

有时候一对反义词作为形容词和副词是不对称的，如"好"和"坏"，"容易"和"难"，见第二十表。

"容易"是形容词或副词，都只有一种意义；"坏"从来不用做副词。"好"和"难"作为形容词只有一种意义(没有歧义)，但是作为副词却担负两对反义词的任务。因此可以在字眼上玩弄一下：

螃蟹虽然好吃，可是难吃。

螃蟹虽然不好吃，可是不难吃。

第二十表　"好"和"难"的功能不对称

词性 / 被修饰者 / 修饰者	形	副
	事　情	吃
好	好事情	好吃 1.good to eat 2.easy to eat
坏	坏事情	*
容易	容易(的)事情	容易吃 easy to eat
难	难事情	难吃 1.tastes bad 2.difficult to eat

(2) 形动复合词和副动短语。

形容词修饰动词，构成复合词：

小看。白煮。干炸。

这些复合词不同于副词修饰动词的短语，在于不能扩展(陆志韦，《构词法》58页)。比较："白煮还是红烧?""白(那么)煮了半天。"

(3) 代动词和代副词。"这么"、"那么"、"哪么"、"怎么"这四个副词可以代替表方式或程度的副词，同时又是代动词，意思是"这么做"、"那么做"、"哪么做"、"怎么做"。见7.12(3)节。

(4) 副词和连词。要分别(a)副词性连词，即同时是副词又是连词，(b)副词兼属连词，即有时是副词，有时是连词。

你来我就走。

"就"修饰"走"，同时连接后果小句。大多数关联副词都是副词性连词。另一方面，

他所以生气是你骂了他的缘故。"所以"副词。

你骂了他，所以他生气了。"所以"连词。

可是(a)和(b)也不对称。

他也来。"也"副词。

他也来也去。"也"副词性连词。

8.3.6　副词分类。副词差不多是可以列举的，可是因为不同作者列举的有所不同，所以最好还是让副词算是一个开放的类。(例如陆志韦书里56—57页有一个副词表，57—58页有一个准副词表，Simon，Verb Complex568—570页有另外一个表，分成"不"字前的和/或"不"字后的。)

下面的分类的次序是按照如果同时有几个副词孰先孰后的次

序排的。可是这种次序也不是固定的,常常受IC的影响。例如:都不好,不都好;总先去,先总去。在一类之中,先是单音节的,然后是多音节的。

(1) 范围和数量副词。

单音节:也$_1$。都$_1$。总$_1$。(完)全。再$_1$。还$_1$(再～还要一个)。另(外)。只(～止～祇)。光。就$_1$。净$_1$。才$_1$。单。刚。

表示范围的副词,如果可能涉及的事物在句子里不止一个,就会产生歧义。有时候可以用对比重音来解决,如:

这话我‖都不懂。(“都”指“这话”)

这话‖我都不懂。(“都”指“我”)

有时候没法用重音解决,如果上下文也不能帮助解决,就只能改造句子了。例如:

这些瓜我们个个儿都尝了。(“都”指“这些瓜”或“我们”)

多音节:一共。总共。仅仅。刚刚$_1$～恰恰～刚好～恰好。比较(的)。相对的。大约。约摸。大约摸儿。几乎。差一点儿～差一点儿没。索性。

(2) 估价副词。

单音节:可(是)(我可不许。那可了不得!)。却(是)。倒。偏(偏(儿))。就$_2$(我就不这样=至于我……)(参下(4))。还$_2$(还好)(参下(4))。竟。也$_2$(见了人也不打招呼)。都$_2$(你们都买了些什么怪东西?)。硬(是)～愣(是)(没核桃夹子,硬得拿牙咬)。

多音节:幸亏。居然。果然。其实。究竟。根本。压根儿(他们压根儿就没脚)。简直。横是(←横竖)。反正。姑且。故意～成心(≠诚心)。

（3）肯定否定副词。

单音节：纯粹肯定用动词“是”来表达。表示肯定的副词都带有估价色彩，见上(2)。

主要否定副词：不。没（“有”前）；没（。有）（见 Vx43）。用于表示能由本人做主的行动的动词，“没（有）”表示简单否定，“不”一般有不肯、不愿意的意思：“他见了先生也不站起来”：“他没看见他，所以没站起来”。在见面打招呼的套语“好久没（～不）见了”里，没有分别。

“非（要）”是强势肯定副词：他非要自己来。这实际是成套连词“非……不……”的省缩。

“岂”是修辞性的否定副词：岂有此理？　　岂敢？

多音节：不必（没有 * “必不必？”，所以不是助动词）。不如。不妨。决不。绝不。毫不。并不。这些词翻成英语往往可以用助动词翻，但在汉语里不是助动词，不能满足助动词的条件，尤其是“V 不 V”的问话式。这些是复合词，“不”以外的部分是黏着语素。我们在这里不包括“可不”、“岂不”、“也不”、“不也”等等，这些不但不是复合词，并且不是一种结构，因为在“XY……”的序列中，IC 是 X + Y……。

一个短语或小句之中有两个否定词的时候，互相抵消，不是像俄语或法语那样互相支援。例如：“你太不小心了”。“我没不小心”。“这个人也不无可取之处”。“那未免太不讲理了”。

（4）时间副词。

单音节：先。初。乍。早。才$_2$。才……呐。正……呐。就$_3$。便。快。一（他开门一看，看见一个老头ㄦ）。再$_2$（还要再来，可是始终没再来)。又(他说不再来了,可是后来又来了)。还$_3$(他昨儿还好好儿的,怎么今儿病了?)。重(chóng)。老。总$_2$。且(他且说呐)。尽(着)。净$_2$。常(常(儿))。晚。迟。

多音节:当初~起初。老早。早已。已经~已竟(北京)。本来。向来~一向。向不~从(来)不。曾经。近来。刚刚$_2$~刚才。暂时~暂且。忽然。立刻。马上。赶紧。时常~时时~不时的。每每~往往。再三~屡次。永远~永久。一直。早晚~迟早~早迟。后来。几时? 多咎? 多会儿? 正在。早就。

(5) 可能与必然副词。

单音节:真。假。准。许。就$_4$。

多音节:一定。必定。实在。的确。绝对。一准(儿)。没准(儿)。不定。大概。也许。几乎。差一点儿(没)。

(6) 程度副词。

程度副词修饰形容词,但一般不修饰动词,除某些动宾复合词(见8.1.6(2))和动补复合词。(最伤脑筋。很吃亏。更看得出来了。)

下面是最重要的程度副词:

单音节:很。挺。怪。真! 好! (好不厉害=好厉害,"好不"只用在多音节形容词前)。极。满。才……呐。还$_2$(他身体还好)。还$_4$(要)(你坏,他比你还(要)坏)。更。再$_3$(再冷我也不怕。再好没有了)。顶~最。太。忒(tuēi~tēi)。多? (多高?) 够。

下面这几个文言副词在口语里有时也用:甚。至。颇。绝。较。

多音节:非常。异常。十分。特别。尤其。有点儿。略微~

稍为。比较(的)。不大。不老。过分(的)。这么。那么。多么。

程度也可以用补语来表达:好极了。好得很。疼得厉害。

(7) 处所副词。 单个儿的处所副词很少。

遍(遍查查不着)。 哪儿(哪儿来的话?) 处处(儿)～到处(儿)。

(8) 方式副词。

单音节:正(着)。倒(着)。反(着)。直直(着)。横(着)。竖(着)。白(白去)。空(空说)。大(大笑)。

多音节:空手。一块儿。一齐～一起。勉强。大声儿。

关于"慢慢儿的"这种生动重叠式,参 4.2.4.1 节。

但是"这么"、"那么"、"哪么?"、"怎么?"用来修饰已受修饰的词语的时候,一般说成单音节。[例如:"要这么(zemm)横着放。"]

(9) 疑问副词。除"可"以外都已经见于前边各类:(4)几时?多咱? 多会儿? (6)多(么)? (7)哪儿? (8)怎么? 哪么?"可"在南方方言里比在北方方言里用得多,但不是从南方传过来的。

你可知道他叫什么?

他可能来?(用问话语调。否则是陈述句,其中"可能"是一个词)

疑问副词跟别的疑问词一样,加重说并且后边来个"都"或"也",就有"任何"的意思。

他怎么也不行。(没法叫他同意)

不加重说则疑问词可以表示不定。

来了没多久。 不怎么好。

他把那机关怎么一扳就动起来了。

表方式的疑问副词和表程度的疑问副词不对称的情况见第二十一表。

第二十一表 指示副词和疑问副词

	方式		程度
	二者之一	任意数	
近	这么		这么
远	那么		那么
疑问	哪么	怎么	多(么)
任何	‖哪么	‖怎么	‖多(么)
不定	*	。怎么	。多(么)

8.4 连 词(J)

8.4.1 连词,介词,副词。 以前提到过,汉语的连词不容易跟介词或副词区别开来。例如“你跟他一块儿走”,“跟”可以是连词,可以是介词。“你假如不来,我就不去”,“假如”和“就”类似连词,可是占据副词的位置。事实上,汉语连词的地位如此的不确定,以至于龙果夫不承认它是一个单独的词类。

可是在某些场合不得不承认有一个新的,虽然是小的,词类正在出现。例如“吃饭跟睡觉是两件事”,“理发跟刮脸都要”,如果说“跟”是介词,是 together with 的意思,总不免有点勉强,不如直截了当承认它是个表示并列关系的连词。

另一种情况，如果一个表示句和句（小句和小句）之间的关系的词不能搁在主语之后，必须搁在主语之前，那也就必须承认它是连词。例如“他来了，但是他太太没来”。“但是”不能搁在“他太太”之后。在这一点上，“但是”的近义词“可是”就不一样，我们可以说“他太太可是没来”。

8.4.2　连词的类型。除了少数介词性连词外，大多数连词是副词性连词，既有连接的作用，也有修饰的作用。我们在下面分四个类型。

（1）介词性连词。K2 跟，K3 和，K4 同，是既可以做介词又可以做连词的。上面已经讲过，“A 跟 B”必须解释为 A 和 B 并列的例子是相对地说来不多的。还应当注意，这些连词只连接名词性词语，从来不连接动词性词语或小句。

（2）连词的超句子的用法。说话的人可以在结束一句另起一句的时候，或者对别人的话有所评论的时候，在头上用一个连词“但是”。这样的一个词是有赖于本句之外的某些词句的，有点像代词有赖于所代的词一样。这种倚赖关系不在句子之内而在句子之外。我们不称这样的连词为超句子的连词，而说它是连词的超句子的用法，因为这种连词也可以用在一句之内。

有些连词，在超句子的用法上必须搁在主语的前头，所以的确是连词。除“但是”之外，还有：

不过。并且～而且。况且。否则。例如。比方。

另外有一些，尽管有赖于前边的句子，但是可以或者搁在主语之前或者搁在主语之后，因而仍然是副词性连词。（这里不考虑“就”等纯副词，它们是必须搁在主语之后的）这种副词性连词有：

可是。 不然(不然你～你不然赶不上)。 因为。 所以。 因此。 后来。 或是。 或者。

关于主语之前或之后的位置的选择,见 2.12.6 节。

(3) 成套的连词。有很多成对的字眼可以用来把两个小句拴在一块儿,成为一个复合的或者复杂的句子。有时候,或者前一个或者后一个只是副词,不能搁在主语之前,或者只是连词,不能搁在主语之后。可是大多数例子,这成套的词是副词性连词,既可在主语之前又可在主语之后。在下面的例子里,副词标 H,连词标 J,副词性连词不标。[按:下面列举的词里边有应标而未标的。]

(3.1) 同一个词前后重复。

越$_{H}$…越$_{H}$～愈$_{H}$…愈$_{H}$。 也$_{H}$…也$_{H}$～又$_{H}$…又$_{H}$。也不…也不。 不$_{H}$…不$_{H}$(不尝一口不知道味道)。 一头儿…一头儿～一边儿…一边儿。 或是…或是。 (还)是…(还)是。

(3.2) 不同的词前后关联。

虽然…也$_{H}$～但是～可是。因为…所以。既然…就$_{H}$。要是～要$_{H}$～假如～○…就。(除)非～除了…不。(除)非～除了…才。 不是…就是。只要…就。 既不$_{H}$…又不$_{H}$。尚且…何况$_{J}$。 不但…并且～而且。宁可…也不。与其～有的…宁可～不如～还是。 尽管…还是。再$_{H}$～多$_{H}$…也$_{H}$。就是～即使…也$_{H}$。刚(～才)…就。一$_{H}$…就$_{H}$。一个$_{H}$…就$_{H}$(他一个不留神(就)摔倒了)。

前头用"一","就"后动作只是可能;前头用"一个","就"后动作是已经实现的。

"一来……二来",常常用于超句子的连接。"三来"等少见。

(4) 弱化了的主句。"我想"这个类型的主要小句,用在原来做宾语的小句的头上或末了,语音上弱化成为前附(proclitic)连词,或者后附(enclitic)助词。我们在讲复杂句的时候已经讲过(2.14.5),下面是更多的例子(全都是可轻声):

总而言之 这就是说 换言之 换句话说 再不就 再不(你就) 恐怕 可能 光景 我想 管保 难道……不成? 据说 谁知道 敢情 敢则(zi) 结果 回头

8.5 助 词(P)

8.5.1 助词,后缀,叹词。助词跟后缀一样,总是轻声。助词和后缀都是附着于前边的成分,但是后缀属于词,助词属于短语或句子。有跨类的情况,如"他的书","的"是后缀;"他看的书","的"是助词。助词跟叹词一样,都没有固定的声调,但是助词是轻声而叹词不是轻声,有各种模式的语调(8.6)。还有一个分别:助词是黏着的,语音上附着于前边一个音节,语法上附着于前边一个短语或句子,而叹词是自由的。事实上,叹词是惟一的从来不黏着的词类。助词跟叹词间或有跨类的情形,如"早点儿回来啊!"(助词)和"早点儿回来,啊!"(叹词)

8.5.2 短语助词和句子助词。有的助词只用在短语之后,如"咧","打球咧,下棋咧,什么的,他样样都会。"有的只用在句子之后,如"吗","你知道吗?"有的两处都可以用,如"啊","要是走啊,没盘费”，“没盘费也得走啊！”

8.5.3 助词的相继和融合。两个或三个助词相继出现的时候，第一个助词跟前边的短语或句子造成一个结构，第二个助词又跟这个结构造成更大一点儿的结构。例如：

没来呐。没来呐吧？

他不会答应你的。他不会答应你的了。他不会答应你的了吧？

连用两个助词，如果第二个助词是元音起头，两个助词就变成一个音节，虽然各自的功能不变。

这个不能吃了。这个不能吃啦。(le + a→la)

注意：这种融合的形式常常没有一定的汉字来写。例如在

快吃罢，饭冷了！

加上一个表示警告的助词 ou(呕)，就成为

快吃□(bou)，饭冷喽(lou)！

同样，“的啊”→“哒”，“了啊”→“啦”，“呐啊”→“哪”。

“的呕”可以写做“兜”，“呐呕”可以写做“耨”，可是人们不这样写。研究古代汉语，这是个须要予以注意的现象。“而已”→“耳”。

8.5.4 复合助词。两个或更多的语素结合成一个助词，有单一的功能，跟上一节所说助词连用不同。例如：

他跑着呐。(着 + 呐)

他好着呐。(P18 着呐)

8.5.5 助词列举。

P1 的。表示“事情就是这样”。

告送了他，他会生气的。

我没省个大子儿的。

你应该问问他的。

P2 了。

(1) 表示事情开始:“糟了,下雨了!”或者是一种新出现的情况,或者是对说话的人说来是新的情况。这种新情况可能等于已经达到某一数量或程度,如“唉呀,十一点半了!”“你今年四十岁了,都!”

用在形容词之后,可以含有过度的意思,“汤咸了”,“这鞋小了”,“你写重(chóng)了”。

(2) 适应新的情况的命令:

吃饭了! 请了! 咱们坐了!

(3) 情节的一个进展[也是一种新情况]:

后来天就晴了。　那房子就塌了。　他就说了:……

(4) 过去的一个孤立的事实:

我昨儿到张家吃饭了。　　那天我也去听了。

是的,昨天他真的哭了。

(5) 截至现在为止已经完成的动作:

我回来了。　　我今儿早晨写了三封信了。

我教书教了四十年了。

这个句末的“了”跟表示完成态的后缀“了”不同,从英语翻译中可以看出来。句末的“了”翻成英语的时候用完成式。后缀的“了”翻成英语的时候用过去式。

我教书教了四十年了。I have $\left\{\begin{array}{l}\text{taught}\\ \text{been teaching}\end{array}\right\}$ for 40 years.

我教了四十年的书。I taught for 40 years.

(6) 用在后果小句里表示一种情况。

那我就不走了。

你一揿门铃儿,他就来开门了。

条件或其他从属小句里边也会有一个“了”,那是后缀“了”。它跟句末的助词“了”的不同,(a)可以从句中位置辨别:

你一揿门铃儿,他就来开门了。(句末“了”)

他开了门你就进去。(后缀“了”)

(b)可以从方言里看出来:

伊来仔我就可以去哉。(上海,=他来了我就可以走了。)

我看完仔报就去睏哉。(上海,=我看完了报就去睡了。)

上海(以及苏州)的“仔”和“哉”分别等于广州的“咽”和“咯”。

(7) 表示显而易见。

这个你当然懂了! 再好没有了!

这个用法的“了”有时候说成 lo(咯)。

P3 咧(le)。用于生动的列举。

不管是胭脂咧,粉咧,锅咧,缝纫机咧,什么都卖。

(参 P8(10)和 P28)

P4 吗。用于是非问句。

外头下雨了吗? 你还打算出去吗?

这种问句对于肯定的答案抱有或多或少的怀疑,也就是可能性在50%以下。

问句里有否定词的时候,这是一种修辞性问句,隐含着与问句相反的答句。

你不怕老虎吗？（你是怕老虎的，或者：老虎你总是怕的）

你没听见那件大新闻吗？[你一定已经听见。]

跟用“吗”的问句不同，V-不-V 的问话是不偏于哪一边的。

你怕风不怕？

怕和不怕的可能性，在问话的人的脑子里是各占 50%。

因为助词总是轻声，低元音 a（吗）和中元音 e（嚜）简直分不清。可是用“吗”的问句的语调较高，末了还带点拖腔，这样就跟下面的 P5“嚜”有所区别，后者是短的。

P4 除一般写做“吗”外，有的书上也写做“麽”（～么）或“嘛”（～麻）。关于“吗”是否定词跟 P8“啊”的融合，参下 P11“吧”。

P5 嚜～麽。

（1）带迟疑的停顿：

今天我不能，明天嚜，待会儿再说吧。

（2）有固执味道的肯定，含“你应该知道”、“你怎么不明白？”的意思：

我说是的嚜！你就是不懂嚜！

也许应该把（1）和（2）看成两个助词，尤其因为（1）常写做“麽”而（2）总是写做“嚜”。

P6 呐～呢。

（1）有上下文的问话（比较 P8 啊）：

那么他呐？他来不来呐？

现在咱们干点什么呐？

（2）有特指点的问话：

你懂了，‖他懂不懂呐？

他会拉提琴，‖你呐？

(3) 有意停顿：

将来的问题呐，他就等到将来再说。

钱呐，钱用光了；事情呐，事情没做。

(4) 温和的警告：

这倒很危险呐！

那不是玩儿的呐！

P7 呐～哩(都音 ne)。“哩”字见于旧小说，li 音见于某些方言(在那里，P6“呢”音 ni 或 nyi)。

(1) 继续着的状态：

还没到时候呐。

说着话呐。

这个“呐”有个特别的用法是带讽刺的驳回，含有“你还认为是这个状态，实际已经超过这个状态了”的意思。

真好玩儿——还“好玩儿”呐！

老朋友啊！——还“老朋友”呐！

(2)肯定到达什么程度：

有一百尺呐，深的很呐。(参 8.1.3.2(1.1)讲“有”字)

(3) 对进一步的信息的兴趣：

他们还卖古琴呐。

后院还有个金鱼池呐。

他还会扯谎呐。

P8 啊 a～呀 ia。这个助词的语音形式相当复杂。跟别的用元音起头的助词如 P9，P12 一样，它跟前边的辅音或元音连读，跟实词的拒绝连读不同。这样就形成了一系列表面上的变体：

来呀 lái(i)a　好哇 hǎo(u)a　人哪 rén(n)a

娘□niáng(ng)a　吃□chī(r)a　字□zì(z)a

实际上，真正的变体只有两个，即“啊”a 和“呀”ia，后者用在开元音即 a 和 e(及其变体 o)之后，前者用于其他场合，自动连读如上面所说。因此我们写“来啊”lai a，因为这里的“啊”→“呀”是自动连读。但是写“我呀”wǒ ia，因为这里是真正的形态音素交替(morphophonemic alternation)。

(1) 开始问话：

谁呀？　你明儿出去不出去啊？

这个包裹是哪儿来吖？

所有这种问话都可以不带助词，口气比较直率，带上个“啊”软和些。

(2) 要求证实的问话：这种问话不但“啊”字低，整句都低，有时很低，显得发音粗糙似的(breathy)[按指音高降低，不是音强减弱。]，含有“我没听错吧？”的意思。

你不去啊？　这个啊？(你说的是这个吗？)

这种问话跟用“吗”的问话的区别有三点：(a)“吗”字问句音高高，“啊”字问话音高低。(b)翻成英语“吗”字句用倒装式(V-S)，“啊”字句用一般式(S-V)。(c)“吗”字句问的是内容的真实程度(<50%可能性)，“啊”字句问的是“是不是这样”。

(3) 呼而告之：

老张啊！　喂，先生啊！

跟上面(1)的问话一样，这里用不用“啊”有柔和跟直率之分。

(4) 命令：

说呀,别害怕呀!　　　　走啊! 咱们都走啊!

这种命令句略微有点敦促的味道,不像建议性的 P10"吧"那么客气,但也不像 P13"煞"那么迫不及待。

(5) 感叹：

小王啊! 你还没上床啊?!

我就跑啊,跑啊,跑啊! 跑到他们赶不上就好啦!

这个"啊"带拖腔,句调低。注意:"啊"的感叹作用不排斥同时有别的功能,例如呼告,如第一例。

这个"啊"在吟诗或说唱的时候常用得着。

(6) 不耐烦的陈述：

我并没做错呀!

这个非得那么做才行啊!

这个"啊"相当短,句调偏高。这个"啊"的口气没有 P5(2)"嘿"那么重,可是比 P9ê 重。

(7) 提醒：

本来你也知道啊,也用不着再说啊,……

这个"啊"有点微微上升的语调,接近阳平声,有时末了带喉塞音。"啊"字这样用的时候一般维持开元音,在开元音之后不改用 ia 音。

(8) 警告：

这个人的话是靠不住的啊! 你别上他的当啊!

这个"啊"常常用略微下降的语调,或者用升降调(232)。

(9) 给听话人时间的停顿：

我说呀，你听啊，这位先生啊，他的话呀，你不能全信。

要是你还不肯啊，那我就不管了。

“啊”、“嘿”、“呐”用做停顿助词的分别：

啊：给听话的人一点儿时间，让他把话听进去。

嘿：给说话的人一点儿时间，让他想一想底下该怎么说。

呐：提出特别一点，让说话的和听话的双方考虑。

(10) 列举：

什么天啊，地啊，日啊，月呀，风啊，草啊，这些字啊，都会写了。

“啊”跟P3“咧”不同，在于对一个个项目更感兴趣。(参P28)

P9 ê。“你知道”。

这样不行ê！ 不能就算了ê(l'ê)！ 还得细想想呐ê(n'ê)！

这个ê跟P5(2)“嘿”不同，在于含有只要提醒一下，听话的人就会明白的意思，而“嘿”则含有听话人断然是错误的，必须坚决纠正的意思。

P10 吧～罢。

(1) 建议：

快点儿走吧！ 咱们就这么办吧！

那个你甭给钱了吧！

(2) 交替的假设(两难)：

不给钱吧，不好意思白拿；给钱吧，又给不起。

“你到底要干什么吧？”这种问句里的“吧”不是下面P11的“吧”，是P10(1)的建议性的“吧”，意思是“你说吧，你到底要干什么？”

P11 吧。 这个“吧”跟上一个“吧”算两个助词,因为这个“吧”是“不啊”的融合,而那个“吧”是“罢”的弱化。在各种助词相继或融合之中,我们惟独提出“吧”←“不啊”和 P4“吗”←“m-啊”(m-是一个古汉语否定词的残余)这两个来作为单个的助词,而把其余的置之不理,这是因为这两个助词的组成部分已经没有分开来说的可能(*你去不啊? *你去 m-啊?)。

(1) 用于是非问句:

你知道吧? 我告送过你了吧?

(2) 带疑问的陈述:

你知道吧?(我想你大概知道) 我告送过你了吧?(我告送过你的,不是吗?)

(2)的“吧”短些,整句语调也低些。

P12 呕 ou。

(1) 警告性的提醒:

不早了呕(l'ou)! 快走吧呕(b'ou)! [有的书上写“啵”。]

Ê,别忙啊,你先问他是去不去呕!

这跟 P8(8)“啊”比较,口气软和些,可是意思更迫促些,含有“你知道的,那就按你知道的办吧!”的意思。

(2) 感叹:

放学喽(←了+呕)! 咱们都回家喽!

跟 P8(5)“啊”比较,有给听者更深刻的印象的作用。

P13 煞。 这是所有疑问和肯定助词之中最急迫最不耐烦的一个。在南方官话和部分吴语里用得较多,因而在那里显得不及在北方话里那么重。常在京戏对白中听到。

（1）急迫的陈述：（比较英语的“…you see?!”）

这样不对的煞！　　吃了东西得给钱煞！

（2）急迫的命令：

让人过去煞！别挡着路煞！

（3）急迫的问话：

你到底是怎么回事儿煞？

你怎么见了人也不打招呼煞？

P14 看（轻声）。“试试”。

你问问他看！　不妨试一试看。　咱们最好去看看看。

P15 来（轻声）。

P16 去（轻声）。这两个助词跟趋向补语的“来”和“去”有点儿像，但是不同，用例见 6.6.8(7)。

P17 来（可轻）。这是吟唱歌曲的时候停顿或拖腔的助词，即所谓“衬字”。

山后有个大绵羊，你吃肚来我吃肠。（民歌）

一个去来一个来。

这个“来”在吟咏诗词的时候不用。这跟衬字性的“是”(8.1.8(15))不一样，“是”在语音上附属于后边的字，所以不像个助词，更像个连词。这个“是”字虽然有点迂腐气，可是在吟诗的时候倒是常用，而“来”是不许可的。如果把“车辚辚，马萧萧”念成“车辚辚来马萧萧”，那是对杜甫的大不敬。

底下的八个助词(P18—P25)是复合助词，里边的成分语素是认得出来的，但是作为整个助词附属于全句，不是助词相继。

P18 着(着)(的)呐（全轻声）。表示高度，“非常非常”的意思。多

用于驳回可能有的相反的肯定,例如:

他不快活吧?——不,他快活着呐!

意思是“你说他不快活吗?你错了,他不但是快活,而且是非常非常快活”。

他们俩好着(hǎozh)着呐(zhne)!

较长的形式“……着着(的)呐”不如简单的“着呐”普通。

注意“着……呐”和“着呐”的分别:

别闹!我打着电话呐!(“着”动词后缀,在V-O结构中间。)

他听话着呐。(“着呐”助词,在V-O整个结构之后。)

P19 来着(全轻声)。

你昨儿晚上干吗来着?——我看电视来着。

那帽子在那儿挂着来着,怎么没有了?

这个助词一般用于最近过去的事情,但是不限于这个,例如可以说:

诸葛亮是哪儿的人来着?(你刚才说诸葛亮……来着?)

P20 似的(全轻声)。“似”音 shi。

我觉着发烧似的。

这个助词前边常常有“好像”:

你的声音好像还没醒呐似的。

P21 罢了 bale～bele(全轻声)。

P22 就是了(全轻声)。这两个助词用法基本上相同,惟一的分别是P21比P22的口气更不耐烦些,用在命令里比用在陈述里多些。还有,南方方言里用P21比北方方言多些。

(1) 限制:“就这个,没别的”。

不过就是问问罢了。

他不是不会，是不肯就是了。

(2) 听之任之：

让他去就是了。　　爱说什么说什么就是了。

(3) 不耐烦的命令：

快走罢了！　　答应他就是了！

P23。得·了。这个助词的作用类似 P21 和 P22，多一点这样的含意："这样就行了，就没事了"。

你买了得了。　　你先走得了。

P24 ·的。话。"关于……"，"如果……"。

要是他还不知道的话，你就不必告诉他了。

你实在不肯的话，我也不勉强你。

P25 的时候(儿)(全轻声)。

去看戏的时候儿得先买票。

有的方言里把"的时候儿"当停顿助词用。

P26 不是吗？(全轻声)。相当于法语 n'est-ce-pas? 德语 nich wahr?

去年一冬没下雪不是吗？

P27 上升尾音↑。

P28 下降尾音↓。短语和句子末了的这两种语调尾音有特殊的形态音素性质。我以前一直把它当汉语句调的一部分看待，后来才发现最好把它当做助词处理，因为它不影响整个结构的语调模式，只影响末了一个音节的带声部分(voiced part)。这两个助词的特点是它们没有自己的成段的音素(segmental phonemes)，而是寄生在最后一个语素上，把它延长一个轻声音节，在这个音节上安排一个上升或下降的尾音。

P27 的上升尾音的实际音高模式如下：

在(第几声)之后	音高	符号	例子
第一声	556：		近伦敦↑？
第二声	356：		不行↑？
第三声	2145：		就要走↑？
第四声	513：		我不要↑！

符号的中线(垂直的五度参考线)之左是末字的固有声调；中线之右是上升的尾音。在轻声之后，上升一度或两度。

上升尾音的意义是：

(1) 不太相信："你的意思是说……？"上面前三个例子都是这个意思。

(2)不耐烦：这常常是个渐强音(crescendo)，末了以喉塞音结束。例如有人老要给我一样东西，我一再拒绝，最后说"我不要↑！"

又如你要拦住一个小孩儿玩儿一样他不该玩儿的东西，你说："你尽玩儿玩儿，回头玩儿坏了↑！"(玩儿坏了)

(3) 急迫的命令：这也可能有一个渐强音，末了以喉塞音结束。

"宝宝，别动那东西↑！"这里，那个"轻音节""西"字由于加上渐强音和上升尾音，结果实际上可能比"东"字还响还高。

P28 的下降尾音的实际音高模式如下：

在(第几声)之后	音高	符号	例子
第一声	552：	˥˥˨	有姜↓，
第二声	352：	˧˥˨	有糖↓，
第三声	2141：	˨˩˦˩	有酒↓，
第四声	5121：	˥˩˨˩	有醋↓。

第四声也可能只是拖长而没有明显的上升，像这样：5221：˥˨˨˩。

如果末了一个音节是轻声，那么下降铺开在它的整个音长上，像第四声那样。

55：	21：	˥ ˨˩	青的↓，
35：	31：	˧˥ ˧˩	黄的↓，
21：	41：	˨˩ ˦˩	紫的↓，
51：	121：	˥˩ ˩˨˩	绿的↓。
～52：	21：	˥˨ ˨˩	

下降尾音的功能比上升尾音更多样些。总的说来，它表示说话的人高自位置的态度，例如大人对小孩儿说话。

(1) 生动的列举，给听者以印象：如上面“有姜……”和“青的……”两例。

(2) 完全同意：

Ê ě↓，这样才对↓！

(3) 纠正错误：

你错了↓，先生↓！

外国人也不全是有本事的↓！

(4) 劝告：

宝宝↓！别动那东西↓！

跟同一句子用上升尾音(见上)比较,口气和缓得多,虽然意思同样坚定。

(5) 安抚:

别怕,啊↓! 不要紧↓!

(6) 假感情:

唉↓,真可怜↓!

同一句子,带真感情说,就没有外加的下降尾音,而是整句的音高降低,音高的高低距离缩小。"唉,真可怜!"的两种模式大致如下:

非真诚: ˥˩, ˥ ˨˩ ˧˥˩

真 诚: ˩, ˧ ˨˩˨ ˨˩

(7) 招呼(叫名字或当面称呼):声调的音高距离缩小,最后加 P28↓。

二哥!(⇵ ˩ ˥˩) 老二!(⇵ ˨˩˨ ˧˥˩) 三姐!(⇵ ˥ ˨˥˩)

小四儿!(⇵ ˨˩˨ ˥˩˧) 妹妹!(⇵ ˥˧ ˧˩)

比较(7)招呼"先生!"(˥˧)和(3)讽刺"先生!"(˧˨˧)

8.6 叹 词(I)

8.6.1 叹词永远是自由形式。

8.6.2 叹词的语音特点。

(1) 叹词没有固定的字调,但是有一定的语调。

(2) 叹词的成段音素常常越出对别的词类适用的音素系统之外。例如叹气的声音"唉!"ɦai! 有一个带声的 h,这是普通话的音素系统里没有的，虽然吴语里有。

8.6.3　方言间和语言间的歧异和一致。

拿助词来跟叹词比较，助词跟别的词类一样，在方言与方言之间有分歧，而叹词以及叹词所带语调在方言中间的歧异要小的多；不但方言之间是这样，语言之间也是这样。但是叹词以及它们的语调的武断性质仍然是一切叹词的主要特点。因此所有叹词还是得作为词汇项目一一记录。

8.6.4　叹词列举。

I1. 喂！　·uê！～·uai！～·uei！[引起对方注意。]

I2. □·Ê！表示同意，比“对了”或“是的”的力量弱一点儿。

I3. □Ê↘！更富表情的同意。

I4. □Ê ˇ！完全同意，比 I3 沉着些。语调更像是 212 而非全上声 214。

I5. □Ě ˇ↘！＝“这才对了！”

I6. □Ê！用于忽然遇到什么事或者忽然想起什么事。第一声，短，不带升或降的尾音。

I7. □Ê′！第二声。

（1）＝“对了，我早知道是这样。”短，有时以喉塞音结束。

（2）一惊。如：“□′?！你也在这儿？”

I8. 欸·Ei。答应。

（1）答应对方叫名字（或称呼）。

（2）答应对方命令。这个用法似限于北方，别处用 I9，I12，I14。

I9. 嗯·Ng～.M～ə̃.表示同意的最弱的形式，几乎只有“听见了”的意思，因此老用这个叹词而不搭上一两个 I2 或 I14 就显得不客气,不恭敬。

I10. 嗄? A′? ～ə̃′?

(1) ＝“你说什么?”

(2) 答应对方叫名字,兼问什么事。

I11. 嗯? Ng? ～Mm? ～ẽẽ? 惊疑。华中也用 Aa?

I12. 嘸! Mm↓! ＝“不对”,“不可以”。语调 2141:˨˩˦˩。

I13. ·啊!·A˴!

(1) 表示多种不强烈的感情。

(2) 嘱咐(见 8.5.1 节)。

I14. 哦～喔。·O[ɔ]＝“明白了”。明确地承认从对方获得新的信息,因之比 I2 客气些,后者含有“我知道,我同意”的意思。注意:音[ɔ],下同。

I15. 哦? O′[ɔ]? ＝“是吗?”(惊讶)

I16. 嚄? O˘[ɔ]↑? ＝“多怪啊?”(惊疑)

I17. 嚄! O˘[ɔ]↓! ＝“原来如此!”

I18. 呃-·e-～嗯-·Ng- 迟疑。

I19. 哼!·Heng[hə̃]～Hm. 略有倨傲态度。

I20. 哎!·Ai!这比 I22 实实在在的叹息差些,表示略有不安或无可奈何。

I21. 嗳! Ai˘↓! 表示坚决但善意的不以为然,例如对方送给我一份厚礼。

I22. 唉!·Hhai![ɦai] 叹息。

I23. 嗐!·Hai![χai] 不以为然,例如见人茶里搁盐。

I24. 喝!·He! “天哪!”

I25. 哈！·Hha![ɦa] 高兴，满意。

I26. 哈哈！·Ha·ha[haha]这是一种说出来的笑，一方面不同于真正的笑声，一方面不同于读出书中的拟声词“哈哈”，后者的音是[χaχa]。

I27. 唷！·Yo!“我忘了！”等等。第一声，短。

I28. 哟！Yao↓！“可不得了！”

I29. 呦！You↓！表示不以为然、讨厌等等，但同时又觉得可笑。

I30. 哎呀！·Ai·ya! 对于突然出现的，一般是但不一定是不愉快的事情的反应所用的最一般的叹词。

I31. 啊呀！·A·ya! I30 的方言形式。

I32. 哎哟！Aiyao! I28 的强势形式。

I33. 也？～咦？Yě↑！～Ê˘↑！惊疑。一般用于对情况的反应，而 I15，I16 则用于对对方说的话的反应。

I34. 呸！Pei↓！有点认真的蔑视鄙视。

I35. 啐！Qi!（不带声[tɕi̥]）I34 的强势形式。书面上遇到常读为 cui，说话不用。另有动词“啐”。

I36. 吁！～嘘！Xu(不带声[ɕy̥])。禁止说话。也许是外来语。

I37. 啡—pf—(唇齿吸气音)。为难。“怎么办呐？”
<

I38. 啧！Z!（舌尖塞擦吸气音)。
<

(1) 赞赏。

(2) 同 I36。

I39. 啧啧！Z Z!“多丢人！”
<<

I40. 嘶！ $\underset{<}{\mathrm{Ss}}$ （舌尖摩擦吸气音）。

（1）“好冷！”

（2）表示突然的痛觉。一般短。

（3）表示脑子里突然一转，常常把一句话半道儿上截住。

I41. □－$\underset{\mathring{<}}{\mathrm{Lw}}$—（不带声的 l，渐圆唇，吸气）。有时候用在说故事中间忽然要插叙补叙什么。如“□—，等着，还有一样儿”。

I42. 哈～啊！.Hha[ɦa]～A`高兴，感觉轻松。例如：“哈，完啦”。

［按：与 I25 重复。］

参考书举要

中文部分

陈建民,“论兼语式和一些有关的句子分析法的问题”,《中国语文》,93:101—106(1960)。

陈琼瓒,“修饰语和名词之间的‘的’字”,《中国语文》,40:22—27(1955)。

丁声树等,《现代汉语语法讲话》,北京,1961。

傅东华,《北京音异读字的初步探讨》,北京,1958。

傅　婧,“副词跟形容词的界限问题”,《中国语文》,29:18—20(1954)。

傅子东,“词类的区分和辨认”,《中国语文》,51:11—16(1956)。

国语统一筹备委员会编,《国音常用字汇》,上海,1932。

胡附、文炼,《现代汉语语法探索》,上海,1955。

胡竹安,“动词后的‘给’的词性和双宾语问题”,《中国语文》,95:222—224(1960)。

黎锦熙,《新著国语文法》,北京,1951,第14版。

黎锦熙、刘世儒,《汉语语法教材》,一、二、三编,北京,1957—1962。

陆志韦,《汉语单音词词汇》,北京,1956,第二次印刷。

———,“汉语的并立四字格”,《语言研究》,1:45—82(1956)。

陆志韦等,《汉语的构词法》,北京,1964,修订版。

吕冀平等,《汉语的主语宾语问题》,北京,1958。

吕叔湘,《中国文法要略》,上中下册,上海,1954,第7版。

———,《汉语语法论文集》,北京,1955。

马　瀛,《破音字举例》,上海,1923。

《普通话轻声词汇编》,北京,商务印书馆,1963。

王福庭,"连动式还是连谓式?",《中国语文》,96:281—284(1960);97:339—342(1960)。

王　还,"说'在'",《中国语文》,56:25—26(1957)。

王　力,《中国现代语法》,上下册,上海,1954,增订版。

王　力(主编),《古代汉语》,上下册,北京,1962。

王了一,《汉语语法纲要》,上海,1957。

吴竞存,"论向心式",《语言学论丛》,上海,1957,130—148页。

吴之翰,"方位词使用情况的初步考察",《中国语文》,136:206—210(1965)。

向　若,"关于'给'的词性",《中国语文》,92:64—65(1960)。

徐仲华,《词类》,保定,1957。

杨欣安,"说'给'",《中国语文》,92:66—68(1960)。

俞　敏,"汉语的句子",《中国语文》,61:7—10(1957)。

张寿康,"略论汉语构词法",《中国语文》,60:1—8(1957)。

赵元任,"北京苏州常州语助词的研究",《清华学报》,3:865—918(1926)。

———,《现代英语的研究》,北京,1928。

———,《新国语留声机片课本》,上海,1935。

———,"语言成分里意义有无的程度问题",《清华学报》2:1—17

(1961)。

郑林曦,“从一种统计看汉语词类”,《汉语的词儿和拼写法》第一辑,31—39(1959)。

周迟明,“汉语的使动性复式动词”,《语言研究》,2:23—59(1957)。

周法高,《古代汉语语法》,已出版三册,台北,1959—1961。

———,“中国语的词类”,《历史语言研究所集刊》,22:303—322(1950)。

朱德熙,“现代汉语形容词研究”,《语言研究》,1:83—112(1956)。

外文部分

Bloch, Bernard, “Studies in Japanese II, Syntax”, *Language*, 22:200—248(1946).

Bloomfield, Leonard, *Language*, New York, 1933.

Carr, Denzel, “A Characterization of the Chinese National Language”, *Bulletin de la Société Polonaise de Linguistique*, 3:38—96(1932).

Chao, Y.R., “A Preliminary Study of English Intonation (with American Variants) and its Chinese Equivalents”, *Ts'ai Yüan Pei Anniversary Volume*, Supplement I of *BIHP*, 105—156(1932).

———, “A Note on *Lea*, *Sa*, etc.”, *HJAS*, 1:33—38(1936).

———, “The Logical Structure of Chinese Words”, *Language*, 22:4—13(1946).

———, *Cantonese Primer*, Cambridge, Mass., 1947.

———, *Mandarin Primer*, Cambridge, Mass., 1948; Folkway Records, FP 8002.

———, "Notes on Chinese Logic and Grammar", *Philosophy of Science*, 2:31—41(1955).

———, "Chinese Terms of Address", *Language*, 32:212—241 (1956).

———, "Formal and Semantic Discrepancies Between Different Levels of Chinese Structure", *BIHP*, 28:1—16(1956).

———, *Language and Symbolic Systems*, Cambridge, 1968.

Chao, Y.R. and L.S. Yang, *Concise Dictionary of Spoken Chinese*, Cambridge, Mass, 1947.

DeGroot, A. Willem, "Subject Predicate Analysis", *Lingua*, 6: 301—318(1957).

Dictionary of Spoken Chinese, compiled by the staff of the Institute of Far Eastern Languages, Yale University, New Haven, 1965.

Dragunov, A. A., *Issledovanija po Grammatike Sovremennogo Kitaiskogo Jazyka, Chasti Rechi*, Moscow, 1952. Chinese translation:龙果夫,《现代汉语语法研究》,北京,1958.

Frei, Henri, "The Ergative Construction in Chinese", *Gengo Kenkyu*, 31:22—50(1956) and 32:83—115(1957).

Fries, Charles C., *The Structure of English*, New York, 1952.

Halliday, M. A. K., "Grammatical Categories in Modern Chinese", *Transactions of the Philological Society*, 1956, pp. 178—224.

Hartman, Lawton M., III, "The Segmental Phonemes of the Peiping Dialect", *Language*, 20:28—42(1944).

Hockett, Charles, *A Course in Modern Linguistics*, New York, 1959.

———, "Peiping Morphophonemics", *Language*, 26: 63—85 (1950).

———, "Peiping Phonology", *JAOS*, 67:253—267(1947).

———, "Two Models of Grammatical Description", *Word*, 10: 210—234(1954).

Hockett, C., Chaoying Fang *et al.*, *Dictionary of Spoken Chinese*, War Department Technical Manual 30—933, Washington, D.C., 1945.

Householder, F. W., "Lists in Grammar", *Logic, Methodology, and Philosophy of Science: Proceedings of the 1960 International Congress*, Stanford, Calif., 1962.

———, "On Linguistic Primes", *Word*, 15:231—239(1959).

Jespersen, Otto, *Language, Its Nature, Development and Origin*, New York, 1922.

———, *Analytic Syntax*, London, 1937.

Karlgren, Bernhard, *Etudes sur la Phonologie Chinoise*, Leyden and Stockholm, 1915—1926. Authorized Chinese Translation:《中国音韵学研究》,高本汉著,赵元任、罗常培、李方桂

合译,上海,1948.

———,"Gramata Serica Recensa",*BMFEA*,29:1—332(1957).

———,"The Parts of Speech and the Chinese Language", *Language and Society* (Essays Presented to Arthur M. Jensen on His 70th Birthday), 1961,pp.73—78.

Kratochvil, P., "Word Classes in Modern Standard Chinese", *Lingua*, 17:129—152(1966).

Lackowski, Peter, "Words as Linguistic Primes", *Language*, 39:211—215(1963).

Malmqvist, Göran, "The Syntax of Bound Forms in Sïch'uanese", *BMFEA*, 33:125—199(1961).

Martin, Samuel E., "Problems of Hierarchy and Indeterminacy in Mandarin Phonology", *BIHP*, 29:209—229(1958).

Mei Tsu-lin, "The Logic of Depth Grammar", *Philosophy and Phenomenological Research*,24:97—105(1963).

Mullie,Joseph,*The Structural Principles of the Chinese Language*,English translation by Versichel,Peking,1932,2 vols.

Nida, Eugene, "The Analysis of Grammatical Constituents", *Language*, 24:168—177(1948).

Ozaki, Yūjirō, "How Should the 'Passive Voice' in Chinese Be Treated?" Tōhōgaku, 20:77—87(1960).

Pike, Kenneth S., "Taxemes and Immediate Constituents", *Language*, 19:65—82(1943).

Pittman, Richard S., "On Defining Morphology and Syntax",

IJAL, 25:199— (1959).

Simon, Harry F., "Some Remarks on the Structure of the Verb Complex in Standard Chinese", *BSOAS*, 21: 553—577 (1958).

———, "Two Substantival Complexes in Spoken Chinese", *BSOAS*, 15:327—355(1953).

Simon, Walter, "Has the Chinese Language Parts of Speech?", *Transactions of the Philological Society*, 1937, pp.99—119.

Voegelin, Charles F., "Meaning Correlations and Selections in Morphology—Syntax Paradigms", *BIHP*, 29:91—111(1957).

Wang, William S.-Y., "Some Syntactical Rules for Mandarin", *Proceedings of the 9th International Congress of Linguists*, The Hague, 1964, pp.191—202.

———, "Phonological Features of Tone", *IJAL*, 33: 93—105 (1967).

Waterhouse, Viola, "Independent and Dependent Sentences", *IJAL*, 29:45—54(1962).

Wells, Rulon, "Immediate Constituents", *Language*, 23:81—117(1947).

Whorf, Benjamin Lee, "Grammatical Categories", *Language*, 21:1—11(1945).

Yang, L.S., "The Concept of Free and Bound in Spoken Chinese", *HJAS*, 11:462—469(1949).

《中国语学事典》,(日本)中国语学研究会编,东京,1957.

后　　记

本书是赵元任先生的 A Grammar of Spoken Chinese 的译本。原书是供英语读者用的，论述的繁简不一定都合乎中国读者的需要，因此翻译的时候，斟酌情况，重要的地方全译，多数地方删繁就简，少数地方从略，但是就内容说，没有实质性的削减。本书前半部是根据初印本（1968）翻译的，后半部是根据第二版（1970）翻译的，因为第二版基本上没有什么改动，所以前半部的译稿没有用第二版逐句核对。如果读者觉得有的地方不清楚或可疑，请检阅原书。尤其是引用时要核对。

本书第二版的页数跟初版不同，书中"参看"的页码有少数没有改过来，译本里都经过核对，有错误的都改了过来。另外，原书有几处笔误或排印错误，也都改正了。有少数地方在译文后边加了附注，用方括号括出，包括两种情况：一，原文比较难懂，加以解释；二，原文事例不确或可疑。这些附记可能对读者有些用处；如有错误，请著者和读者鉴谅。

原书举例是汉字之后加"国语罗马字"注音，再加英语翻译。译本例词、例句之后一般不注音，有必要时才注，把"国语罗马字"的注法改成"汉语拼音方案"的注法。作者原来给这本书起的中文书名是《中国话的文法》，我们也把它改得更合乎一般用例。

原书所附参考书目，译本中减去了几种跟本书没有多大关系的，增加了几种书里边提到而书目中没有列入的。

原书边论述边举例，译本为便利读者查阅，尽量把它们分开。但行款格式，包括标点和字体，没能做到完全整齐划一，原因是译稿原来是只准备供内部参考的，体例相当凌乱，在排印过程中得到出版社和印刷厂同志的大力协助，才有现在这个样子。对于他们的好意和耐心，谨致深切的感谢。

译　者

一九七九年六月十五日

图书在版编目(CIP)数据

汉语口语语法/赵元任著;吕叔湘译. —北京:商务印书馆,2005(2023.12 重印)
ISBN 978-7-100-02256-9

Ⅰ.①汉… Ⅱ.①赵…②吕… Ⅲ.①汉语—语法 Ⅳ.①H14

中国版本图书馆 CIP 数据核字(2004)第 071691 号

HÀNYǓ KǑUYǓ YǓFǍ
汉语口语语法
赵元任 著
吕叔湘 译

商务印书馆出版
(北京王府井大街 36 号 邮政编码 100710)
商务印书馆发行
北京冠中印刷厂印刷
ISBN 978-7-100-02256-9

1979 年 12 月第 1 版 开本 850×1168 1/32
2023 年 12 月北京第 9 次印刷 印张 12¼
定价:60.00 元